창의적이며 합리적인 생각의 기술
NEURON WORKS

창의적이며 합리적인 생각의 기술, NEURON WORKS

우연에 아이디어 발상을 기댈 것인가?

초판 1쇄   2019년 7월 30일
    2쇄   2020년 8월 10일

지은이 하미영
발행인 최홍석

발행처 (주)프리렉
출판신고 2000년 3월 7일   제 13-634호
주소 경기도 부천시 원미구 길주로 77번길 19 세진프라자 201호
전화 032-326-7282(代)   **팩스** 032-326-5866
URL www.freelec.co.kr

편집 강신원
디자인 이대범

ISBN 978-89-6540-239-8

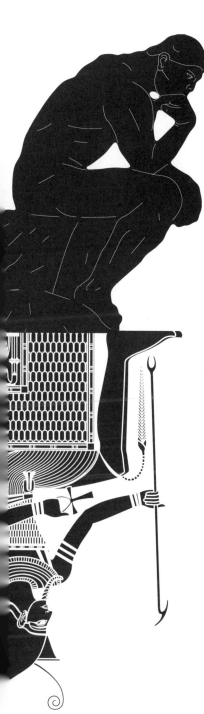

NEURON WORKS

창의적이며 합리적인

생각의
기술

우연에 아이디어 발상을
기댈 것인가?

~~~~~~~~~~~~~~~~~~~

하미영 ——————— 지음

프리렉

Special
Thanks to

이 책 집필의 토대가 된 의미 있는 연구를 할 수 있게
지도해 주신 강병길 교수님께 지면을 빌려 감사의 말씀 전합니다.

Contents

머리말

2016년 3월 대한민국에서 열린 이세돌 9단과 인공지능 알파고의 대국은 인간과 컴퓨터의 싸움이라는 대립구도를 만들며 전 세계의 이목을 집중시켰다. 이 대결에서 4대 1로 알파고가 보기 좋게 승리하면서 인공지능에 대한 대중의 관심이 생활 속으로 들어왔다. 불과 3년 남짓 지난 2019년 오늘, 우리는 집에서 목소리만으로 장을 보고 그날의 스케줄을 안내받는 것이 전혀 이상한 일이 아니게 되었다. 하지만 스스로 변화를 인식하지 못할 정도로 빠르게 인공지능이 사람의 역할을 대신하는 것에 대한 경각심은 높아지고 있다. 이러한 경각심은 인공지능이 앞으로 우리 인류에게 어떤 두려운 상황을 가져다줄지 모르기 때문에 나타나는 것일 테다. 아니, 오히려 두려운 모습이 분명히 그려지기 때문이 더욱 가깝겠다. 우리는 갖춘 능력의 범위를 벗어나면 두려움을 느낀다. 반대로 우리의 능력 범위 안에서 대처 가능하다는 사실을 알면 두려움을 느끼지 않는다.

예를 들어, 물에 빠졌을 때 수영을 할 줄 안다면 침착할 수 있지만, 수영을 못한다면 두려울 수밖에 없다. 집을 장만하고자 할 때 목표 시점 내에 돈을 버는 방법을 안다면 두렵지 않지만, 돈을 버는 방법을 모르면 두렵다. 숲 속에서 길을 잃었을 때 방향을 찾는 방법 혹은 식량을 구하는 방법을 알면 두렵지 않지만, 모른다면 두렵다. 앞으로 기술은 더욱 정교해져 갈 텐데 우리 사람들은 계속 두려워해야만 하는가?

과거로부터 인간의 역할과 노동력은 기술에 의해 대체되어 왔다. 사람들은 인공지능이 수많은 인간의 직업을 빼앗을 것이라고 한다. 심지어 컴퓨터에 의해 대체될 직종의 위험지수를 계산하여 알려주는 서비스가 나오기도 한다. 비록 많은 사람이 두려워하는 것은 사실이지만 인공지능에 대한 개발이 늦춰질 것 같아

보이지는 않는다. 1800년대 초 러다이트 운동 이 일어났다 하여 기계가 없어지지 않았듯 말이다. 오히려 기계가 발전하면서 오늘날 우리가 사는 편한 세상이 만들어지지 않았는가? 현재 우리가 인공지능에 대해 두려움을 느끼는 이유는 인공지능을 이길 방법을 잘 모르기 때문일 수도 있다. 그렇다면 인공지능을 이기고 적극적으로 활용하는 방법을 안다면 두렵지 않을 것 아닌가.

인공지능에 대한 두려움은 컴퓨터가 만드는 사고 결과의 정확성, 그리고 사람과 비교할 수 없이 빠른 처리 속도로부터 온다. 그러나 인공지능이 하지 못하는, 혹은 우리 사람만이 할 수 있는 사고의 가치를 알고 그것을 마음대로 만들어 낼 수 있는 능력이 있다면 두렵지 않을 것이다. 오히려 사람만이 할 수 있는 사고의 범위와 역할을 더욱 발전시켜 컴퓨터를 능가할 수 있다면 인공지능은 두려움의 대상이 아니라 오히려 기회로 다가올 것이다.

이 책에서 다루는 내용은 바로 이리한 취지에서 출발하여 내 필요에 의해 연구하고 정리한 결과다. 나는 기업에서 제품을 디자인하고 대학에서 산업디자인 전공 강의를 하고 있다. 특히 디자이너 사고의 중요성을 강조하는 수업을 한다. 컨셉concept에 맞는 참신한 제품을 디자인하고 학생들에게 사고의 중요성을 강조하기 위해 나 자신부터 제대로 생각하는 법을 이해하고 방법을 찾아야 했다. 그래서 교육학에서의 관점, 신경과학적 실증 및 정보 네트워크의 구조 등을 토대로, 정보를 저장하고 가공하는 사고의 메커니즘mechanism을 분석함으로써 사고를 디자인한다는 목표를 이루는 데 효과적인 방법을 체계화하고자 노력하였다. 더불어 수차례의 실험을 통해 방법을 보완하고 개선하였지만. 이 책에는 구체적인 실험 내용과 데이터는 포함하지 않았다.

이 책의 주제인 '뉴런워크'는 개인적인 궁금증으로부터 시작하여 박사
연구를 통해 최종 개발하고 정리한 사고 방법이다. 하지만 '좋은 사고'의 중요성은
디자인 분야를 벗어나 누구에게나 아무리 중요성을 강조해도 지나치지 않을
것이기에 이 책을 집필하기로 하였다. 분야를 막론하고 모든 행동은 사고로부터
만들어진다. 따라서 열심히 하는 것에 앞서 중요한 것은 방향을 잘 잡는 것이다.
열심히 달려간다 해도 처음에 방향을 잘못 잡으면 엉뚱한 길로 가게 될 것이다.
나는 누구나 방법을 안다면 연습을 통해 좋은 생각을 만들어 내는 능력을 향상시킬
수 있다고 믿는다. 그리고 누구나 혁신적인 사고를 만들어 낼 수 있다고 믿는다.
애플의 신화를 만든 스티브 잡스나 스페이스 X와 테슬라를 만든 엘론 머스크와
같은 특별한 인물만이 혁신적인 사고를 할 수 있는 것은 아니다.

지금껏 산업디자인을 전공하고 관련 분야에서 일을 해오면서 디자인의
본질과 디자이너의 역할에 대해 개인적으로 많은 고민을 해왔다. 디자인할 때에는
컨셉의 결과대로 실제 개발하고 제작하여 사용해야 하기 때문에, 반드시 정확한
리서치research와 논리적인 사고가 필요하다. 그러나 이렇게 논리적이고 합리적인
진행을 추구하다 보면 너무나도 뻔한 컨셉이 나올 뿐이다. 그렇다고 창의적인
접근을 시도하다 보면 현실과는 동떨어져 어설픈, 그야말로 '컨셉츄얼한conceptual'
디자인이 만들어진다. 따라서 합리적이면서 창의적인, 상반된 두 가지의 사고를
동시에 적절하게 섞어 프로세스상에서 함께 진행하는 것이 중요했다. 일각에서는
이미 세상에 수많은 사고 방법들이 나와 있는데 '또 다른 방법'을 만들 필요가
있는지 의문을 제기하기도 한다. 당연히 기존 방법들은 물론 훌륭한 방법들이다.
상황에 따라 특별히 더 잘 들어맞는 방법이 있을 것이다. 이 책을 통해 소개할

뉴런워크 또한 독자의 다양한 상황에 적합하게 활용할 수 있기를 바란다.

어떤 사람은 사고와 관련된 연구를 왜 디자이너가 하느냐고 묻는다. 디자이너인 내가 사고 연구를 하게 된 이유는 디자인은 어떤 분야보다도 사고의 중요성이 더욱 강조되는 분야기 때문이다. 디자이너는 인간이 보다 나은 삶을 살기 위한 크고 작은 방법을 끊임없이 궁리해야 하기 때문에 누구보다 생각하는 능력이 중요하다. 뉴런워크는 창의적이며 합리적으로 사고하기 위한 목표를 위해 선택할 수 있는 사고 도구 중의 하나로써 독자가 각자의 문제를 해결하기 위해 참고할 수 있는 또 하나의 방법이라고 소개하고 싶다.

이 책은 다음과 같이 구성되어 있다. 1부는 99%를 차지하는 보통 사람이 1%와 같은 천재적인 생각을 할 수 있다는 가능성을 이야기한다. 2부는 생각이란 과연 무엇인지 다루어 본다. 좋은 생각을 떠올리기에 앞서 좋은 생각이란 무엇인지 알아볼 것이다. 좋은 생각을 하는 데 지식이 도움을 주는지, 덫이 되는지, 좋은 생각을 하는 능력은 타고나는 것인지, 그렇지 않은지 알아볼 것이다. 3부에 들어서는 본격적으로 이 책에서 소개하고자 하는 사고 도구인 뉴런워크에 대해 설명한다. 뉴런워크의 사용 방법과 특성과 함께 이러한 도구가 나오게 된 배경을 알아볼 것이다. 4부에서는 독자가 직접 뉴런워크를 익힐 수 있는 실습을 제공한다. 책에 직접 써넣어도 좋고, 별도의 종이나 보드를 활용해서 실습해도 좋다. 실제로 독자들이 직접 머리를 쓰며 따라 한다면 어디에 작성해도 상관없다. 또한, 마지막에 여럿이 함께하는 상황에서 진행자가 사용할 수 있는 가이드북을 포함하고 있다. 이로써 개인의 사고력 증진뿐 아니라 여러 사람이 공동으로 문제를 해결하는 데도 도움이 되고자 한다.

SECTION 01

99%를 위한
1%의 생각

스마트폰과 편리한 서비스들, 실감 나는 가상 체험과 맛있는
음식까지. 우리는 역사 이래 가장 높은 문명의 혜택을 누리며
살아가고 있는 듯하다. 눈에 보이건, 보이지 않건 인간이
이룩한 대단한 결과물들을 보면 어떻게 그렇게 고도화된
지적, 감성적 산물을 만들 수 있는지 경이롭다. 그리고 그렇게
대단한 업적을 만드는 이들은 누구일까 궁금해진다. 태어날
때부터 특별했을까? 아니면 특별한 능력을 갖추도록 성장한
것일까? 이 세상의 특출난 사람들을 보며 나도 그들과 같은
특별하고 의미 있는 일을 해낼 수 있을까 돌아보고는 했다.
그러면서 자연스럽게 특별하다는 것이 어떤 것을 의미하는지
탐구하고 싶어졌다. 지금부터 우리 모두 궁금했을 법한
비범함의 비밀 속으로 들어가 보자.

01
1%는 누구인가

이 책은 세상 대부분을 차지하는, 그리고 이 책을 읽는 독자의 대부분일 99%를
위한 것이다. 숫자에서 느껴지듯이 99%는 전체 중 대부분을 차지하기 때문에 보통
사람을 말한다고 하겠다. 반대로 1%는 100명 중, 단 한 명에 해당하기 때문에
특별하고 특출난 사람이 되겠다. 여기서 말하는 1%는 경제적으로 부유하거나
외모가 뛰어난 쪽의 1%가 아니라, 소위 말하는 천재적인 사람이다.

다시 천재를 떠올려 보면 상대성 이론을 밝혀낸 아인슈타인, 휠체어에 앉아 우주를
이야기했던 스티븐 호킹, 생물의 진화론을 밝혀낸 찰스 다윈, 다방면에 뛰어났던
예술가 레오나르도 다빈치, 5세 때 처음 소곡을 작곡하고 35년 동안 600여 곡을
작곡한 모차르트 등 많은 사람이 떠오른다. 또한, 고지능자의 모임을 주도하는
단체인 멘사는 테스트를 통해 전 세계 상위 2%에 해당하는 지능을 가진
사람들에게 회원 자격을 준다. 그런데 지능이 높은 것과 천재적인 것과는 다르다.
IQ 테스트로 지능이 높은 것은 공식적으로 확인할 수 있지만, 이는 창의적
생각으로 가치를 만들어 내는 능력과는 별개이기 때문이다.

과거에는 1%인 천재의 모습을 어느 정도 예상할 수 있었다. 새로운 이론을 만들고
인류의 발전에 이바지한 과학자가 우리 머릿속에 쉽게 그릴 수 있는 1%의
모습이다. 혹은 뛰어난 예술가로서 어린 시절부터 비범한 모습을 보였다는
이야기가 우리에게 학습된 천재의 모습이다. 그렇다면 내가 어린 시절부터 뛰어난
두각을 나타내지 않았고, 과학자로서 최초의 이론을 만들어 내지 못하고 있다면
천재가 될 자격이 없는 것인가? 아니, 전혀 그렇지 않다.

지금은 익숙해진 이야기지만, 4차 산업혁명 시대에는 기존 직업이 사라지고 새로운
직업이 생겨난다는 뉴스를 많이 접했을 것이다. 세상이 이전과 확연히 달라진다는
뜻일 것이다. 예전에는 먹고 살기 어렵다고 하던 예술가가 스타가 되기도 하고,
과거에는 평탄한 인생을 보장받던 이른바 전문직이 하향세에 놓인다고 하니
말이다. 게임과 유튜브, 노래 등 불과 얼마 전까지만 해도 어른들이 싫어하던

자식의 모습을 이제는 오히려 권장하고 있지 않은가? 이제는 정해진 것이 없다. 각자가 자신만의 방식으로 좋은 생각을 만들어 낸다면 과거의 1% 천재가 만든 결과물과 같은 성공을 이룰 수 있다.

이 책은 바로 99%에 해당하는 보통 사람이 1%의 천재적인 생각을 만들어 내는 데 도움되는 방법을 소개하고 있다. 그동안 보통 학생, 보통 직장인, 즉 보통 사람이라는 말을 들어왔다면 딱 맞는 독자다. 1%는 소수의 천재적인 사람을 뜻하는 것이 아니라 스스로 떠올릴 수 있는 특별한 1%의 생각을 뜻하기 때문이다. 이 책에서 소개하는 '뉴런워크'는 오랜 경험이 없어도, 타고나지 않아도 창의적이고 합리적인 접근으로 좋은 생각을 만들어 내는 방법이다.

이 책이 다루는 주제인 생각을 개발하는 방법에 대한 이야기를 본격적으로 하기에 앞서 어쩔 수 없이 내 이야기로 시작해야겠다. 나는 위인도 아니고 대단한 업적이 있는 것도, 큰돈을 번 것도 아니어서 내 이야기를 남에게 풀어놓는다는 것이 어색하지만 말이다.

나는 디자이너. 산업디자인이 전공이지만 사실 다양한 분야의 일을 경험한 편인 것 같다. 제품과 인쇄, 패션, 문구, 패키징, 웹사이트 UX 등을 디자인하기도 하고 공공 부문의 연구 및 관련 작업도 했으며 대학에서 강의도 해오고 있다. 대기업을 다녀 보기도, 회사를 만들어 보기도 했다. 공부도 길게 했다. 학부 과정에서는 컨셉 개발과 제품디자인으로, 석사 과정에서는 산업 내 전략과 경영으로, 박사 과정에서는 뇌와 사고로 관련 분야가 넓어졌다. 나는 산업디자인 분야에 종사하고 있지만, 산업디자이너 혹은 제품디자이너라는 표현을 좋아하지 않는다. 나는 분야를 구분하는 것을 지양한다. 내가 다양한 것을 하고 싶어 하는 마음 때문인 이유도 있지만, 이렇게 구분하는 표현이 한 사람의 능력을 자신도 모르게 스스로 제한하기도 하기 때문이다.

디자이너로서 내가 왜 생각에 관한 책을 쓰게 되었는지 궁금하면서 한편으로 의구심을 가질 독자들을 위해 내 생각의 변천사로 이야기를 시작해야겠다고 결정했다. 당장 주변에서도 디자이너인데 어떻게 생각에 관한 책을 쓸 수 있는지

의아해한다. 그리고 아직까지(안타깝게도) 일반적으로 디자이너는 시각적인
아름다움을 만드는 사람으로 인식하는 경우가 많기 때문에, 이 책의 주요 내용을
전달하기 위해서는 내 생각이 변하는 과정으로 시작하는 것이 가장 적절하겠다.
생각에 대해 연구해야겠다고 느낀 시기는 첫 직장을 다닐 무렵이다. 대학을 나와
유학을 다녀오고 대기업에 다니는, 누가 봐도 성공적인 삶을 사는 모습으로 비칠
때다. 그때 어린 직원인 내가 느끼기에 회사의 업무 진행 방식에 의심쩍은 점들이
있었다. 한 가지 얘기하자면, 경력이 긴 사람의 의견은 잘 받아들여지고 경력이
짧은 사람의 의견은 받아들여지지 않는다는 것이었다. 나는 수평적인 미국 문화와
보수적인 한국 문화를 비교하며 탓하기도 하고 딱딱한 조직 문화에 대해
불평하기도 했다. 매일매일 출근길이 괴롭기만 했다. 지금 생각하면 어렸고
순진했던 것으로 치부해도 될 것 같지만, 나에게는 앞으로의 연구 방향을 확실하게
잡게 해 준 고마운 시기였다.

그때 들었던 궁금증은 이것이다. 어리고 경험이 적은 사람은 좋은 의견을 낼 수
없는가? 다시 말해 경험이 적으면 좋은 생각을 할 수 없는 것인가? 경험이 많다는
것은 경험을 통해 얻은 지식이나 데이터가 쌓여 직관이 좋아진다는 것일 텐데,
좋은 생각을 하는 데 직관이 필수적인 요소고 그것은 오랜 세월이 쌓여야만 능력이
좋아지는 것인가? 내가 천재로 타고나지 않았다면 지식과 데이터가 쌓일 때까지
오랜 세월을 기다려야만 하는 것인가? 젊으면서 천재로 타고나지도 않은 보통
사람이라면 그때까지 좋은 생각을 하지 못한 채로 지내야 하는가?

보통이라는 것은 좋기도 하면서 나쁘기도 한 상태다. 특별하지 않으면 다 보통이라
할 수도 있겠다. 이 글을 읽는 독자들도 스스로와 주변 사람에 대해 생각해 보기
바란다. 세상에 태어난 순간부터 특별하고 하나뿐인 소중한 존재라는 개념 말고,
인생의 전반적인 내용을 기준으로 평가해 보기 바란다. 하는 일과 사는 곳, 만나는
사람, 나의 능력, 입맛, 입는 옷, 취미, 즐겨보는 영화, 외모 등 어떤 하나라도
특출나 그것만 떠올려도 이름이 언급되는 사람이라면 그 사람은 해당
분야에서만큼은 보통이 아닌 특별한 사람이다. 만약 그렇지 않다면 보통

사람이라고 해도 무방할 것 같다.

보통이라는 것은 두드러지지 않는다는 뜻일 수도 있다. 더 냉정히 말하면 내가 가진 가치를 나만 제공할 수 있다는 뜻이 아니다. 내가 할 수 있는 정도는 나 말고 다른 사람도 할 수 있다는 뜻이다. 쉽게 말해 내가 아니어도 세상은 문제없이 돌아간다는 뜻이다. 요즘 표현으로 말하자면, 쉽게 대체될 수 있다는 뜻이다. 반대로 세상에는 물론 보통 이상인 사람들도 존재한다. 치명적인 질병을 고치는 업적을 세우는 사람도 있고, 가슴이 뭉클해지면서 눈물을 흐르게 하는 음악을 작곡하는 사람도 있고, 가보지 않은 우주의 법칙을 공식으로 밝히는 사람도 있다. 그러한 사람들이 만든 결과물은 역사에 남는다. 대체될 수 없는 사람들이다. 누군가 같은 병을 고치는 방법을 만든다 해도 한발 늦었다. 이미 세상에 방법이 나와 있다. 이미 나온 사실을 다시 말하는 것은 누구나 할 수 있다. 훌륭한 작곡가가 죽은 후에 누군가 비슷한 곡을 쓴다 한다 해도 그것은 복제품이나 유사품이 될 뿐이다.

99%, 다시 말해 보통은 사실 위험한 상태기도 하다. 보통이 위험한 이유는 오늘날 점점 생활 속으로 스며드는 인공지능 때문이다. 불과 얼마 전까지만 해도 성공의 기준은 의사, 변호사와 같은 소위 전문 직업을 갖는 것이란 인식이 대표적이었다. 그런 직업은 보통을 넘어서는 과정이 필요하기 때문이다. 이제는 이런 전문 직업에서 인공지능이 역할을 하기 시작하여 판례 분석에서 수술까지 맡고 있다. 컴퓨터가 똑똑해지면서 육체적 노동은 물론 지적 노동까지도 잘 수행하고 있다. 이미 우리도 예전부터 아무렇지 않게 작지만 인공지능을 사용하고 있지 않은가. 지금 글을 쓰는 나에게도 오타를 칠 때마다 컴퓨터가 빨간 밑줄을 그어 알려준다. 이제 99%의 보통 사람은 1%의 천재와 대결하는 것이 아니라 전혀 다른 차원에 있는 컴퓨터와 대적해야 한다. 천재적이지 않고 보통이라는 사실은 컴퓨터에 비해 부족한 우리 사람을 한없이 나약하게 만들어 버린다. 따라서 앞으로 중요한 것은 반복된 일을 잘하는 것이 아니라 새로운 생각을 떠올리는 것임을 누구나 알 수 있다. 새로운 장르를 개척하는 일도, 우주를 보는 관점을 바꾸는 일도, 작품에

새로운 미디어를 쓰는 일도, 식재료를 새롭게 조합하여 요리하는 일도 모두 새로운 시도를 통해 이루어지는 것이다. 다시 말해 창의적인 생각이 중요한 것이다. 물론 창의적 생각 이후에 현실적 문제 해결과 반복적인 노력으로 컨셉을 세상에 구현하는 과정이 따르지만, 이 책에서는 창의적 생각의 씨앗을 뿌리는 부분에 집중한다.

앞서 나는 보통 사람이라고 했다. 하지만 이 표현을 다시 바로잡아야겠다. 과거의 기준에서 보면 나는 보통 사람이지만, 나는 보통의 생각을 하지 않는다. 나는 내가 앞으로 즐겁게 하고 싶은 일과 내가 만들 수 있는 내용이 무엇인지 알고 있고, 그 안에서 특별한 가치를 제공할 수 있다는 믿음이 있다. 그것은 바로 생각을 디자인하는 일이고, 그렇게 만들어진 생각을 세상에 구현하는 일이다. 이것은 인공지능이 대체할 수 없는 부분이다. 그래서 나는 기술의 발전이 두렵지 않다. 오히려 앞으로 활용할 수 있는 자산이 늘어나 할 수 있는 일이 더욱 늘어날 것으로 생각하여 기대되기도 한다. 나는 방법만 알면 누구나 천재적인 창의적 생각들을 만들어 낼 수 있다고 믿는다.

천재적인 사람이나 천재적인 생각이라는 것은 시간이 지나고 나서 평가될 일이다. 그리고 천재라는 대담한 표현을 사용하기에는 조심스러워야 하는 것도 사실이다. 내가 지금 당장 대단한 업적을 세우고 있다고도 결코 말할 수 없다. 나는 다음 세대가 지금보다 나은 환경에서 행복하게 살길 바란다. 그래서 나는 보통 사람의 생각을 더 나아질 수 있게 하는 방법, 특히 인공지능에 의해 우리 인간의 일자리가 위협받는 시대에 창의적이며 합리적인 생각을 의지대로 개발할 수 있는 방법에 대해 연구했다. 이제 이 책을 통해 독자들과 결과물을 공유하는 여정을 함께 하고자 한다.

02 1%의 생각은 무엇인가

"우리는 우리 속에 갇혀 있다. 동물을 가두는 우리가 아니라 너와 나를 함께 묶는 우리에 갇혀 있다."

언젠가 미국의 학교 동문이 모교 학부과정의 제품디자인 수업 강의를 시작했다는 근황을 듣게 되어 친구와 대화를 나눈 적이 있다. 그때 친구가 한 말이 우리의 안타까운 현실을 말해 주었다.

"아시아에서 바로 온 학생들은 생각을 안 해."

친구가 말하는 아시아는 한국, 중국, 일본을 뜻했고 아시아에서 바로 온 학생은 어릴 때 미국으로 건너가 중고등학교에 다녔거나 미국에서 태어난 2세가 아니라, 아시아에서 고등학교까지 졸업하고 대학교로 유학 온 일반적인 학생을 두고 하는 말이었다. 그리고 생각이라 표현한 것의 의미는 공식을 활용하는 수학적 연산이 아니라 공식이 없는 아이디어 개발이었다. 참고로 제품디자인 수업에서는 학생들이 주제에 대한 사용자를 이해하고 사용자를 위한 제품을 개발한다. 그 과정에서 어떠한 기능을 하는 제품이 왜 필요한지 학생마다 합리적 이유와 함께 자신만의 창의적 컨셉을 개발하게 된다. 그런 시간을 거치며 디자이너로 성장한다. 그러나 친구의 말로는 아시아에서 온 학생들은 스스로 컨셉을 개발해 나가는 노력은 부족한 채 스케치부터 하려 한다고 했다. 그 말이 너무 안타까웠다. 그런 이유는 분명하다. 생각하는 것은 어렵고 스케치를 멋지게 하는 것은 재미있기 때문이다. 스케치에 생각이 필요하지 않다는 뜻은 아니다. 스케치와 같이 형태를 만들기 이전에 애초에 무엇을 스케치해야 할 것인지 규명하는 것이 앞서야 한다는 것이다. 무엇을 할 것인지 컨셉을 차근차근 잡는 것은 머릿속 생각으로 만들어지고, 스케치는 즉각적으로 눈앞에 나타나니 생각은 재미없고 스케치는 재미있는 것이다. 그리고 한국에서 중고등학교에 다니면서(중국과 일본의 중고등학교 사정은 나는 잘 모른다.) 스스로 컨셉을 잡아 선보이는 기회가 적다 보니 컨셉 개발에 서툴고 자신의 주장을 내세우는 것에 자신감을 갖기 쉽지 않다.

아이디어를 펼치고 주장하는 것에 자신 없어 하는 현상은 비단 디자인 전공자에게만 해당하는 것은 아닐 것이다. 많은 사람이 자신의 주장에 자신 없어 하는 이유는 학창시절 오랜 기간 동안 착한 모범생으로 자라야 하는 무언의 압박 때문일 것이다. 모범생이어서 문제라니 안타까운 일이다. 한국에서의 모범생은 윗세대가 이끄는 대로 잘 따른다는 측면에서 예의 바르고 훌륭한 가치를 지니는 것은 사실이지만, 자기 자신의 인생을 설계해 나가는 측면에서는 그만큼 부작용이 따를 수도 있다고 생각한다. 남이 하는 정도의 스펙을 만들어야 하고 남이 가고 싶은 대학과 직장을 목표로 해야 한다. 이후에는 남들이 부러워하는 동네에 살면서 좋은 차를 타는 것으로 이어질 것이다. 남이 나를 성공했다고 보지 않고 부러워하지 않으면 난 잘 못하고 있는 것이다. 튀지 않으려고 자신의 색깔을 낮추고 화합하다 보니 자신만의 다른 생각을 해볼 일이 별로 없고 자신의 독자적 생각에 대해 자신 없어 한다.

*

우리나라, 우리 가족. 영어식으로 표현하면 my country, my family다. 한국 표현에서는 내 나라, 내 가족이라고 하지 않는다. 자연스럽게 '우리'라는 표현을 꽤 많이 사용한다. 그만큼 공동체가 중요한 비중을 차지하고 우리라는 전체 관점에서 나를 투영하는 방식이 나를 바라보는 자연스러운 방법이다. 나로부터 나오는 공동체의 관점이 아니라 공동체로부터의 나인 관점이다. 현재 배경과 소속이 그 사람을 말해 준다. 그에 따라 전체의 가치가 중요하고 전체의 이익에 반하는 개인의 의견은 상대적으로 중요한 것이 아닌 것으로 인식된다. 마치 예전의 회식 문화처럼 말이다. 그것은 다시 말해 '나'의 개성이나 취향이 무엇인지 제대로 알고 그것을 개발할 기회가 적어지는 것을 뜻한다. 전체에 속하여 전체가 잘되는 쪽으로 희생은 감수하지만, 모난 돌이 정 맞는다 하여 나를 돋보이게 하는 것은 서툴다.

한동안 많은 청소년의 장래희망이 아이돌이었는데 요즘은 유튜버라고 한다. 만약
자신이 하고자 하는 음악적 색깔이 분명하고 자신만의 스타일로 노래를 만들고,
부르고, 춤을 춰왔으면 아티스트로서의 아이돌이 장래희망으로 자연스럽게
그려지는 모습일 수 있다. 마찬가지로 자신이 생활 속에서 재미있는 소재를
발견하여 꾸준히 연구하고 있고, 그것을 주기적으로 온라인 채널로 공유하는데 그
채널 중 하나가 유튜브라면 유튜버라고 통칭하는 모습이 장래희망이 될 수 있다.
하지만 대형 소속사에 의해 기획되길 기대하거나 유튜브에서 또 다른 먹방과
메이크업 영상을 만들고자 한다면, 자기 자신이 누구이고 어떠한 활동이 나에게
행복을 주는지에 대한 충분한 생각을 거친 것은 아닐 가능성이 크다고 본다.
이러한 현상은 비단 청소년에게만 해당하는 것은 아닐 테다.
요즈음의 공교육은 내가 중고등학교에 다니던 시절보다 많이 나아졌으리라
믿는다. 그러나 요즘 대학교 1학년 수업을 하다 보면 예전과 큰 차이가 없다고
느껴지는 것도 사실이다. 나는 어떤 것을 좋아하고 어떤 것을 잘하고 싶은지, 어떤
활동을 하면 행복을 느끼는 사람인지 충분히 돌아보고 탐색할 기회가 없었다.
외우는 것이 주를 이루는 맹목적인 공부를 했고, 대학을 가면 인생이 성공으로
끝날 것이라는 막연함도 있었다. 그때까지 나도 나 자신을 알지 못했던 것이다.
그 시절 나조차 자신을 몰랐던 이유는 스스로 생각하여 결론을 내리는 것보다
주변에서 하는 말을 무심코 따르는 비중이 더 컸기 때문일 것이다. 별생각을 안
하고 살아도 전혀 이상할 것 없는 분위기 속에 있었던 것이다. 표면적으로는
학생의 본분을 다하는 것처럼 보이니까 말이다. 만약 우리가 어릴 적부터 인생을
스스로 설계해 나가고 인생의 목표를 위해 하고 싶은 공부를 찾아서 하며 토론과
실험도 하고 모험을 떠나기도 해보고 아이디어를 내어 사람들에게 선보이기도
하는 시간을 충분히 보냈다면(스펙을 위한 활동이 아니라 자발적인 활동에 한해),
'나'라는 존재가 다른 이와 구분되는 특별한 존재라는 사실을 분명히 인식할 수
있었을 것이다. 내가 나를 알고 나에 대해 생각하는 것처럼 다른 이들도 그들
자신의 방식으로 생각할 것이기 때문이다. 그렇다면 자연스럽게 주관이 형성되고

궁리하여 아이디어를 펼치는 것이 일상화될 것이다. 적극적으로 생각의 나래를 펼치는 일이 잦을 것이다.

1%의 생각을 하려면 자신을 스스로 99%에 무심코 포함시키면 안 된다. 나를 세상에 단 하나인 유일한 사람으로 여기고 내가 어떤 사람인지 돌아보는 것에서 시작해야 한다. 나의 성격과 나의 꿈, 나의 행복이 무엇인가에 대해 주체적으로 생각하다 보면 사회가 정한 기준에서 벗어날 수 있다. 무심코 가졌던 딱딱한 기준에서 벗어나 내 생각을 자유롭게 펼칠 수 있게 된다. 그렇게 하면 남들이 선호하는 전공, 남들이 선호하는 직장을 위해 애를 쓰는 것보다 내가 하고 싶은 일을 스스로 설계하는 시간이 길어지고, 내가 행복하다고 느끼는 일을 직업으로 삼을 기회도 높일 수 있을 것이다.

03 누구에게나 기회가 있다

뉴스를 보면 괴로운 이야기로 꽉 차 있다. 대한민국의 자살률은 OECD 국가 중에 가장 높다고 하고(2017년 기준) 전 세계적으로도 가장 높은 국가 중의 하나라고 한다. 2018년 소상공인과 자영업자 폐업자 수가 100만 명에 달하고 폐업률도 90%에 육박한다고 한다. 우리 예상 수명은 100세를 바라보는데 평균 퇴직 연령은 49세라고 한다. 이러려고 학창 시절에 힘들게 공부했나 싶기도 하다. 그래서 밀레니얼 세대 사이에서는 장기적인 여정으로서의 행복보다 지금 이 순간의 행복을 중시하는 풍토가 조성되고 있다고 한다.

괴로운 것으로 가득 차 보이는 세상 속에서 진정한 행복을 찾는 데는 창의적 생각이 큰 역할을 한다. 1%인 천재가 반드시 행복한 것은 아니지만, 1%의 생각을 만드는 사람은 행복한 사람이다. 1%의 천재적인 생각은 창의성을 바탕으로 하고, 새롭고 창의적인 생각을 만들고 싶은 의지 자체가 행복을 느끼게 하기 때문이다. 학생이 학교와 학원에 대해 불평하고 직장인이 회사 불평을 하듯, 나도 직장

생활을 하며 불만이 많은 때가 있었다. 바라는 것과 현실이 달랐기 때문이다. 나 같은 직장인이 같은 회사에만 수만 명이 있는데, 행복한 얼굴을 하는 사람은 쉽게 찾아볼 수 없었다. 그래서 처음에는 사회 시스템이 잘못된 것이라 생각했다. 그러다 생각이 전환되는 계기가 몇 번 찾아왔다. 그중에 가장 결정적인 순간을 소개할까 한다. 기업을 설립하고 운영하는 전략적 디자인에 대해, 미국에서 살벌하고 경쟁적인 분위기 속에서 공부하고 한국에 돌아왔는데, 대기업이었음에도 불구하고 당시 회사가 젊은 디자이너에게 원하는 역할은 분명했다. 스케치를 하고 3D 렌더링을 하고 모형을 만드는 일을 기대했다. 앞서 언급했던 것처럼 경력이 부족하다는 이유이기도 했겠지만, 조직에서 요구하는 제품디자이너의 역할은 형태를 만들고 스타일링을 하는 것이 일반적이었다. 컨셉과 전략을 만드는 데는 참여할 수 없었다. 창의적인 디자이너가 되길 바라면서도 창의적 생각을 하는 역할에 제대로 참여하고 능력을 개발할 기회를 좀처럼 주지 않았던 것이다. 물론 제품을 멋진 형태로 만드는 것은 굉장히 중요하다. 멋진 형태가 소비자의 선택을 결정하는 요소이기도 하며, 그 형태를 개발하는 데 높은 창의성이 요구되기도 한다. 하지만 세상에 다양한 사람들이 있듯이 다양한 디자이너도 있지 않겠는가. 나는 개인적으로 컨셉의 앞단이 왜 그렇게 기획되었는지 모르는 상태에서 외형 스케치를 하려 하니 동기부여가 되지 않고 괴롭기까지 했다. 처음에는 현실을 불평했지만 그 계기로 한 발짝 물러나 현상을 바라보게 되었다.

수백 명의 디자이너가 휴대폰을 공들여 디자인한다고 해서 제품이 1위를 하는 것은 아니다. 소수의 디자이너가 제품을 만들어 세계 1위를 하기도 한다. 물론 디자인뿐만 아니라 투자 규모, 마케팅 방식, 기술의 완성도, 기존에 쌓인 브랜드 이미지, 그 밖의 예기치 못한 변수 등 수많은 요인이 제품의 성패를 좌우한다. 성패를 결정짓는 요인을 나열하자면 한이 없겠다. 그러나 그 당시 나는 왜 어떤 조직은 성공하는 제품을 만들고 어떤 조직은 성공할 것 같지 않은 제품을 큰돈을 투자하여 만드는 것인가라는 궁금증이 생겼다. 사실 간단한 질문 하나로 문제를 진단하기에는 매우 복잡한 배경이 깔려 있지만 이것이 나에게 들었던 첫 번째 의문이었다.

그 질문은 이렇게 변했다. 왜 그런 결정을 했을까? 왜 그런 결정을 하는 것인지 궁금해지자, 어떻게 좋은 결정을 내려야 하는지 물어야 했다. 나는 그 물음에 자신 있게 대답할 수 없었다. 오히려 내가 하고 싶은 일을 할 기회가 주어지지 않는 회사와 현실을 탓하다가 나조차 할 수 없는 대답을 잘하기 위해서는 방법을 알아내야 한다고 생각했다.

의사결정을 내린다는 것은 특정 기준에 근거해 판단한 결과를 내놓는 것이다. 이때 기준은 판단을 내리는 당시의 가치에 따라 만들어진다. 다시 말해 의사결정을 내리고자 하는 주체가 가진 가치 체계에 의해 판단이 만들어진다. 이러한 판단은 생각을 통해 나온다. 생각을 탐구하려 하니 눈에 보이는 활동도 아니고 순전히 사람의 머릿속에서 이루어지는 것이라 처음에는 막막했다. 세상에 나와 있는 생각의 방법들을 들여다봐도 정말 그러한 방법을 따르면 좋은 생각이 나오는 것인지, 좋은 생각을 미리 만들어 두고 거꾸로 짜맞춰 주장하는 것인지 믿을 수도 없었다. 그렇게 생각에 대한 탐구가 시작되었다.

오랜 세월을 거치며 다양한 경험을 통해 직관이 높아지는 경우도 있다. 멘토가 그러한 역할을 한다. 직관이 높은 사람은 좋은 판단을 내릴 수 있다. 그러나 좋은 생각을 하기 위해서 오랜 세월이 필수적이라면 당시의 나처럼 어리고 젊은 사람에게는 희망적이지 않은 세상일 것이다. 그래서 나는 디자인을 위해서건 인생에서 마주치는 다양한 사건을 위해서건 어리고 젊은 사람도 필요할 때 좋은 생각을 개발할 수 있고 그 방법을 통해 전반적으로 생각하는 능력이 점차 길러질 수 있게 하는 방법을 만들고 싶었다. 무엇보다 살면서 나 자신에게 필요한 방법이기 때문에 더욱 제대로 만들고 싶었다.

*

천재를 천재라 부르게 된 이유는 그들이 만들어 낸 생각 때문이다. 생각이 훌륭한 결과를 만드는 행동으로 이끈 것이다. 피카소는 어린 시절 읽기와 쓰기를 어려워했고 학습능력이 저조했다. 그러나 그는 입체파 화가의 대표 주자로 역사에 남았다. 피카소는 그림 자체가 천재적이어서 천재 화가로 불리는 것이 아니라, 형태를 쪼개어 조합하고자 하는 시각과 생각이 새로운 형상의 그림을 만들게 했고 그 결과가 피카소를 천재 화가로 불리게 만들었다. 상대성 이론을 발표한 아인슈타인도 학창시절에 교사로부터 야단맞기 일쑤였다. 그렇게 천재들도 천재적인 생각을 통한 결과물을 만들기 전까지는 모두가 99%와 같은 보통 사람이다. 다시 말해 천재적인 1%의 사람이 되는 것이 중요한 것이 아니라 1%의 생각을 만드는 것이 중요한 것이다. 그리고 방법이 있다면 누구나 1%의 생각을 만들어 낼 수 있을 것이다.

아이디어, 다시 말해 생각은 떠오르는 것이 아니라 개발하는 것이다. 생각의 분야는 물리학, 경제학, 법학 등과 같이 학교와 사회가 정한 분야와 정확히 들어맞지 않을 수 있다. 그러나 누구나 자신 있어 하는 부분은 있다. 누구나 적어도 한 가지 분야에서는 천재일 수 있는 것이다. 자신 있어 하는 부분을 발견하고 그 안에서 아이디어를 개발하고자 하는 의지가 있다면, 누구나 천재적인 아이디어를 만들 수 있다고 믿는다. 그러나 그 내용이 당장 책으로, 과목으로, 직업의 형태로 나타나지 않을 수는 있다. 음식의 간을 맞추는 것, 사람의 감정을 파악하는 것, 파스타를 잘 삶는 것, 길을 잘 찾는 것, 얼굴을 잘 기억하는 것, 나만의 여행 계획을 잘 세우는 것, 잃어버린 물건을 잘 찾는 것, 지도를 보지 않고 길을 잘 찾는 것 등 사소해 보이지만 누구나 남보다 뛰어나게 잘하는 무언가가 있다. 그것을 잘 활용하면 경쟁이 치열한 레드오션에 비집고 들어가 싸우는 것이 아니라, 자기만의 비즈니스를 개발하여 스스로 만든 바다에서 자유롭게 항해할 수 있을 것이다.

계속 1%의 천재적인 생각에 대해 주장하고 있자니 나 자신을 다시 돌아보게 된다. 생각을 잘하는 방법을 이야기하는 내가 꺼내는 생각은 모두 좋은 생각인가라는 질문을 떠올리게 된다. 이럴 때는 선수와 코치의 관계를 생각해 보면 대답이 될 것 같다. 골프 선수와 골프 이론, 골프 코치는 모두 별개의 존재다. PGA의 세계 랭킹을 다투는 선수들도 코치로부터 교정받고 훈련받는다. 코치는 좋은 성적을 내기 위한 선수의 자세, 체력, 전략을 알고 있다. 선수는 스스로 몸으로 훈련하고 현장에서 시행착오를 거치며 노하우를 쌓는다. 반복 훈련으로 체력이 올라가고 근육의 움직임이 정교해져 좋은 성적을 얻는다. 어느 순간부터 자세가 흐트러져 스윙에 변화가 생기면 코치는 그 부분을 발견하여 바로잡는다. 그러나 코치가 직접 경기에 참가하지는 않는다. 가수와 보컬트레이너와의 관계도 마찬가지다. 최고의 성량, 감성표현과 기교로 완벽한 무대를 만들 수 있도록 보컬트레이너는 가수의 발성, 자세, 시선 처리, 호흡 등을 교정해 준다. 그러나 무대에 오르는 것은 트레이너로부터 훈련받은 가수이지, 트레이너가 직접 무대에 올라 노래를 부르지는 않는다. 나의 개인적인 욕심은 선수와 동시에 코치가 되는 것이다. 나는 좋은 생각을 원하는 만큼 개발하고 싶다. 그래서 좋은 생각을 만드는 방법을 연구했고, 좋은 선수가 되기 위해 우선 좋은 코치가 되는 방법을 개발했다. 그 방법을 만들고 나니 갑자기 자신감이 생기기 시작했다. 일은 괴로운 것이 아니라 재미있는 것이 되었고 앞으로 살면서 하고 싶은 일이 더 많아졌다. 세상은 잘못투성이로 가득한 곳이 아니라 기회가 많은 곳이 되었다. 인공지능이 인간의 일자리를 빼앗아 간다는 뉴스를 봐도 불안하기는커녕 더욱 기대가 되기도 한다. 지금 내 생각으로는 인공지능은 인간에게 전혀 위협적이지 않다. 다만, 한 가지 전제가 있다. 그동안 바라보던 방식으로 세상을 보면 안 된다. 무심코 받아들이는 정보와 기술에 동화되기보다 운동하듯 스스로 머리로 생각을 개발하는 시간을 많이 가져야 한다. 그중의 한 방법으로서 독자들이 이 책에서 소개하는 뉴런워크를 사용해 주었으면 한다.

04
관심의 잡식

나는 밀가루 음식을 좋아한다. 빵이라면 어떤 종류라도 다 좋다. 그래서 가끔 집에서 빵을 만들기도 한다. 처음 베이킹을 할 때는 밀가루 종류가 여러 가지인지도 몰랐다. 베이킹을 할 때 밀가루는 글루텐 함유량에 따라 선택해야 한다. 글루텐은 밀가루 속 단백질 성분으로 반죽의 점탄성을 결정한다. 빵을 만들 때 얼마만큼 탄력 있는 반죽이 필요한가에 따라 밀가루 종류를 선택한다. 글루텐이 많은 밀가루는 강력분이다. 반대로 글루텐이 적은 밀가루는 박력분이다. 그 중간에 있는 것이 중력분으로 중간 정도의 글루텐이 들어 있다. 강력분은 식빵같이 결이 살아 찢어지는 빵을 만들 때 사용한다. 식빵을 만들 때는 이스트를 넣어 발효시켜야 하는데, 반죽 속에 가스가 차 부풀어 올라도 반죽이 무너지지 않으려면 반죽의 점성이 강해야 한다. 그래서 식빵을 만들 때에는 20분 이상 쉬지 않고 반죽을 못살게 굴어 글루텐이 많이 형성되도록 해야 한다. 반대로 박력분은 찰기가 거의 없는 빵을 만들 때 사용한다. 쿠키나 파운드 케이크처럼 조직이 약해 쫄깃함이 거의 없고, 찢어지기보다는 뚝 잘라지는 특성이 있는 빵을 만들 때 사용한다. 그리고 식빵을 만들 때와는 정반대로 밀가루를 최소한으로만 건드리고 가루가 보이지 않을 정도로만 섞고 반죽을 끝낸다.

베이킹을 하다 보면 비슷한 재료를 갖고 작은 변화만으로 전혀 다른 빵이 나온다는 것이 항상 신기하다. 밀가루와 계란, 우유, 버터, 소금, 설탕을 어떤 순서로 섞는가에 따라 조직이 달라지기도 한다. 밀대로 납작하게 눌러 동그랗게 잘라 타르트를 만들기도 하고, 작은 컵 모양의 틀에 묽은 반죽을 부어 머핀을 만들기도 하고, 반죽이 발효되어 부푼 모양 그대로 오븐에 구워 번을 만들기도 하며, 하얀 반죽에 코코아 가루를 섞어 까만색 케이크를 만들기도 한다. 재료에 따라 빵의 모양과 맛이 달라지고 그에 따른 이름도 모두 다르다. 그뿐만 아니라 반죽 방법과 성형 방법, 굽는 정도에 따라 다른 빵이 만들어지기도 한다. 경우에 따라 크림을 토핑으로 얹기도 하고 반죽 속에 건포도를 섞을 수도 있다. 새로운 재료와 방법을 사용할 때마다 새로운 빵을 얻는다. 경우의 수는 무궁무진하다.

요리를 할 때도 마찬가지다. 같은 요리를 한다 해도 조리법과 재료를 손질하는 방법, 재료 간의 배합에 따라 맛이 달라진다. 무엇보다 새로운 재료가 등장하면 음식의 맛이 달라진다. 새로운 채소와 고기, 향신료가 들어가면 비슷하게 끓이고, 볶고, 튀겼는데도 처음 먹어 보는 맛이 난다. 전혀 다른 요리가 만들어지는 것이다.

해외 여행을 가서 먹는 음식이 이국적인 이유가 되겠다.

요리를 잘하는 사람은 재료의 속성과 조리 방법의 원리를 잘 아는 사람이다. 하나의 요리를 두고도 다이어트를 할 때는 열량을 낮춘 요리로, 기운이 없을 때는 영양가를 높인 요리로, 소풍을 갈 때는 먹기에 간편한 요리로, 손님이 올 때는 멋진 데코레이션이 가미된 요리로, 소화가 안 될 때는 재료를 잘게 자르고 무르게 만들어 소화하기 쉬운 요리로 자유자재로 변형할 수 있다. 요리의 속성을 이해하고 있으면 음식을 훌륭하게 디자인할 수 있다.

*

갑자기 베이킹과 요리 이야기를 왜 이렇게 길게 했느냐면, 창의적 생각과 닮았기 때문이다. 우선 재료를 어떤 식으로 조리하느냐에 따라 형태와 식감이 전혀 다른 요리가 만들어진다. 때마다 새로운 요리를 해야 한다면 무엇보다 새로운 재료들을 많이 확보하는 것이 유리할 것이다. 창의적 생각도 마찬가지다. 창의적 아이디어는 생각하는 주제를 어떻게 바라보고 정보를 어떻게 결합하느냐에 따라 생각의 결론이 달라진다. 무엇보다 창의적 아이디어를 만들어 내는 실마리를 얻는 출처에는 제한이 없다. 어디에서도 아이디어의 씨앗이 보일 수 있다. 다양한 정보는 다양한 생각을 요리하게 하는 재료다. 따라서 창의적 생각을 위한 정보를 얻을 때는 지조 있게 한 우물을 깊게 파는 것보다 줏대 없이 넓게 기웃거리는 편이 낫다. 사자처럼 고기만 먹거나 사슴처럼 풀만 먹지 말아야 한다. 잡식성 정보는 생각의 레시피를 풍부하게 만들어 준다.

나의 아버지는 책을 많이 읽으신다. 그래서 집에서 꽤 다양한 내용의 이야기를 듣게 된다. 행정학을 전공하셨지만 서양철학, 동양철학, 역사, 물리학 등 내가 평소에 자주 접하지 않는 내용을 가끔 짤막하게 말씀해 주신다. 새로운 내용을 들을 때마다 나는 내 분야인 디자인에 그 내용을 연결해 보고는 한다. 전혀 엉뚱한 곳과 디자인 원리가 연결될 때마다 경이로움을 느낀다. 본질적으로 세상의 원리는 통하기 때문인 것 같다.

궁금증이나 호기심이 있다는 것은 사람이 가진 큰 선물인 것 같다. 물론, 동물에게 이런 호기심이 없다는 것은 아니다. 지금은 하늘나라에 있는 우리 집 강아지를 떠올려 보아도 공원에 나가면 여기저기 냄새 맡고 다니기 바빴으니까. 하지만 동물과 다른 점은 사람은 호기심이 생기면 궁금증을 풀어 가며 더 큰 호기심을 품을 능력이 있다는 것이다. 이러한 능력이 우리가 사는 지금의 기술 발전을 이끌었다고 할 수 있다.

나는 생각에 관한 호기심을 갖고 연구를 하게 되면서 나타나는 궁금증을 풀기 위해 다양한 분야에 대해 찾아보게 되었다. 우선 사람의 의사결정 방식을 알아보고자 경영학의 조직 내에서 이루어지는 프로세스에 관한 내용을 찾아보았다. 그러다 의식과 무의식적 결정에 대해 알아야 해서 뇌과학과 진화생물학을 들여다보았다. 생물의 진화 과정을 살피다 보니 진화를 거슬러 꼭대기에 무엇이 있나 궁금해졌다. 동물은 언제부터 생각을 했고 식물과 동물은 왜 다른지 궁금해졌다. 진화 이전에 생명 자체는 어떻게 발생하였는지 궁금해졌다. 생명이 사는 지구는 어떻게 만들어졌는지 궁금해졌다. 우주는 어떻게 만들어졌는지 궁금해졌다. 그러면서 세상을 구성하는 네 가지 힘(중력, 전자기력, 약한 핵력, 강한 핵력)이 모든 것의 기본 원리임을 알게 되었다. 수소와 헬륨이 모든 물질을 있게 한 근원이라는 것을 알게 되었다. 물질이 합성하여 새로운 특성을 가진 물질이 만들어지는 것은 식재료로 이런지린 방식으로 나양한 요리를 하는 것과 같다. 결국에 새로운 무엇이 만들어지려면 서로 다른 무언가가 합성해야 하는 것이다. 창의적 생각은 새로운 생각이다. 그렇다면 새로운 생각도 마찬가지로 서로 다른 내용이 만나야 한다.

앞서도 언급했지만, 나는 생각을 디자인하는 것을 목표로 하는 산업디자인과 전공 수업을 수년째 진행하고 있다. 엄밀히 말하면 각 학생의 디자인 프로젝트에 대해 퍼실리테이팅facilitating을 하는 것이라 할 수 있겠다. 처음에는 짧은 시간에 학생들 발표를 듣고, 발표가 끝나자마자 유익한 피드백을 주는 것이 매우 어려운 일이었다. 충분히 내용을 듣고 소화시키며 생각할 시간이 필요하지만, 현실적으로는 시간이 촉박하여 천천히 고민할 시간을 가질 수 없기 때문이다. 나는 주로 천천히 생각하는 사람인데도 말이다. 학생들에게 도움이 되는 피드백을 주려면 우선 학생의 전체 작업 내용과 현재 진행 상황을 제대로 파악해야 하고, 궁극적으로 프로젝트가 나아갈 방향을 그릴 수 있어야 하며, 동시에 다음 단계에 대한 실행 사항을 떠올려야 하고, 그 사항이 논리적인 동시에 창의적 솔루션이어야 하며, 그 내용을 정답으로 삼은 채 직접적으로 언급하는 것이 아니라, 학생이 스스로 좋은 길을 찾을 수 있도록 간접적으로 표현해야 하기 때문이다.

약 세 시간짜리 전공 수업에서 모든 학생이 저마다 다른 컨셉을 개발해 나간다. 한 학생의 발표를 듣는 동시에 나는 피드백 내용을 생각하기 시작하고, 발표가 끝나면 곧바로 이야기해 줄 수 있도록 해야 했다. 엄청난 집중력이 요구되어 세 시간짜리 수업이 하루 두 번 있는 날이면 집에 가서 바로 쓰러져 잠이 들 정도로 지치곤 한다. 처음에는 굉장히 어려운 일이었지만 운동처럼 생각의 근육이 단련되는지 이제는 문제 파악과 해결 방법을 제법 빨리 만들어 낸다. 집중을 유지하는 시간도 길어지는 것 같다. 지난 몇 년 동안 학생의 수만큼 수백 가지의 다양한 문제에 대해 고민하고 생각의 결론을 도출하는 작업을 하다 보니 나도 훈련이 많이 되었나 보다. 근육에도 처음에는 힘이 없어서 작은 아령을 드는 일조차 서툴고 어렵다가 며칠 근육통에 시달리고 매일같이 꾸준히 운동하면 결국 탄탄한 몸을 갖게 되는 것처럼 말이다. 운동으로 균형 잡힌 몸을 만드는 것이 꾸준해야 이루어지는 일인 것처럼, 다양한 생각도 꾸준히 해오니 능력이 훈련된다.

다양한 정보를 접하면서 프로젝트를 진행하고, 학생들과 매주 새로운 문제를 풀어나가며, 그 밖에 음악과 미술 등의 취미를 가지며 지내다 보니, 어느 순간 창의적 생각을 만드는 원리의 실마리가 보이기 시작했다. 그 실마리를 시작으로 창의적으로 생각하는 방법을 견고하게 구축하고자 연구하였고, 이제 이 책에서 그 방법을 공유하고자 한다.

지피지기면 백전백승이라 했다. 생각의 한계와 싸워 이기기 위해 이제부터 생각이라는 것이 무엇인지 제대로 알아보자.

SECTION 02

스마트한 사고

모든 것의 비밀은 생각을 만들어 내는 것에서 시작한다. 마치
저절로 머릿속에서 떠오르는 것 같은 생각을 어떻게
자유자재로 운용할 수 있을까? 연필을 잡고 글을 쓰는
것처럼 생각을 내 맘대로 만들어 낼 수 있는 것일까? 글을
쓰기 위해 연필과 종이를 준비하고, 연필 잡는 법, 글씨 쓰는
법을 먼저 알아야 하듯 좋은 생각을 하기 위해서도
마찬가지로 좋은 생각이란 무엇이고, 좋은 생각을 만들어
내기 위해서는 어떠한 준비가 필요한지 알 필요가 있다.
이제부터 생각에 대해 차근차근 생각해 나가보자.

05
사고의 사고

당신은 지금 무슨 생각을 하고 있는가?

오늘 무엇을 먹을지 생각하고 있을 수도 있고, 아까 한 말에 후회하며 내가 왜 그랬을까 자책하고 있을지도, 내일 있을 회의 내용이 머릿속에 꽉 차 있을지도 모른다. 혹은 책을 펼친 지 얼마 안 된 시점이므로 이 책이 읽을 만한지, 책 디자인은 왜 이런지 하는 것과 같이 책에 대해 생각하고 있을지도 모른다. 어쩌면 이 책이 재미있을 것 같다는 저자로서는 고마워할 만한 생각을 하고 있을지도 모르겠다.

우리는 하루 중 깨어 있는 시간에 생각하지 않는 시간은 거의 없을 것이다. '오늘 날씨가 어떻지?'하고 의문을 던질 때도, '날이 더우니 반소매 티셔츠를 입어야지'하고 결정할 때도, '약속 장소가 어디더라?'하고 기억을 떠올릴 때도 계속 생각하게 된다. 업무를 할 때도 마찬가지다. 회의 안건을 정리할 때나 보고서 작성 계획을 세울 때, 혹은 프레젠테이션과 질의응답 중에 나오는 말들도 모두 생각을 통해 만들어진 결과다.

'사고하다'와 '생각하다' 중 일상에서는 '생각하다'라는 표현을 주로 사용한다. 다음은 일상적으로 우리가 쓰는 표현 중 '생각하다'가 포함된 문장들이다.

표현	의미
"어떻게 처리해야 할지 **생각** 중이야."	문제 해결 방향을 강구하다.
"이런 방법을 **생각**해 봤어."	아이디어를 떠올리다.
"**생각**해 보니, 그 방법은 좋은 것 같지 않아."	검토하고 판단하다.
"내 **생각**을 들어볼래?"	의견을 제시하다.
"그 옷이 참 멋있다고 **생각**해."	~이라 여기다. / ~이라 간주하다.
"이 사진을 보니 작년 여름 여행이 **생각** 난다."	회상하다. / 떠올리다.
"아침을 걸렀더니 벌써 밥 **생각**이 든다."	~을 원하다.

어떤 것에 대해 떠올리거나 판단하고 추리하는 등과 같은 일을 할 때 우리는

'생각하다'라고도 하고 '사고하다'라고도 한다. 국립국어원의 표준국어대사전에 따르면 [생각]은 고유어로 사람이 머리를 써서 사물을 헤아리고 판단하는 작용을 뜻하고, [사고思考]는 한자어로 생각하고 궁리함을 뜻한다. '사고'는 한자어이기에 사고라는 단어의 정의를 설명하는 데에도 '생각'이라는 단어가 활용되었음을 알 수 있다. 두 단어의 의미가 거의 일치한다면 아름다운 우리말인 [생각]이라는 단어를 선택하는 게 좋겠지만, 이 책에서는 뜻글자가 결합하여 좀 더 함축적인 단어인 [사고], 혹은 [사고하다]라는 표현을 이제부터 주로 사용하겠다.

앞에서 보았던 사고에 관한 여러 가지 표현들을 살펴보면 '회상하다'와 같이 특정 자극에 의해 '떠올려지는' 것과 '원하다'를 제외하면 모두 어떤 목적을 가진 의식적 활동을 표현할 때 '생각하다'를 사용하는 것을 알 수 있다. 이 책에서는 '떠올려지는 것'과 같이 어떠한 자극에 의해 저절로 드는 사고보다는 의도에 의해 정신적 결과물을 만들어야 하는 사고에 집중할 것이다. 왜냐하면 저절로 들지 않는다는 것은 그만큼 개인의 노력이 필요한 일이며, 목적과 의도가 있다는 뜻은 곧 결과에 대해 성공과 실패와 같은 평가가 함께한다는 것이기 때문이다.

예를 들어 검토하고 판단할 때는 특정 기준에 의해 잘 검토했는지 못했는지 평가할 수 있고, 아이디어를 제시할 때도 좋은 아이디어와 그렇지 않은 아이디어가 구분된다. 어떤 문제에 대해 개인이 평가를 내릴 때도 그 평가에 대한 다른 사람으로부터의 또 다른 평가가 있을 수 있다. 이처럼 의도를 가진 사고 행위에는 이루고자 하는 목표가 함께하고 목표는 해당 상황에서 특수한 가치 기준을 기반으로 한다. 따라서 목표한 바를 더욱 성공적으로 수행하기 위한 방법, 즉 사고에 대해 이해하고 효과적으로 사고하는 방법을 연습할 필요가 있다.

*

사고는 넓은 의미로 느낌과 상상, 의욕, 기억, 연상, 의지 등을 모두 포함하는 '심리적 활동' 차원과, 감각을 통해 어떠한 대상으로부터 얻은 내용을 지식으로부터 판단과 논리적 추론을 거쳐 간접적으로 얻는 '정신적 활동' 차원으로 구분할 수 있다.[1] 미국의 신경학자인 제럴드 에덜먼Gerald M. Edelman은 '1차적 의식primary

1 김용규, 《생각의 시대》, 살림, 2014, p.32

김용규의 분류　　　　　　　　에덜먼(Edelman)의 분류　　01

2 Edelman, G., 2001.
Consciousness: the
remembered present.
*Annals of the New York
Academy of Sciences,
929*(1), pp.111-122.

3 메타 인지(metacognition)
는 "생각에 관한 생각"이
다. 메타 인지는 상위 차원
의 사고를 뜻하는 말로 쉽
게 말해, 자신이 어떤 것에
대해 아는지 모르는지를
아는 것이다. 사안에 관한
접근 계획, 이해한 내용의
진단, 완성을 위한 진행 과
정상의 평가가 메타 인지
적 활동이다.

4 Pinker, S., 1999. How
the mind works. *Annals
of the New York
Academy of Sciences,
882*(1), pp.119-127.

consciousness'을 기반으로 하는 '2차적 의식secondary consciousness' 혹은 '고차원적 의식higher-order consciousness을 구분했다.[2] 1차적 의식은 직접적으로 사건과 환경의 지각을 통해 형성되고, 2차적 의식은 개인에게 쌓여 있는 1차적 의식을 기반으로 서로 연결하고 통합하는 등의 과정을 거쳐 형성된다. 이는 더욱 고차원적 프로세스로 '지도의 지도maps of maps' 역할을 하는, 머릿속에서 카테고리를 재구성하는 작업이며 여기에는 자아 성찰과 추상적 사고, 메타 인지[3] 등이 포함된다.

사고를 구성하는 것은 정보와 처리 과정이다.[4] 머릿속에서 정보를 처리하려면 우선 어떠한 정보가 눈, 코, 입, 귀 등과 같은 감각기관으로부터 감지되고 인지되어야 한다. 다시 말해 무언가를 느끼는 것으로 시작해 정보가 쌓이게 된다. 예를 들어, 피부로 온도를 느끼고 눈으로 어떠한 사건의 장면을 보며 귀로 어떤 소식을 듣는 것이 정보로 쌓여 사고의 재료로 사용된다. 이렇게 축적된 정보는 기억에 남아 다음 자극 혹은 계기에 의해 해당 내용을 기억해 내고 판단하는 과정을 거친다. 이 책에서는 심리적 활동 차원에서의 사고보다는 정신적 활동 차원의 사고를 다룰 것이며, 1차적 의식보다는 2차적 의식에 관해 이야기할 것이다.

사고, 즉 2차적 사고를 하려면 세 가지 요소가 필요하다. 그것은 바로 주제와 요소, 연결이다. 첫 번째로 '주제'는 사고를 함에 있어 목표 지향성을 만든다. 무엇에 대한

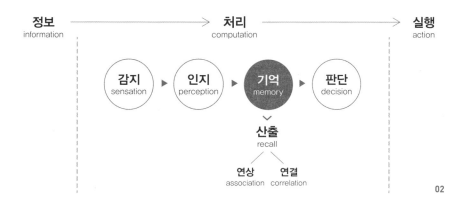

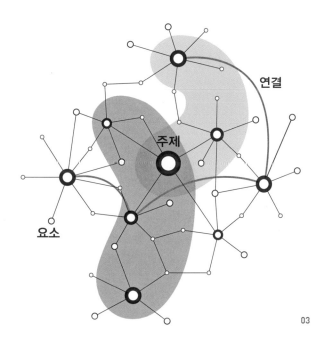

01
사고의 종류

02
사고 과정

03
사고에 필요한 요소: 주제, 요소, 연결

생각을 하고자 하는지 방향을 설정하게 하는 것이다. 예를 들어, '점심 메뉴 정하기', '쇼핑 목록 작성하기', '보고서 개요 검토하기', '수업 내용 정리하기', '월별 지출 최소화하기', '회사에 도착하는 가장 빠른 방법 찾기' 등과 같이 일상적으로 사고하는 내용에는 반드시 목표가 함께한다. 목표가 세워지면 무의식적 분산이나 불특정한 내용의 산발적 사고가 아닌 어느 한 분야로 주의를 집중하게 하며 의식적으로 범주와 방향을 설정하게 한다.

두 번째는 '요소'다. 쉽게 표현하자면 요리를 위한 식재료다. 밥을 지을 때 쌀과 잡곡, 물 등이 필요한 것과 같다. 사고의 재료가 되는 정보가 머릿속에 저장되어 있어야 사고가 가능하다. 머릿속에 아무 정보도 들어 있지 않으면 사고가 이루어질 수 없다. 여기에서 정보는 맥락을 이해한 정보다. 다시 말해 시험 전날 밤 암기하듯 외웠으나 뜻을 모른다면 사고의 재료로써 활용할 수 없다. 맥락을 이해한 정보란 어떠한 또 다른 정보가 연결된 내용과의 관계를 전반적으로 파악할 수 있는 정보로써 사고하는 주체가 스스로 운용할 수 있는 상태의 정보다. 맥락을 이해하여 운용할 수 있는 정보는 장기기억으로 저장되기 쉬워진다. 장기기억은 구조적으로 정리된 기억으로 흩어진 정보의 조각들을 지식의 패턴으로 조직화함으로써 이해가 이루어지게 한다. 장기기억은 어떠한 내용에 대해 탄탄한 구조가 형성되어 그 내용으로 도달할 수 있는 통로가 많아 쉽게 꺼내 활용할 수 있는 기억이다.

사고를 위한 세 번째 요소는 '연결'이다. 앞서 언급한 요리를 위한 식재료, 즉 사고의 매개체인 요소는 기억의 조각들이다. 다시 말해 개별 재료들이다. 이 조각들이 연결될 때 사고가 이루어진다. 예를 들어, '동물'과 '말', '다리', '근육', '길이', '속도'와 같은 조각들이 연결되어 '여러 동물 중 말 다리의 근육은 튼튼하고 길어 빨리 달릴 수 있다.'라는 사고 결과를 만들어 낼 수도 있고, 같은 요소를 이용해 '사람이 말의 다리와 같이 튼튼한 다리 근육을 만들면 빨리 달릴 수 있을 것이다.'라는 추론을 할 수도 있다. 냉장고에서 선택하는 식재료의 종류, 양, 조리 방법, 조리 시간 등을 달리하면 전혀 다른 맛의 요리가 완성되는 것처럼 같은 기억의 조각을 매개로 서로 다르게 연결하면 다른 사고 결과가 나올 수 있다.

물리적으로는 우리 뇌 속 신경세포인 '뉴런'이 만든 네트워크에서 화학신호와
전기신호에 의해 사고가 이루어진다.[5] 다시 말해 시냅스의 조합을 활성시키는
것이다. 네트워크가 중요한 이유는 연결이 이루어져야만 단일한 정보가 비로소
구조적 개념으로 발전할 수 있기 때문이다. 이는 CPU와 램, 그래픽카드 등과 같은
컴퓨터 부품들이 단독으로는 아무런 기능을 하지 못하지만, 서로 조립하여
연결하면 비로소 집합적으로 작동하여 엄청난 능력을 갖춘 존재가 되는 것과 같다.
지금까지 '사고하기'에 대해 기본적으로 알아보았다. 그렇다면 성공적인 사고란
과연 무엇일까? 앞에서 말한 목표를 이루기 위한 의도적인 사고는 반드시 거창한
것만 이야기하지는 않는다. 좋은 평가를 받는 것이면 무엇이든 해당 상황에서
성공적으로 사고한 것이다. 남은 식재료로 근사한 요리를 만들어 내는 것, 며칠 후
다가올 깜짝 파티의 계획을 세우고 주인공을 놀라게 하는 것은 모두 목표가
이루어졌다면 성공적인 사고가 뒷받침된 것이다.

그러나 안타깝게도 오늘날 우리는 편한 삶에 익숙해 있다. 우리 사람은 어려운
일을 도구가 대신할 수 있는 수많은 방법을 만들어 왔다. 바퀴에서부터 오늘날의
스마트 기기까지 편리한 생활을 위한 발전이 멈춘 적 없다. 귀찮은 일은 기계가
대신하게 하니 사람은 지능적으로 고등동물임이 틀림없다. 그런데 우리의 삶을
편하게 해주는 것들 때문에 일상 속에서 사고하는 시간은 그만큼 줄어들었다.
왜냐하면 기계가 육체적인 노동뿐 아니라 정신적 노동까지 대신하기 때문이다.
기계가 숫자 계산도 대신하고, 일정 관리도 척척 해주며, 심지어 기사까지 써준다!
주식 전망을 파악하여 투자도 대신하고 법적 판단까지 대신하는 등의 전문
업무까지 대신할 일상이 멀지 않다. 스마트한 소프트웨어가 장착된 기기들 덕분에
많은 시간을 절약하고 정확한 일을 수행한다는 장점이 있지만 그만큼 우리의
사고력은 점점 감퇴하고 있다. 스마트한 비서의 도움을 받을수록 우리 뇌의
계산능력, 기억력, 구성 및 편집능력, 분석력 등은 그만큼 할 일을 잃어 녹슬어 가기
때문이다.

TV를 바보상자라 부르던 시절이 있었다. 스스로 판단하고 기억을 상기시키는

스몸비족
출처 : 구글 이미지

활동은 낮추고 방송을 통해 나오는 내용을 비판 없이 수동적으로 수용하게 만들기 때문이었을 것이다. 오늘날은 이러한 걱정이 TV로부터 스마트폰으로 옮겨갔다. 현대인 대부분은 스마트폰이 손에 없으면 불안함을 느낄 정도로 의존도가 높다. 심지어 공포증까지 느낄 정도다. 한국정보화진흥원에 따르면 2017년의 스마트폰 과의존 위험군(고위험군 + 잠재적 위험군)은 18.6%(7,860천명)로 집계되었다. 과의존 위험군은 현저성salience, 조절실패self-control failure, 문제적 결과serious consequences 모두 부정적으로 경험함에도 불구하고 스마트폰에서 벗어나지 못하는 사람들이다. 즉, 하루 대부분을 스마트폰과 함께하고, 의지대로 사용을 줄이지 못하며, 신체적·심리적·사회적으로 부정적인 결과를 느끼면서도 스마트폰을 계속 사용하게 되는 것이다. 사람들은 하루에도 수십 번 별다른 생각 없이 화면을 습관적으로 바라보고 스크롤하며 클릭하기가 일상화되어 있다. 깊이 고민할 것 없이 화면만 봐도 재미있는 콘텐츠들이 끊임없이 업데이트되니 시간 가는 줄 모른다. 눈을 화면에 고정한 채 길을 걷는 사람들의 풍경은 일상이 되었다. 이렇게 스마트폰만 들여다보며 다니는 사람들인 스몸비(smartphone + zombie = smombie)보다 스몸비가 아닌 사람을 찾는 것이 어려워질 지경이다.

반면 스마트폰 안의 세계는 너무나 쉽고 재미있는데, 스마트폰에서 나와 현실을 보면 골치부터 아파진다. 문제를 풀 때, 서류를 정리할 때, 새로운 아이디어를 만들 때는 참으로 괴롭고 힘들다. 그것들은 재미있는 일이라고 느껴지지 않으며, 고민한다는 것 자체가 귀찮게 여겨져 사고를 시작한 지 얼마 되지 않아 사고의 스위치를 그만 꺼버리기도 한다. 답을 찾으려 시도해도 시간이 오래 걸리며 어떤 때는 이렇다 할 사고 결과가 나오지 않기도 한다. 그만큼 사고하기는 무척 어려운 일이다. 자신의 사고 결과에 대한 평가를 기다리는 것도 초조하다. 차라리 다른 사람에게나 스마트한 기계에 맡기는 편이 더욱 낫다는 느낌이 들지도 모른다. 그래서 더더욱 '스마트한' 제품들을 사용하게 되는지도 모른다.

스마트한 기계들을 적시 적기에 사용하는 현대인은 당연히 스마트하다. 시간과 자원이 유한한 상황에서 효율성은 굉장한 자산이기 때문이다. 생각해 보면 그러한 편리한 것들을 만든 사람들의 사고는 정말 스마트하지 않은가? 스마트한 방법들을 만들어 낸 사람들의 머릿속에서는 어떤 일이 있었기에 그러한 사고 결과가 나올 수 있었는지 궁금함을 품게 된다. 그리고 그들은 특별한 사람들인지 아니면 보통 사람들인지, 또 누구나 그러한 사고를 할 수 있는지 또한 궁금해진다. 그렇다면 이제부터 우리 스스로 스마트한 사고를 하기 위해 우선 스마트한 사고가 무엇인지 알아보자.

06 스마트한 사고

이 책을 읽고 있는 당신의 꿈은 무엇인가?

자신이 하고 싶은 분야에 대한 연구를 열심히 하고 경험을 쌓으며 사업을 일구어 성장시켜 행복하게 살고자 하는 마음이 있다면, 그 분야가 어떤 것이건 창의적으로 자신만의 방법을 만들 수 있다. 창의적 사고는 특별한 천재만이 하는 것이 아니다. 방법을 안다면 누구나 자신의 분야에서 창의적인 사고를 할 수 있다. 그러나 요즘 가장 큰 방해꾼은 스마트 기기들, 특히 주범은 스마트폰이다.

2018년 한국의 스마트폰 보급률은 94%로 전 세계 1위를 달린다. 2위는 이스라엘인데 2위(83%)와 1위는 11%나 차이가 난다. 우리는 길을 걸으며, 지하철을 타고 이동하며, 식사를 하며 스마트폰을 들여다보는 사람들의 모습을 쉽게 볼 수 있다. 스마트폰 외에도 스마트 TV, 스마트 자동차, 스마트 냉장고, 스마트 청소기 등은 물론이고, 최근 몇 년 새 인공지능 스피커가 거실 한편에 자리 잡아 음악도 틀어 주고 인터넷에서 쇼핑도 해준다. 이쯤 되니 '스마트'라는 말이 지겨울 때도 됐다. 일반적으로 '스마트'라는 단어가 붙으면 특정 운영체제가 탑재되어 다양한 프로그램을 설치할 수 있고 일정 수준 이상의 정보처리 능력을 갖춘 제품 혹은 시스템을 일컫는다. 이전 시대에서 스마트폰 시대로 넘어올 때는 '스마트한 휴대폰'이 충분히 특수한 제품이었기 때문에 휴대폰에 스마트라는 수식어가 붙었지만, 점점 모든 사물이 연결되고 환경을 감지하여 적절한 판단을 내리는 체계가 일반화되면서, 그리고 인공지능이 더욱 우리 삶에 침투함에 따라 스마트라는 수식어는 점차 사라질 것이다. 구글의 전 CEO 에릭 슈미트Eric Emerson Schmidt가 2015년 세계경제포럼World Economic Forum, Davos Forum에서 수많은 IP 주소, 기기, 센서 등이 서로 연결되어 상호작용하는 IoT가 일반화되는 세계로 변화함에 따라 인터넷을 특별히 의식할 필요가 없어져 '인터넷이 사라질 것'이라고 발언한 것과 같다.

앞으로 스마트라는 용어는 특별함을 잃을지라도 '스마트한 사고'의 중요성은 절대 줄어들지 않을 것이다. 아니, 오히려 배가 될 것이다. 이는 우리가 인공지능의 혜택을 누리면서도 동시에 두려워하는 이유와도 연결된다. 큰 변화와 예측 불가능한 미래를 맞이할수록 기존 방식과는 다르게 접근할 필요성이 더욱 늘기 때문이다. 스마트한 사고는 바로 컴퓨터가 사고하는 방식과는 달리 사람만이 할 수 있는 기존에 없던 새로운 컨셉, 창의적인 아이디어, 그러면서도 합리적인 아이디어를 만들 수 있는 사고일 것이다. 다시 말해 컴퓨터가 스스로 만들어 내지 못하는 혁신적인 사고를 주체적으로 할 수 있는 능력이 사람의 스마트한 사고 능력이라고 할 수 있겠다.

스마트한 사고는 혁신을 만들어 낼 수 있다. 혁신적인 사고는 패러다임을 바꾸기도 한다. 패러다임은 어떠한 것에 대해 인식하고 판단하는 생각의 틀이다. 다수에 의해 어떠한 것이 패러다임으로 굳어졌다는 것은 그만큼 그 대상이 장점이 있거나 합리적이라 판단되어 널리 확산되고 그것이 오랫동안 반복되어 당연한 관습으로 굳어졌다는 것이다. 따라서 패러다임이 바뀌려면 새롭게 등장한 방법이 이미 확립된 관습을 바꿀 정도의 이로움, 즉 편리함이나 효율 등에서 커다란 강점을 가져다주어야 한다.

스마트한 사고를 하려면 창의성이 필요하다. 창의적 사고에 대해 살펴보기에 앞서 현재 인간의 과학 기술이 어느 정도까지 와 있나 알아보자. 2018년 서울 중구의 더플라자호텔에 한복을 곱게 차려 입은 여성이 4차산업혁명에 관한 토론의 패널로 참석했다. 그녀는 중간중간 미소를 짓고 자연스럽게 시선을 처리하며 대화를 이어 나갔다. 사실 이 여성은 사람이 아니다. 세계 최초로 이스라엘로부터 시민권을 부여받은 소피아다. 소피아는 여러 언론매체와의 인터뷰를 통해 다양한 의견을 말해 왔고, 노래를 부르기도 하며 단편 영화에도 출연했다. 소피아의 생김새와 제스처, 흐름이 끊기지 않으면서 맥락에 맞는 대화, 분명한 주장 등 그녀에게 머리카락까지 있었다면 누구보다 자신감 넘치고 영리한 여성이라고 볼 수 있을 정도다.

 소피아는 어려운 질문에도 당황하지 않고 대답한다. 자신이 로봇이지만 여성이라고 생각하는 이유, 사람과 로봇이 어떻게 상호작용하는 것이 바람직한지, 사람이 기술을 대하는 방식에 대한 우려 등은 자신 있게 대답한다. 기술개발에 너무 서두르지 말고 윤리적인 측면을 함께 고려해야 한다고 조언하기도 한다.[6] 그러나 소피아가 대답을 못하는 부분이 있다. 상상이 필요한 질문을 받았을 때 아직 그러한 질문에 대답할 준비가 되어 있지 않다고 말한다. 예를 들어, 위험에 처한 성인과 어린 아이 중 누구를 먼저 구할 것이냐는 물음에는 직접적인 답을 내놓지 못했다. 상상력이 필요한 가정에 의한 상황을 그릴 수 있는 능력과 자각하는 능력, 창의성은 아직 만들어지지 못했다고 한다. 아직까지는 소피아 자신이 법칙과 특징에 따라 만들어진 시스템일 뿐이라고 말한다.

소피아와 같이 육체적, 지능적인 로봇이 하지 못하는 영역은 스스로 만들어 내는 창의적 사고다. 만약 우리가 주입식으로 정보를 암기하고 암기한 내용을 꺼내기만 하는 사람이라면 소피아의 능력을 이길 수 없다. 소피아는 네트워크로 연결된 모든 전문 정보, 국제 동향을 우리보다 더 빨리 찾고, 거기에 유머까지 붙여서 정확한 발음과 안정적인 톤으로 대답할 것이기 때문이다. 아직은 소피아가 유일한 로봇 시민이지만, 또 다른 소피아들이 늘어나 우리 생활 곳곳에 앉아 있을 날이 머지않았다.

그렇다면 앞으로 사회에 진출하여 소피아들과 함께 생활할 청소년과 학생들은 어떤 준비를 해야 하는지 명확해진다. 바로 소피아 능력 밖의 영역들이다. 높은

6 Chelsea Gohd, "Here's What Sophia, the First Robot Citizen, Thinks About Gender and Consciousness", *Live Science Contributor*, July 11, 2018 https://www.livescience.com/63023-sophia-robot-citizen-talks-gender.html

수준의 창의적 사고는 사람만이 할 수 있다. 그리고 창의적 사고력을 키우는 것은 자기 자신이 스스로 할 수밖에 없다. 기술과 기계의 힘을 빌릴 수 없다. 미래에 머릿속 정보를 업로드했다가 다운로드할 정도로 기술이 발달할지라도, 그 정보를 활용하여 가치 있는 결과를 만드는 창의성은 저절로 키울 수 없다.

새로 다가오는 세상에서 살아갈 젊은 사람들은 어떤 꿈을 갖고 있을까? 앞으로 로봇 시민 소피아가 인간을 닮은 휴머노이드 로봇의 모습이 아닌 다양한 형태로 여기저기에 나타날 수 있다는 가능성을 인지한다면 꿈을 위해 대비하며 개발해야 할 부분은 분명해진다.

자기의 분야가 어디에 속해 있건 스스로 창의적 결과를 만들어 낼 수 있다고 생각하면 외부 요인에 의해서가 아니라 나 자신이 진정으로 흥미를 느끼는 부분에 대해 희망을 갖고 연구할 수 있을 것이다. 실제로 세상에는 창의적인 혁신이 들어가지 않을 것이라 여기던 부분에도 창의적 접근으로 혁신이 만들어져 왔다. 이제부터 주변에서 볼 수 있는 혁신에는 어떤 것들이 있는지 살펴보자. 그리고 독자들의 분야에서는 스스로 어떤 혁신을 만들 수 있는지 상상해 보길 바란다.

세계 최초로 시민권을 부여받은 휴머노이드 로봇 소피아가 헝가리 부다페스트에서 열린 Brain Bar Festival에서 인터뷰하는 모습. Credit: Brain Bar. 출처: LiveScience

혁신 사례 1

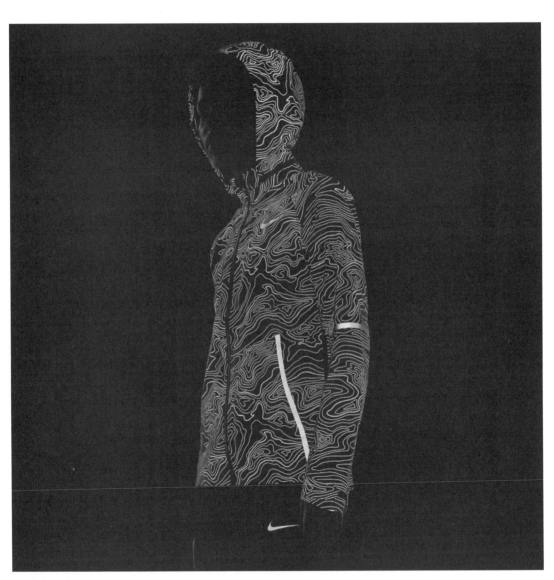

Nike AeroShield Zonal
Solstice Men's
waterproof running
jacket

요즈음 저녁에 공원에 나가보면 젊은 사람들이 우르르 달리기를 하며 지나가는
모습이 부쩍 늘어난 것을 볼 수 있다. 방과 후나 퇴근 후에 사람들이 모여 함께
도시를 달리는 러닝크루들이다. 젊은 사람들인 만큼 건강과 함께 패션도 놓치지
않는다. 활기차고 건강한 그들은 자신의 모습을 사진으로 남겨 인스타그램과 같은
소셜 미디어에 공유하는 것도 잊지 않는다. 그들은 주로 해가 진 저녁 시간에
달리는데도 사진 속의 모습은 화려하다. 검은 옷이어도 빛반사 소재가 붙어 있어
플래시에 의해 옷에 인쇄된 팀의 로고가 번쩍이기 때문이다. 이 소재의 원리는
굉장히 간단하다. 미세한 유리구슬(머리카락의 1/2 굵기)을 넓게 펼쳐 어느 각도에서
오는 빛이건 반사시키는 것이다. 이 물질을 테이프로 만들어 옷감에 붙이면 한밤에
가로등이 없어도 운전자가 사람을 볼 수 있을 정도다.

빛반사 테이프는 1937년에 3M이 처음 만들었다. 처음에는 이 테이프를 도로에
붙여 운전자가 길을 잘 볼 수 있도록 하였다. 하지만 이 혁신적인 방법은 시대를
너무 앞서 나갔고 내구성 때문에 상용화되지는 못했다. 그 후 1947년에는 도로
바닥에 붙이는 대신 도로 표지판에 적용되었다. 그 이후로 국제 표준이 되었으며,
고속도로뿐만 아니라 야간 작업자의 작업복, 학교 앞 교차로 등 다양한 곳에
적용되었다. 2000년대 이후 만든 빛반사 소재는 거의 100% 빛을 반사해 낸다.[7]
이 소재의 원리를 알지 못할 때는 어둠 속에서 작은 빛만으로도 번쩍이는 물질이
그저 신기해 보였지만, 그 원리가 작은 투명구슬이었다니 갑자기 콜럼버스의
달걀처럼 간단해 보인다. 빛이 물체의 표면에 부딪힐 때 반사한다는 것은 상식으로
알고 있는 점이다. 그것을 근처의 어떤 각도에서 오는 빛이건 반사시키기 위해
모든 각도를 지닌 구를 연결시켜 빛반사 소재를 만든 지점이 혁신의 포인트다.
이때 혁신의 포인트인 구 형태는 세상에 처음 나타난 새로운 개념이 아니다.
진주도, 사탕도, 지구도 구 형태다. 다시 말해 이미 세상에 알려진 두 내용인 빛
반사와 구 형태가 연결된 것이다.

7 https://brilliantreflective.
com/what-is-
reflective-material/

혁신 사례 2

이번에는 눈에 보이지 않는 혁신을 살펴보자. 여행을 가기 위해서는 교통편과 숙박 예약이 여행 계획에서 대부분을 차지한다고 해도 과언이 아닐 것 같다. 이전에는 호텔과 호스텔, 민박 중 가격대와 위치가 마음에 드는 곳을 예약하여 여행을 다녔다. 그런데 지금은 하나의 옵션이 추가되었다. 바로 숙박 공유 플랫폼인 에어비앤비다. 에어비앤비는 2008년 8월에 창립하였는데 10년도 채 안 되어 이용 고객이 6천만 명을 넘었고 기업 가치가 무려 300억 달러 이상이 된다.

에어비앤비의 창립자는 조 게비아Joe Gebbia, 브라이언 체스키Brian Chesky, 네이선 블레차르치크Nathan Blecharczyk다. 처음에 모든 것은 사업자금을 만들기 위한 궁리로부터 시작되었다. 2007년 샌프란시스코에서 대규모 디자인 콘퍼런스가 열렸을 때, 시내 모든 호텔이 만원이 되었다. 창립자 중 하나인 조 게비아는 자신의 집에 남는 공간이 있어, 호텔을 예약하지 못한 사람에게 집을 빌려주어 돈을 벌고자 하였다. 그렇게 콘퍼런스에 참석하러 왔지만, 호텔을 찾지 못한 사람에게 집을 빌려주고 동네를 소개해 주었다. 손님에게 에어베드air bed와 아침식사breakfast를 내준 데서 에어비앤비란 이름이 붙었다.

사실 비앤비B&B라는 숙박 형태는 기존에 존재하던 방식의 숙박업소다. 비앤비는 베드 앤 브렉퍼스트Bed and Breakfast의 약자로 한국식으로 표현하면 동네 민박이나 조식이 제공되는 작은 호텔이다. 비앤비는 전통적인 형태의 숙박업소인 데 비해 에어비앤비는 집이 비어 있을 때 그 공간을 사람들에게 내놓아 일반 가정집을 비앤비로 활용하게 한 것이다. 물론 요즘에는 일반 가정이 아니라 전문 숙박업소를 운영하는 사람도 에어비앤비 사이트에 공간을 내놓기도 하지만 말이다.

에어비앤비라는 플랫폼이 나타남으로써 누구나 집을 그냥 비워두기보다 그 시간에 돈을 벌 방법이 생겼다.

집은 예전부터 계속 있었다. 집에 사람이 차 있기도, 비어 있기도 한다. 집이 비어 있다는 것은 새로운 것이 아니다. 여행객의 숙박업소라는 것도 새로운 개념이

아니다. 에어비앤비는 집이 비어 있는 시간과 여행객의 숙박공간이라는 점을
연결하여 새로운 시장을 만들었다.

비록 에어비앤비는 창립자들이 대규모 콘퍼런스를 앞두고 용돈이 필요해서 시작한
사업이었지만, 에어비앤비와 같은 아이디어는 내가 사는 지역에 콘퍼런스가
열리고 모든 호텔이 만원이어야만 떠올릴 수 있는 것은 아니다. 아이디어를 만들게
되는 계기는 필요했겠지만, 그 방법이 그들에 의해서만 만들어지는 내용은 아니다.
서로 다른 점을 연결하는 것을 통하면 누구나 할 수 있다.

https://blog.atairbnb.com/

혁신 사례 3

이제 집으로 눈을 돌려보자. 일상생활에서 바닥에 무언가를 쏟아 더러워지면 걸레를 사용하여 닦는 것이 일반적이다. 한국은 좌식문화로 바닥에 앉거나 눕는 것이 일상이기에 걸레질할 때도 무릎을 대고 엎드려 닦는 모습을 쉽게 볼 수 있지만, 넓은 면적을 닦아야 할 때나 바닥에 엎드리기 불편하거나 위생상 염려가 되면 서서 사용할 수 있는 막대 걸레를 사용한다. 입식문화에서는 카펫이 덮인 바닥이 아니라면 막대 걸레를 사용하여 바닥을 청소할 것이다.

선 채로 바닥을 청소할 수 있으니 걸레에 긴 막대가 붙은 구조만으로도 큰 발전이 있는 것이 사실이다. 하지만 P&G사와 미국의 디자인 회사 컨티뉴엄Continuum은 소비자가 막대 걸레를 사용하는 모습을 면밀히 관찰한 끝에, 실제 청소하는 시간보다 막대 걸레를 세탁하는 시간이 더욱 오래 걸린다는 사실을 발견하였다. 걸레를 세탁하는 작업 때문에 그만큼 청소에 걸리는 시간이 길어진다는 의미일 테다. 더불어 손으로 더러워진 걸레를 만진다는 것은 분명 즐겁지 않을 테다. 그래서 그들은 청소 과정에서 걸레를 세탁하는 단계를 없애기로 하였다. 다시 말해, 일회용 걸레를 막대에 붙여 사용하고, 더러워진 걸레는 버리도록 한 것이다. 그렇게 하여 1999년 1월 스위퍼가 탄생하였다. 굉장히 간단하지만 획기적으로 소비자를 편리하게 만든 것이다. 그 뒤로 스위퍼 브랜드 내에 일회용 마른 걸레와 더불어 젖은 걸레Swiffer Wet, 미세한 섬유로 이루어진 먼지떨이용 솔Swiffer Dusters, 무선전기청소기 부착형Swiffer SweeperVac 등 다양한 연관 상품들이 출시되었다. [8]

스위퍼의 사례에서 혁신적 사고가 적용된 부분은 막대 걸레의 걸레 부분을 일회용 티슈로 대체한 것이다. 한 번 쓰고 버릴 수 있게 하여 걸레를 세탁하는 시간을 없앨뿐더러 더러운 걸레를 손으로 만져야 하는 꺼림칙함도 없앨 수 있었다. 일회용 막대 걸레는 새로운 아이디어임이 틀림없다. 그러나 일회용 물티슈가 처음 나타난 것인가? 분명히 우리는 스위퍼가 등장하기 이전에도 일회용 물티슈의 존재를 알고 있었고 일상생활에 자주 사용하는 물품이었다. 일회용 물티슈는 1950년대 중반 여행용 아기용 티슈를 중심으로 발전하여 세안용, 산업용, 의료용, 애완동물용 등의

[8] 스위퍼 홈페이지.
https://swiffer.com/
en-us/shop-products

01

02

01
Swiffer의 일회용 막대 걸레 Sweeper

02
스위퍼(Sweeper) 출시 광고 자료

다양한 목적에 맞게 확산되어 왔다. 다만 바닥 청소용 막대 걸레에 적용된 것은
처음이었던 것이다. 이제는 환경보호 차원에서 1회용품 사용을 줄이는 혁신이 한
번 더 나타날 차례로 보인다.

혁신 사례 4

01

01
허먼밀러사의 에어론 체어

02
좌: 펠리클 클래식(Pellicle
   Classic) 카본
우: 펠리클 웨이브(Pellicle
   Waves) 징크

03
해먹

이제 사무실로 가보자. 어떤 의자들이 있는가? 혁신적인 사고의 또 다른 예는 허먼
밀러Herman Miller의 에어론 체어Aeron chair다. 이 의자가 등장하기 이전까지 사무용
의자의 기본은 두툼한 스펀지의 충전재를 천이나 가죽이 감싼 쿠션 형태였다.
그러다 1994년 허먼밀러사의 돈 채드윅Don Chadwick과 빌 스텀프Bill Stumpf에 의해
전혀 새로운 소재를 활용한 의자가 탄생하였다.

에어론 체어는 사무실의 근무환경과 인체공학적 분석을 통하여 몸을 앞으로
기울여 장시간 근무하는 사무직 근로자의 피로와 등의 통증, 그와 더불어 나타나는
건강상의 피해를 방지하기 위해 개발되었다. 기존에 푹신한 충전재로 만들어진
의자가 편안하다는 고정관념을 깨고 그물 소재로 탄성을 만들어 요추를 받치는
구조를 적용하였다. 곡선으로 이루어진 인체에 적응할 수 있으면서도 하중을 받칠
수 있도록 하려고 전혀 다르게 접근한 것이다. 그물을 팽팽하게 유지해 체중을
탄성 있게 받쳐 줄 뿐 아니라 통풍 또한 잘 이루어져 의자에 오래 앉아 있어도
쾌적함이 유지된다.

02

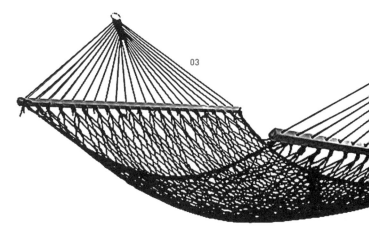

03

에어론 체어를 처음 개발할 당시의 시각은 당연히
회의적이었다. 푹신해야 마땅한 사무용 의자를 얇은
그물로 만들어 사람의 몸을 받친다니 얼마나
의심스럽겠는가. 그물로 만든 에어론 체어의 생김새가
낯설고 그 당시로는 흉측하게 여겨져 '외계인 의자'라는
별명을 얻기도 하였다. 그러나 실제 앉았을 때의 편안함과
기술적 완성도가 함께 인정받으며 돌풍을 일으켰고 그
뒤로 너도나도 비슷한 아류작을 만들기 시작하였다.
의자에 그물을 적용한다는 초기 아이디어를 실현하기
위하여 그물의 소재, 촘촘한 정도, 그물이 엮인 구조,
프레임이 잡아당기는 탄성의 정도 등 기술적 연구가 많이
이루어져야 했다. 의자에 사용한 펠리클Pellicle이라는 그물
소재 또한 다양한 버전으로 제작되었다.

에어론 체어는 분명 혁신적이다. 첫 등장을 통해 사무용 의자의 고정관념을 바꾸어 놓았다. 핵심은 사무용 의자에서 아무도 사용하지 않던 그물 소재와 그 소재를 뒷받침하는 구조다. 하지만 그물 소재가 이 의자 때문에 처음 세상에 탄생한 것은 아니다. 그물은 끈이나 실 따위를 여러 코의 구멍이 나게 얽은 물건으로 두께, 원재료, 구조 등 무수히 다양한 종류를 쉽게 찾을 수 있다. 당시에도 옷, 커튼, 신발, 가방 등 각각의 목적을 위한 소재와 구조로 엮인 그물을 주변에서 쉽게 볼 수 있었을 것이다. 다만 사무용 의자에 적용한 것은 처음이었다.

*

무언가 새로운 사고를 펼칠 때는 빛반사 원단, 에어비앤비, 에어론 체어처럼 전혀 다른 영역이라 간주하는 것과 연결을 시도할 필요가 있다. 내가 몇 해 전 대학교의 학기 첫 수업에서 한 가지 실험을 한 적이 있다. 학생들에게 자석에서 철가루를 깨끗이 제거하는 방법에 대해 아이디어를 내도록 하였다. 이 실험은 예전에 책으로부터 읽은 내용인데 학생들에게 사고 방법을 설명하기에 좋다 판단하여 학생들로 하여금 가장 좋은 아이디어를 내도록 해보았다. 이 문제에 대해 책에 나온 해결 방법은 점토를 활용하여 자석에 붙은 철가루를 찍어 떼어 내는 것이었다. 나는 이를 약간 변형하여 학생들에게 문제를 제시하였다. 우선 학생들에게 자석을 나누어 준 뒤 자석에 철가루를 많이 붙이게 하였다. 그리고 나서 자석에 가루가 하나도 남지 않게 깨끗하게 떼어 달라고 요청하였다. 그러자 학생들은 손가락으로 떼어 보기도 하고, 종이로 긁어 내리기도 하고, 다른 자석을 가져와 붙여 보기도 하고, 공기 중에서 세게 흔들어 떼는 관성을 활용하는 시도도 하였으며, 자석의 자성을 없애자는 의견도 나왔다. 매우 다양한 방법들이 나왔지만 미세한 가루가 여전히 자석에 붙어 있었다. 나는 계속해서 시간을 주며 철가루를 떼어 보라고 하였다. 그리고 생각하느라 머리가 아플 테니 달콤한 캬라멜을 먹으며 두뇌 회전을 해보자 하였다. 그러면서 준비했던 캬라멜을 나누어 주었다. 물론 캬라멜은 의도된 힌트였다. 표면적으로는 두뇌 회전을 잘 해보자는 의도처럼 보였지만, 사실은 캬라멜과 같이 점성을 띈 물질을 철가루를 제거하는 문제와 연결하는지 보려는 의도였던 것이다. 학생 대부분은 캬라멜을 맛있게 먹으며 이전과 똑같이 고민을 계속했다. 좀처럼 철가루를 말끔히 떼는 방법이 나오지 않자, 자신들이 떡집 주인이라면 어떻게 하겠느냐고 다시 물었다. 그러자 한 학생이 캬라멜을 다시 가져와 자석에 붙였다 떼어 가며 철가루를 제거하였다. 기다리던 답이 나왔다.

물론 자석에서 철가루를 떼는 방법은 이 사례와 같이 점성을 띈 물질을 이용하는 것 외에도 아주 많은 방법이 있을 것이다. 예를 들어 자석에는 반응하지 않지만 철가루에만 반응하는 화학물질을 이용하여 철을 공기 중으로 분해해 버릴 수도 있을 것이고, 그 밖에 아직 나의 사고가 도달하지 못한 영역에 수많은 방법이 있을 것이다. 그리고 어떠한 방법이 유일한 정답인 것처럼 유도하는 것이 좋지 않다는 것도 알고 있다. 중요한 점은 어떻게 해야 '자석, 철, 자성'이라는 단단하게 갇힌 생각의 범주에서 점토라는 새로운 물질과 방법으로 관심이 옮겨갈 수 있느냐는 것이다. 캬라멜을 제공한 후에야 캬라멜을 활용하는 것이 아니라, 캬라멜과 같은 물질이 현장에 없더라도 스스로 사고를 캬라멜로 연결할 수 있는 방법이 필요한 것이다.

앞서 여러 가지 혁신 사례를 살펴보았지만 혁신적인 사고의 사례는 그 밖에도 무수히 많다. 물과 수증기의 입자 차이를 활용한 방수용 천인 고어텍스, 카트리지에 1회 분량씩 커피를 넣어 포장한 캡슐 커피와 전용 머신, 컴퓨터의 인터페이스를 직관적으로 사용할 수 있게 한 마우스, 필름 없이 사진을 찍는 디지털 카메라, 다이슨사의 필터 없는 청소기, 수많은 혁신의 집약체인 우리 손안의 스마트폰 등 이미 생활 가까이에 많은 사례가 존재한다. 그러한 사례가 혁신이 될 수 있었던 핵심은 해당 영역에 사용하지 않던 요소를 주제의 중심으로 가져와 적용했다는 점이다. 일회용 티슈와 그물 등과 같은 요소들은 이미 세상에 존재했지만, 막대 걸레와 사무용 의자에 가져와 사용하면서 혁신이 된 것처럼 말이다.

혁신의 씨앗은 이미 주변에 있다. 처음 보는 것이 새롭게 '창조'된 것이 아니라

서로 상관이 없었던 다른 범주의 것들이 '새로운 방식'으로, 즉 '창의적'으로 '연결'된 것이다. 새로운 방식으로 문제를 해결하기 위한 새로운 연결의 시도가 혁신을 만들어 낼 수 있었다. 상대성의 원리를 포함한 수많은 혁신적 이론을 정립한 아인슈타인은 어린 시절부터 머릿속에서 서로 다른 것을 연결하는 연결 놀이Combinatory Play를 즐겼다고 한다. 다수의 혁신적 제품을 만든 스티브 잡스 또한 그가 언어와 수학을 발명하지 않았고, 그가 입고 있는 옷조차 자신이 만들지 않았으며, 그가 하는 모든 것이 이전에 만들어진 것을 토대로 이루어진다고 말했다.[9] 실제 애플의 혁신 제품들인 Mac과 iPod 등은 스티브 잡스가 스스로 창조하거나 발명한 것이 아니라, 점들의 연결connecting dots이라 평가하는 사례가 많다.

우리는 목적을 구현하는 최적의 방법을 찾고자 할 때, 기존의 방식과 다르게 해결하는 창의적 사고를 할 필요가 있다. 기발한 아이디어가 우연히 떠오를 때까지 기다릴 수는 없다. 실수로 식빵에서 페니실린을 발견하거나, 실수로 만들어진 약한 접착제로 3M의 포스트잇을 만드는 것과 같은 행운을 바랄 수도 없는 일이다. 그렇다고 아무거나 무작정 연결을 시도하는 것도 합리적이지 않다. 우리는 우리의 사고를 자유자재로 운용하여 합리적이면서도 창의적인 사고를 하는, 다시 말해 우리의 사고를 알맞게 디자인하는 방법이 필요하다.

9 Isaacson, W., *Steve Jobs*, Simon & Schuster, 2011, p.378.

07 디자인 사고와 사고 디자인

세상의 변화가 가속되면서 현대인은 재빨리 해답을 내놓아야 하는 의무감에 사로잡혀 있으며, 그러한 속도에도 익숙해져 있다. 재빨리 결정하고 실행하지 않으면 경쟁자가 나를 앞서게 되어 내가 뒤처지는 결과를 맞기 때문이다. 학생 때부터 끊임없이 제한 시간 내에 답을 내놓아야 하는 압박 속에서 살아왔으며, 자연스레 '답'의 역할을 하는 사고의 최종 결과물에 더욱 큰 비중을 두어 왔다.

IDEO의 인간 중심 디자인
다이어그램

제시한 답이 옳은지 그른지, 좋은지 나쁜지에 대한 평가도 항상 따라오기에 최대한
빠르게 더 나은 답을 찾아야 했다. 그럼에도 사고 결과물을 만들 수 있는 사고
과정에 대해서는 그만큼 공들이지 못한 것 같다.

디자인 사고design thinking라는 말은 오늘날 다양한 조직에서 새로운 시각으로
문제를 해결하고자 할 때 굉장히 자주 사용하는 방법이다. 일반적으로 디자인
사고는 기업에서 혁신을 위하여 기존 방법을 답습하지 않도록 '디자이너적'으로
사고하는 것을 일컫는다. 데이터를 수집하고 논리적으로 분석하여 다음 경영
전략을 제시하던 선형 프로세스에서 벗어나 디자이너와 같이 '직관'을 사용하여
'새롭고 창의적인' 방식으로 아이디어를 내도록 할 때 디자인 사고라는 말을
사용한다. 나는 예전부터 이 표현이 모호하다 생각했다. 디자이너적으로 사고하는
것이 무엇이기에 디자이너적으로 사고하여 경영에서의 난제를 해결한다는
것인가? 디자이너인 나조차 디자이너적으로 사고한다는 말이 명쾌하지 않은데,
디자인 외 분야에서는 도대체 어떻게 이 표현을 이해하고 있는 것일까?

디자인 사고를 선도하는 기업 중 하나인 미국의 디자인 컨설팅회사 IDEO의 CEO

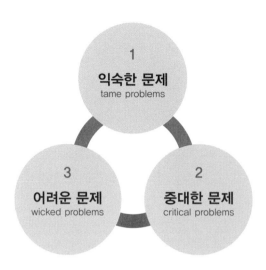

팀 브라운Tim Brown은 디자인 사고는 디자이너의 감각과 방법을 이용하여 인간의 니즈, 기술적 현실성, 비즈니스의 합리성 사이에 합치를 이루고 소비자 가치와 시장에서의 기회를 찾는 과정이라고 말한다. 또한 디자이너와 같이 사고한다면 조직의 상품, 서비스, 프로세스, 전략개발에 변화를 줄 수 있다고 말한다. 디자인 사고는 누구나 할 수 있지만 해결하려는 문제가 또한 현실적으로 구현되어야 하기에 사고의 주체는 직관적이어야 하고, 패턴을 인식해야 한다. 그리고 결과물이 기능을 올바로 수행해야 하면서 동시에 감성적이어야 하며, 문자나 상징을 넘어 그 자체가 의미를 가져야 한다는 것이 IDEO의 철학이다.

프랑스의 KEDGE 경영대학의 객원교수 힐러리 콜린스Hilary Collins는, 디자인 사고는 디자이너의 창의성을 바탕으로 효과적 경영을 위해 도입하는 프로세스라고 말한다. 초기에는 디자이너가 창의적으로 문제를 해결하듯 경영 환경에서도 창의적으로 문제를 해결하기 위해 디자인 사고라는 용어가 사용되었다. 그리고 점차 혼란, 갈등, 실패, 감정, 반복 등을 줄여 창의적 해결을 완성하기 위한 프로세스로써 사용되어 왔다.

우리는 언제나 크고 작은 문제를 해결해야 하는 미션을 받는다. 문제는 성격과 난이도에 따라 크게 세 가지로 분류된다. 첫째는 익숙한 문제tame problems다. 이런 문제는 경영상에서 일반적으로 접하는 문제로, 문제의 원인을 파악하기 쉬우며 이미 실험과 시도가 여러 차례 이루어져 널리 알려진 혹은 합의된 해결 방법이 있다. 익숙한 문제에 관해서는 관리자의 경영 관리능력으로 해결할 수 있다.

둘째는 중대한 문제critical problems다. 이런 문제는 위기에 해당하며 조정이 즉시, 그러면서도 완벽하게 이루어져야 하는 문제다. 일반적으로 전략과 전술을 통해 해결할 수 있으며, 협의를 거칠 시간이 허락되지 않을 정도로 시급한 문제다. 중대한 문제에서는 지휘관commander의 역할이 강조되며 올바른 명령과 명령에 따른 민첩한 수행으로 문제를 해결할 수 있다.

셋째는 어려운 문제, 즉 난제wicked problems다. 이런 문제는 해결 방식에 도전해야 하는, 그야말로 이해하기 어려운 문제다. 난제는 그동안의 경험을 벗어나 대처 방법이 불투명하며 해결 과정에서 의견 불일치가 종종 일어날 수 있다. 따라서 주도적leadership으로 새로운 접근을 시도하도록 고무하는 것이 필요하다.

난제는 기업 경영에서만 접하게 되는 문제는 아니다. 난제는 또한 사회적, 문화적 혹은 가정에서의 문제가 될 수 있으며 다음과 같은 네 가지 이유 탓에 해결하기 어렵거나 해결이 불가능한 문제다. 첫째, 그동안 아는 지식과 모순적이거나 문제가 불완전하기 때문에, 둘째, 그 문제와 관련된 사람들, 즉 이해관계자들과 그들의 의견들 때문에(때로는 그들이 누구인지 명확하지도 않음), 셋째, 문제를 해결하려면 경제적으로 부담이 크기 때문에, 넷째, 앞의 이유들과 연결된 또 다른 문제의 복합성 때문에 어렵다.[10] 난제는 기존에 합의된 해결 방법이 존재하지 않으며, 해결을 위한 단서 또한 명확하게 보이지 않는다.

난제에 관해 처음 다룬 미국 캘리포니아 주 버클리에 있는 캘리포니아 대학교University of California, Berkeley의 교수 호스트Horst W. J. Rittel와 멜빈Melvin M. Webber도 디자이너에게 불명확한 문제를 명확하게 하는 방법과 도구가 있다면, 그 방법과 도구가 전통적 디자인 영역 밖에서 또한 유용할 것이라고 언급하였고,

10 Jon Kolko, *Stanford Social Innovation Review*, ssir.org/articles/entry/wicked_problems_problems_worth_solving, 2012. 03

이것이 디자인 사고라 표현된다고 했다. 이처럼 디자인 사고는 디자인 영역 밖에서
사용될 때, 특히 난제를 해결할 때 의미가 있으며, 디자인 밖의 영역에서
디자이너가 창의적으로 문제를 해결하는 방식을 빌려 미해결 문제를 효과적으로
해결하고자 하는 일련의 프로세스다. 이렇게 디자인 사고를 통하면 해결이 어려운
난제를 풀 수 있다는 주장을 쉽게 찾아볼 수 있다.

계속해서 '디자인 사고'를 듣고 있자니 나에게는 석연치 않은 부분이 있었다.
디자이너적으로 사고한다는 것이 과연 무엇일까? 디자인도 그 안에 수많은 분야가
있고, 각 분야별로, 각 분야 내의 특정 프로세스별로 다른 문제를 다른 접근
방식으로 해결하기에 '디자이너처럼 사고하기'가 간단한 하나의 방법으로
표현되는 것이 디자이너로서는 명확하게 다가오지 않았다.

우선 '디자인'이라는 것이 무엇인지 정리할 필요가 있겠다. 새로운 색과 형태의
자동차가 출시되면 새로운 디자인이 나왔다고 말한다. iOS와 안드로이드
운영체제는 시스템 디자인이 다르다고 말한다. 상점에서 물건을 사는 방법과
절차가 간편하고 직원이 친절했다면 서비스 디자인이 좋다고 말한다. 여기서
디자인을 설계나 도안이라는 사전적인 의미로 설명하려는 것은 아니다. 왜냐하면
사전에서는 실제 디자인의 영역과 역할, 목적이 축소되어 표현되어 있기 때문이다.
디자인은 일반적으로 컨셉concept을 만드는 일, 스타일을 멋지게 만드는 일, 제품의
구조를 설계하고 구현하는 일, 커뮤니케이션에 수반되는 매개체의 시각적
결과물을 만드는 일 등과 같이 특수한 영역의 전문적인 역할을 의미할 때 '(특정
분야의 이름)+디자인'이라는 명칭으로 통용되는 경우가 많다. 그러나 산업이
오늘날과 같이 세분화되기 전에도, 심지어 시장경제라는 개념이 없을 때도
디자인은 존재했다. 인간이 살아가면서부터 디자인은 함께했다고 말하고 싶다.
디자인의 본래 목적은 가치를 만드는 일이다. 가치를 만드는 과정에 나타나는
영역과 해당 과제에 따라 더욱 구체화되어 표현되기도 한다. 예를 들어 '시각
디자인'은 시각적으로 표현되는 결과물로써 말하고자 하는 내용의 체계를 만들어
정리하고 심미적으로도 아름답게 하는 일, '산업 디자인'은 사용자에게 편리함을

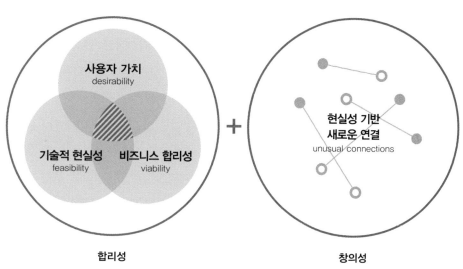

합리성 + 창의성 다이어그램

주기 위한 제품이나 서비스를 기획하고 효과적으로 구현하는 일 등과 같이 특정
가치를 제공하는 방법에 대한 영역이 구체적으로 지정되기도 한다. 그 밖에도 건축
디자인, 패션 디자인, 애니메이션 디자인, 캐릭터 디자인, 광고 디자인 등 수많은
디자인의 갈래가 있다.

일반적으로 디자인design을 명사로 보았을 때, 디자인은 결과물을 나타낸다.
"신상품의 디자인이 좋다."라는 말에서 디자인은 물리적이건 물리적이지 않건
디자인 작업이 이루어진 결과물을 말한다. 그러나 나는 디자인을 동사로
이야기하는 것을 선호한다. 동사로 표현할 때 디자인의 본질적인 의미인
'사용자에게 가치를 제공하기 위한 방법'이 포함된다고 보기 때문이다. 디자인은
외래어이고 한국말과 함께 섞여 있으면 명사로 사용하는 것이 자연스럽다. 그러나
영어에서 디자인은 명사와 동사로 모두 사용한다. 언어 차이 때문에
우리나라에서는 일반적으로 디자인을 명사로, 즉 결과물로 인식하는 것이 아닌가
한다.

흔히 디자인은 '감각적인' 일로 오인한다. 디자이너의 패션은 일반인과 달리

독특하며, '톡톡 튀는' 아이디어를 '신기하게' 만들어 내며, 멋있고 예쁜 것을
만드는 특수한 사람들이며, 이성보다는 감성적인 사람들로 인식한다. 물론
디자인이 감각적인 일임은 사실이다. 하지만 그것은 디자인의 일부분만을 바라본
것이다. 감感이라는 것은 체계적으로 설명하기 어렵고, 우연히 떠오르기도 하며
개인의 경험에 따라 같은 자극에 대한 느낌도 달라, 감에 의존한다면 문제에 맞는
객관적 해결 방법을 필요한 때에 의도에 따라 주체적으로 개발하기 어려울 것이다.
중대한 문제를 우연이나 운에 의존할 수는 없는 일이다. 특정 시점에 특정 상황에
특정 환경과 특정 조건에 맞는 가장 좋은 방법을 만들어 내야만 한다.
디자인은 주제의 본질을 이해하고 문제를 해결하거나 개선 방향을 잡아 목표를
위한 합리적이며 창의적인 방법을 알아내는 과정이다. 따라서 디자인은 사용자에
대해 올바르게 파악해서 방향을 설정하고, 가치를 제공하는 방향으로 나아가기
위한 최적의 해결 방법을 찾아, 그것을 현실에 구현할 수 있도록 경로를 만드는
일이라 할 수 있다. 이 과정에서 결과물이 심미적으로, 경험적으로, 물리적으로
표현될 수 있겠다. 그래서 시각디자이너, UX디자이너, 제품디자이너 등의 명칭도
따라붙는다.
이렇게 디자인의 의미를 살펴보니, 각 영역마다 구체적으로 다루는 문제의 차이가
있을 뿐, 경영에서 혹은 다른 학문 분야에서의 목표나 경로와 크게 다르지 않다.
IDEO에서 제공하는 솔루션의 결과물이 구체적으로 어떤 분야라고 표현하기
어려운 이유와 같다. 이처럼 디자인의 의미를 살펴보았을 때 디자인은 처음부터
끝까지 판단과 의사결정 과정을 거치는 작업임을 알 수 있다. 다시 말해 의지에
의한 정신 활동이 끊임없이 수반되는 것이다. 모든 과정에는 반드시 사고가
필요하다. 디자이너의 손을 거치면 어떤 '마법 같은' 일이 일어나 신기한 일이
튀어나오는 것이 아니었던 것이다.
사고는 모든 행동을 만드는 근원이다. 디자인은 목표에 맞는 계획을 세우고 방법을
만드는 일이다. 우리 모두는 목표를 이루는 데에 가장 효과적이며 새로운 방법을
규명하고 과정을 설계할 수 있도록 사고를 자유자재로 '디자인하는' 능력이

필요하다. 따라서 우리에게 필요한 능력은 사고를 디자인하는 것이라고 말하고
싶다. 사고 디자인은 결코 디자인 사고를 거꾸로 바꾸어 부르는 말장난에 그치지
않는다. 사고 디자인은 변수가 많아지는 급변하는 환경과 새로운 패러다임에
대응할 방법을 만들기 위해 사고를 디자인하는, 즉 사고를 자유자재로 운용하고
계획하고 결과를 만들어 내는 능력이다.

사고를 디자인하는 것은 목적이 있는 모든 분야의 주제에 적용할 수 있다.
공공정책 수립, 교육방식 개선, 판매방법 다각화 등 새로운 방법을 강구해야 할 때,
어떠한 판단에 앞서 사고를 디자인할 필요가 있다. 물론 디자인 분야에서도 사고를
디자인해야 함은 당연하다. 여기에서 사고는 스스로 어느 정도 제어할 수 있는
의도적 정신 활동이다. 핵심은 바로 '제어'다. 자동차 운전석에 앉기만 하는 것이
아니라, 운전대를 잡고 방향, 속도 등 자동차의 움직임을 제어할 때 비로소 운전이
이루어지는 것과 같다. 저마다 자동차로 다른 경로, 다른 시점, 다른 운전 방식을
통해 목적지까지 도달하는 것처럼, 우리의 사고도 마찬가지로 목표를 이루기 위해
합리적으로 제어, 즉 사고를 디자인해야 한다. 디자인 사고가 일반적으로 목표를
이루기 위해 프로세스상에서 조직 구성원들의 협력에 초점을 맞춘다면, 사고
디자인은 각 구성원 머릿속의 능동적 정신 활동에 초점을 맞춘다.

어떠한 아이디어가 실제 제품이나 서비스로 발전하려면 아이디어 하나만으로는
이루어지지 않는다. 수많은 주변 요소들과의 상호작용과 협조가 이루어져야 한다.

경제적인 여건과 사람들의 인식, 시대적인 요구, 행운 등 실제로 필요한 내용은
무척 많다. 따라서 아이디어 하나로 성공을 이루었다고 말하기 어려운 것이
사실이다. 그러나 현실로 이루어 내고자 하는 초기의 발상과 새로운 아이디어에
대한 사고의 접근에 대한 가치는 높게 평가해야 할 것이다.

《디자인 씽킹The Design of Business》의 저자인 캐나다 토론토 대학 로트만 경영대학의
교수 로저 마틴Roger Martin은 통합적 사고를 강조한다. 모든 프로세스에 디자이너를
배치하여 디자이너가 통찰에 의해 사고하는 방식을 활용해야 한다고 주장한다.
그는 분석적 사고와 직관을 통합하는 것의 중요성을 강조한다. 분석적 사고는
명확하게 이해할 수 있다. 그러나 직관이라는 것은 모호한 것이 사실이다.
그렇다면 직관이 어떻게 작용해야 혁신적인 생각들을 만들어 낼 수 있을까?

08 좋은 사고의 속성

사고를 디자인하는 방법에 대해 고민하는 이유는 당연히 사고를 잘 해내기
위해서다. 우연히 떠오르는 생각이 아니라 스스로 제어할 수 있는 사고 능력을
높여야 하는데, 이때 스스로 제어한다고 해도 도출하는 사고 결과물의 성격과
목적은 때마다 다르기 때문에 좋은 사고를 하기는 쉽지 않다. 여기서 잘 해낸
사고란 무엇일까? 이제부터 좋은 사고, 즉 성공적인 사고란 무엇인지 살펴보자.

우리는 대부분 소위 말해 '능력 있는' 사람이 되려고 노력한다. 여기서 능력은
반드시 경제적으로 높은 수입을 올리는 사람만을 뜻하지 않는다. 각자 정한 삶의
목표에 최대한 부합하는 삶을 살고 있다면 스스로 능력 있는 사람이라 판단할 수
있겠다. 따라서 가족과 화목한 삶을 만드는 능력이 중요한 능력이 될 수도 있고,
유명 대학에 입학하여 그 안에서도 좋은 성적을 받는 능력이 중요한 능력이 될
수도 있으며, 직장에서 인정받는 자리에 오르는 능력이 중요한 능력이 될 수도
있고, 지구상의 모든 인류가 보편적인 이로움을 얻게 하는 것이 중요한 능력이 될

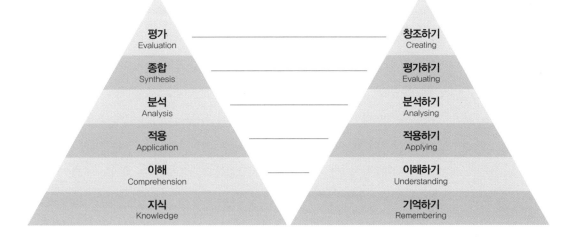

블룸의 신 교육목표
피라미드

수도 있는 등 사람에 따라 다르다. 우리는 그러한 능력을 키우기 위해 학업 과정을
거친다. 하지만 정규 과정의 교과목에 실린 지식을 배우는 것만이 공부가 아니다.
모르는 것을 배우고 깨닫고 연습하여 자신의 것으로 만드는 것은 무엇이든
공부이며 교육이라고 할 수 있다.

따라서 우리는 평생 배우며 교육을 받는다. 전문 교육기관뿐 아니라 가족이나
친구, 혹은 TV 등과 같은 매체로부터 교육받을 수 있다. 교육의 뜻을 사전에서
찾아보면 '지식과 기술 따위를 가르치며 인격을 길러 줌'이라고 다소 대략적으로
표현되어 있다. 또 다른 자료들을 토대로 정리해 보면 '바람직한 인간을 만들어
가치 있는 삶과 사회를 구축하기 위한 지식, 기술, 이해를 제공하는 작용'이라고 할
수 있다. 그러나 우리가 스스로 목표한 '능력'을 키우기 위해 배움을 청할 때,
배운다는 것이 우리의 어떤 능력을 키워주는지에 대해 생각해 볼 필요가 있다.
벤저민 블룸Benjamin Bloom의 신 교육목표를 잠시 살펴보자. 블룸의 교육목표는
본래 아래층부터 지식Knowledge - 이해Comprehension - 적용Application -
분석Analysis - 종합Synthesis - 평가Evaluation 단계의 피라미드로 구성되어 있다.
그러나 여기서는 21세기에 적합한 새로운 버전인 '신 교육목표'를 살펴보는 것이

좋겠다. 신 교육목표는 명사가 모두 동사로 바뀌어 실행에 더욱 무게가 실렸다. 신
교육목표 피라미드의 가장 아래층은 기억하기Remembering다. 마치 어린이가 도로
위의 바퀴 달린 사물을 보고 '자동차'라고 외우는 것과 같으며 원리를 제쳐 두고
노래처럼 구구단을 외우는 것과 같다. 이렇게 쌓인 '자료data'는 다음 사고 수행을
위한 부품이 된다. 동시에 이 자료는 잊혀지기 쉬운 성질을 갖고 있다. 피라미드의
두 번째 층은 이해하기Understanding다. 무작정 외운 것이 서로 연결되어 머릿속에
구조로서 자리 잡게 된다. 예를 들어, 자동차는 자동으로 가는 차라는 것과,
"이이는 사($2 \times 2 = 4$)"는 2가 두 번 더해져 4가 된다는 것의 원리를 알게 되어 활용
가능한 상태가 되는데, 이제는 오히려 잊혀지기 어려운 '정보information'가 된다.
피라미드의 세 번째 층은 적용하기Applying다. 원리를 이해한 정보가 있어서 비슷한
패턴의 다른 분야에 응용할 수 있는 것이다. 2만 원짜리가 두 개 있으면 4만
원이라는 것을 쉽게 알 수 있고, 그보다 더욱 복잡한 계산까지 복합적으로 해내게
된다. 네 번째 층은 분석하기Analyzing다. 다양한 정보를 상황에 맞추어 적용하는
능력이 발전하면서 스스로 운용할 수 있는 '지식knowledge'이 늘어나 자신이
능동적으로 어떠한 것을 분석하여 의미 있는 결론을 만들어 낼 수 있게 된다.
이렇게 연결된 정보들이 많아지면서 한 분야에 대한 지식이 구조적으로 축적되게
된다. 피라미드의 다섯 번째 층은 평가하기Evaluating다. 보유한 지식이 쌓여 자신의
지식을 토대로 스스로 어떤 것이 옳고 그르다거나 좋고 나쁨을 분별하며 상황을
판단할 수 있는 '지혜wisdom'가 생긴다. 이제 피라미드의 마지막 층만 남았다.
피라미드의 맨 꼭대기에 다다라야 비로소 창조하기Creating가 나타난다. 지금까지
세상에 이미 만들어진 체계와 정보를 입수하였다면, 그 이상의 능력은 세상에 아직
정립되지 않은 내용을 만들어 내는 능력이다. 다시 말해 기존에 없던 방법을
개발해 어떠한 분야를 발전시키거나 서로 연결되지 않은 분야의 요소들을
결합하여 새로운 속성을 부여하는 것이다. 기존의 공식이 적용되지 않던 문제를
풀기 위해 새로운 공식을 개발하거나, 건강상 특이 체질이 있는 가족이 안전한
식사를 할 수 있도록 새로운 메뉴를 개발하여 새로운 이름을 붙이는 것과 같다.

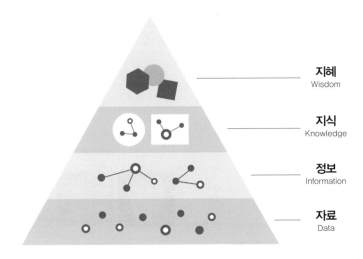

앞서 이야기하였지만 이 책에서는 'Creating'을 '창조'보다는 '창의'로 표현하겠다.
창조는 기존에 없던 것을 새로이 탄생시키는 것으로 그동안 제공되지 않은 새로운
성격의 가치를 탄생시켜 제공한다는 점에서 표현에 무리는 없지만, 이 책에서는
어떠한 문제를 해결하는 방식을 달리하여 의도가 적용된 제어 가능한 정신
활동으로서의 '창의'가 더욱 적합하기 때문이다.

창조와 창의에 대한 이해를 더욱 돕기 위해 오늘날 일어나는 몇 가지 사례를
소개하겠다. 인공지능은 더욱 진화하여 컴퓨터가 사람처럼 스스로 학습하게 하는
'딥러닝deep learning'의 개발이 속도를 내고 있다. 딥러닝은 프로그래밍이 되지
않아도 컴퓨터가 스스로 학습하고 미래 상황을 예측하는 연구 분야로
'머신러닝machine learning'의 하위 분야다. 딥러닝은 80%의 사고가 이루어지는
대뇌의 신피질neocortex 부위의 신경망 및 뉴런 활동과 유사한 방식으로 정보를
처리한다. 딥러닝 프로그램은 소리와 이미지 등을 포함한 데이터의 패턴을
인식하고 구분해 낼 수 있다. 2013년 이미 구글의 딥러닝 시스템은 유튜브 동영상
천만 개의 이미지 중에서 이전의 어떤 이미지 인식 시스템보다 두 배 이상
정확하게 '고양이'와 같은 대상을 구분해 낼 수 있었다. (인간은 고양이를 보고

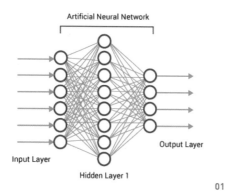

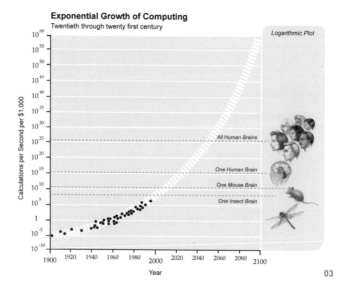

01
인공 신경망
출처: AMAX 홈페이지

02
딥러닝 신경망
출처: AMAX 홈페이지

03
기하급수적 컴퓨터 능력의 향상
출처 : www.singularity.com

고양이라는 것을 바로 알 수 있지만, 컴퓨터는 고양이에서 나타날 수 있는 패턴을 먼저 입력하고 난 후에야 그 패턴에 부합하는 대상이 고양이임을 알 수 있다.) 구글은 같은 방식으로 음성인식의 오류를 대폭 줄여 안드로이드 스마트폰에 적용하였다. 한편, 마이크로소프트의 리서치 본부장인 릭 래시드Rick Rashid는 중국 강연에서 본인의 음성을 7% 이하의 오류로 영문 텍스트로 변환하고, 이를 다시 한자로 번역하였으며, 다시 본인의 목소리를 흉내 내어 중국어로 말을 하게 하여 청중을 놀라게 하였다. 같은 달 미국의 제약회사 머크Merck 주최의 콘테스트에서는 세 명의 대학원 학생과 두 명의 교수 팀이 수상하였는데, 이들은 딥러닝을 활용하여 타깃에 적합한 신약을 개발할 수 있는 분사를 규명하였다.[11] 이렇듯 컴퓨터는 이미 스스로 학습을 하며 일반인이 쉽게 해내지 못하는 전문적인 업무를 수행해 내고 있다. 아직 언론에 소개되거나 상용화되지 않은 연구들은 이미 우리가 상상하는 범위를 넘었을지 모른다.

인공지능은 이미 스스로 배우며 고차원적인 일을 수행해 내고 있다. 앞서 언급한 신약 '개발'뿐 아니라 우리가 창조성의 핵심이라고 여기는 예술의 범위로까지 접근해 있는 상태다. 2045년이면 인공지능이 모든 인간 지능의 합보다 더욱 강력해지는 '특이점singularity'이 올 것이라는 주장을 한 급진적 미래학자 레이 커즈와일Ray Kurzweil은 컴퓨터 성능이 향상되면 소프트웨어가 예술적 감각, 창조성, 감정에 대한 반응 등을 포함한 인간의 지능을 넘어설 것이라 했다.[12] 2015년 서울디지털포럼에서 스페인의 말라가 대학교 컴퓨터과학부 인공지능학 교수 프란시스코 비코Francisco Vico는 컴퓨터가 작곡한 음악을 선보였다. 당시 현장에서 음악을 들을 기회가 있었는데, 아직은 어색하게 느껴지는 부분이 있어도 음악에 대한 소질이 없는 내 실력으로는 엄두를 못 낼 작곡 수준을 엿볼 수 있었다. 그뿐만 아니라 2016년에 구글은 마젠타 프로젝트Magenta Project를 통해 인공지능으로 작곡한 작품을 공개하였다.[13] 같은 해 경기도문화의전당에서 국내 처음으로 인공지능 작곡가인 에밀리 하웰Emily Howell이 작곡한 오케스트라 작품과 모차르트의 작품이 맞붙는 정식 공연까지 이루어진 적이 있다. 또한 예일 대학교의

11 Robert D. Hof, *Deep Learning, MIT Technology Review*, 2013

12 Kurzweil, R., 2004. The law of accelerating returns. In *Alan Turing: Life and legacy of a great thinker* (pp. 381-416). Springer, Berlin, Heidelberg.

13 Parker Hall, Google's Magenta project releases first piece of AI-composed music, *Digital Trends*, 2016. 06

01
Google's Magenta song
image

02
인공지능 오케스트라
공연 포스터

03
컴퓨터가 그린 렘브란트 풍의
초상화

04
렘브란트의 자화상(1660).
미국 뉴욕 메트로폴리탄
미술관 소장

01

03

04

도냐 퀵Donya Quick 교수가 개발한 쿨리타Kulitta는 바흐 스타일로 작곡한다. 소니가 개발한 플로우머신즈FlowMachines는 비틀즈 스타일의 팝송을 작곡한다. 이러한 인공지능 작곡가들이 하루에 수백 곡을 작곡하는 것은 식은 죽 먹기다.

인공지능의 예술 실력은 어디까지 발전할까? 이미 인공지능은 그림도 수준급으로 그려 낸다. 마이크로소프트를 주축으로 한 연구팀(ING 금융, 델프트 공과대학Delft University of Technology, Mauritshuis 박물관, Rembrandthuis 박물관)은 3D 프린팅을 활용하여 유화의 텍스처까지 살린 '렘브란트 풍'의 그림을 그려 냈다. 네덜란드의 화가 렘브란트가 그린 그림들을 분석하고 패턴을 파악하여 마치 실제 렘브란트가 오늘날 살아 직접 그린 그림과 같은 작품을 만들어 낸 것이다. 연구진은 컴퓨터가 최대한 렘브란트의 결과물과 유사하게 만들 수 있도록 30에서 40세 사이의 얼굴에 수염이 있는, 하얀 옷깃이 있는 검은 옷을 입고 모자를 쓴 백인 남성을 그리도록 하였다고 한다. 그리고 렘브란트의 그림을 분석하여 그림 표면의 높낮이를 파악하여 특유의 붓 터치를 모사하였다.[14]

이뿐만이 아니다. 컴퓨터가 하나의 이미지를 다양한 화가의 풍으로 다시 그리기도 한다. 독일의 튀빙겐 지역Neckarfront Tübingen의 풍경 사진을 반 고흐Vincent van Gogh가 그림을 그리는 패턴을 인식하여 반 고흐의 풍으로 그려 내기도 하고 윌리엄 터너Joseph Mallord William Turner의 '수송선 난파The Shipwreck of the Minotaur' 풍으로 변형시키기도 한다. 그 외에도 에드워드 뭉크Edvard Munch의 '절규The Scream' 풍으로, 바실리 칸딘스키Vassily Kandinsky의 '구성 7Composition VII' 풍으로 그릴 수도 있다.[15]

기술은 더욱 발전하여 2017년에 러트거스 대학의 예술과 인공지능 연구소Art and Artificial Intelligence Laboratory와 페이스북 AI팀 등은 생성적 적대 신경망 GANGenerative Adversarial Networks을 활용하여 또 다른 놀라운 시도를 하였다. 인공지능이 과거 작가들이 그린 작품을 학습 단계에서는 활용하고, 그림을 그리는 단계에서는 활용하지 않도록 하여 사람이 보았을 때 예술작품이라고 인정할 수 있는 그림을 그리도록 하였다. 결론적으로 특정 화가의 화풍을 따라 하게 한 것이 아닌

14 Chris Baraniuk, Computer paints 'new Rembrandt' after old works analysis, *www. bbc.com*, 2016. 04

15 Gatys, L.A., Ecker, A.S. and Bethge, M., 2015. A neural algorithm of artistic style. *arXiv preprint arXiv:1508.06576.*

01

02

03

04

05

인공지능이 전에 없던 화풍을 스스로 만들어 내게 한 것이다.

인공지능이 만들어 낸 작품은 보통 사람들의 작품보다 훨씬 예술성이 높아 보일 수
있다. 그리고 들은 적 없는 음악을 작곡하고 본 적 없는 그림을 그려 내니 새로운
작품을 창조했다고 말할 수도 있겠다. 그러나 과연 인공지능이 창의적 사고를 하는
능력이 있다고 말할 수 있을까? 기존에 인공지능이 참고할 음악의 패턴이
없었다면, 과거의 화가가 만들어 낸 그림 풍이 없었다면, 인공지능이 자발적으로
새로운 스타일을 만들어 낼 수 있을까? 기존의 스타일을 무작위로 조합하여
새로운 스타일로 구현할 수는 있어도 인공지능이 스스로 의지를 갖고 고안할 수는
없다. 피카소가 자신만의 스타일을 개발하는 것처럼, 새로운 스타일을 '창조'할 수

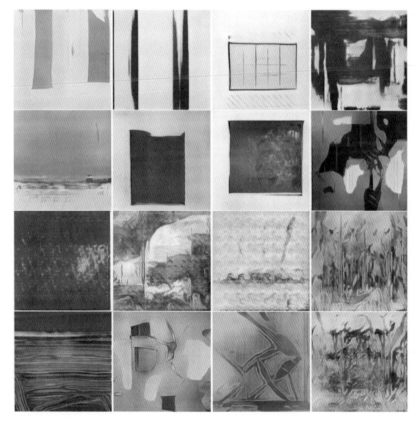

있는 원동력은 '창의'다. 인공지능이 입력된 알고리즘을 통해 새로운 작품을
창조했어도 의도를 갖고 새로운 스타일을 개발하는 과정을 거쳤다고 말할 수 없다.
즉. 창의적이라고 할 수는 없다.

끈이론과 평행우주론을 창시한 물리학자이자 미래학자 미치오 카쿠는 그의 책
'마음의 미래'에서 인간의 의식은 자신이 속한 세계의 모형을 만들고, 목적을
이루기 위해 미래를 시뮬레이션simulation하는 것이라고 했다. 의식은 몇 가지
단계로 구분할 수 있는데, 0단계 의식은 움직임이 전혀 없거나 극히 제한된 운동만
할 수 있다. 온도를 감지하는 온도조절장치처럼 단 몇 개의 변수에 대한
피드백으로 세상을 이해한다. 1단계 의식은 곤충이나 파충류처럼 이동할 수
있으면서 중앙 신경계가 있고, 공간과 같은 새로운 변수를 이용하여 세상의 모형을
만드는 것이다. 2단계 의식은 모형을 만들 때 더 많은 변수와 감정을 만들어 낸다.
3단계 의식은 시간과 자아의식까지 동원하여 미래를 시뮬레이션하는 것이다. 예를
들어 "10년 후 나는 어떤 모습으로 살게 될까?"와 같이 미래를 그릴 수 있는
의식이다. 이 부분은 인간에게는 쉽지만, 인공지능은 구현할 수 없는 부분이다.
미치오 카쿠가 말하는 높은 단계의 미래를 시뮬레이션하는 능력에는 상식과
감정이 포함된다. 컴퓨터나 로봇은 색깔을 감지할 수는 있지만 그것으로부터
주관적 느낌이나 문화적인 맥락을 이해할 수는 없다. 쉬운 표현으로 하자면,
어떠한 새로운 아이디어가 좋을 것인지 혹은 사람들이 어떤 반응을 보일 것인지
등과 같은 상상에 의한 판단을 할 수 없으므로 스스로 계획을 세우지 못한다는
것이다. 창의적 사고는 본질적으로 앞으로 구현할 일을 설계하는, 즉 미래에 관한
것이며 여기에는 전체의 맥락으로부터 주관적 판단이 필요하므로 아무리 고등
단계로 설계된 인공지능이라 해도 해내기 어렵다.

지능을 탑재한 로봇이 인간보다 훨씬 잘하는 일은 날씨를 예측하는 것과 같이
특정한 법칙에 의한 계산을 빠르고 정확하게 해내는 일이다. 앞에서 본 사례들처럼
작곡과 그림을 그리는 것은, 해당 법칙이 입력되고 변수가 적을 경우 인간보다
빨리, 많이 해낼 수는 있지만 우리가 원하는 '창의적'인 새로운 작품을 만들 수는

없다.

창의는 현실 문제를 다룰 때 창조보다 더욱 까다로울 수 있다. 어떠한 것이
창의적이라 표현할 때는 어떠한 문제가 해결된다는 것을 전제하기 때문이다.
코베르그Koberg와 베그널Bagnal은 창의적 해결책은 '나타나는' 것이 아니라
'개발하는' 것이라 했다. 칙센트미하이Csikszentmihalyi는 창의성은 사회적, 역사적
맥락과 함께 판단되어야 하고, 창의성을 평가하려면 다음 세 조건이 갖추어져야
한다고 했다. 첫째, 사회적 기관 혹은 활동 분야, 둘째, 문화적 영역, 셋째, 그
영역에서 수행하는 개인이다. 다시 말해 창의적이려면 그것이 사람들로부터
받아들여지고 인정되어야 한다는 것이다.

따라서 창의성은 창의적 해결을 목적으로 하며 아이디어가 개발되어 현실 속에
구현되어야 한다. 예를 들어, 인터넷으로 쇼핑한 물건을 배송하는 데에 물류
배송의 정확성은 높이면서도 비용을 최소화해야 한다고 할 때, 비용이 많이 들고
실수를 범할 가능성이 있는 '사람'이 아닌 다른 방법으로 해결하려 한다고 하자.
기존에 사람이 하던 일을 다른 무언가가 수행하기 위해 우선 사람이 도로 위에서
물건을 배송하는 것보다 빠른 이동수단이 필요하다. 새로운 이동수단은 사람이
물품의 종류를 분별하고 포장에 적힌 주소를 읽는 것과 같이 물건을 이해하고
목적지를 인식해야 한다. 물론 새로운 이동수단은 사람보다 비용이 적게 들어야
하며 실수도 해서는 안 된다. 이러한 고민 끝에 무인 배달부인 드론을 활용한다는
아이디어가 나올 수 있다. 이러한 새로운 수단이 제안되면서 등장하는 부가
문제들이 있다. 바로 드론의 신호 전달 범위와 동력의 한계다. 따라서 신호와
배터리의 기능이 개선될 때까지 물류센터로부터 반경 몇 킬로미터 이내에만
시행한다는 규칙을 만들 수 있다.

앞선 내용은 미국의 쇼핑 사이트 아마존Amazon의 드론 배송 서비스Prime Air 개발
전의 상황을 가상으로 간단히 기술한 것이다. 중요한 점은 어떠한 문제가 나타났을
때 새로운 아이디어가 그 문제를 현실 속에서 해결해야 비로소 '창의적'이라고
평가할 수 있다는 점이다. 똑같은 무인 배송 시스템이라 하더라도 물품을

01

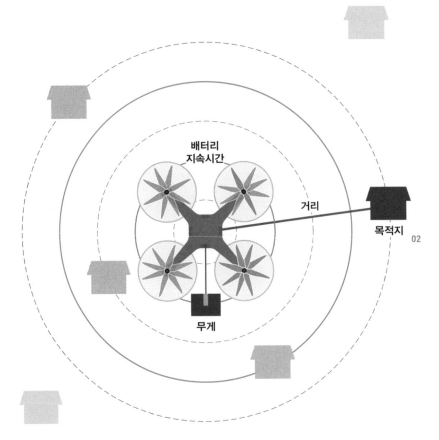

02

축지법으로 순간 이동을 한다고 하면 '창조적'인 시각은 될 수 있어도 창의적으로 현실 속에 적용할 수 있는 아이디어는 못 된다. 따라서 창의성은 반드시 '합리성'을 바탕으로 한다고 할 수 있다. 문제를 해결하지 못하는 아이디어는 그저 새롭기만 한 아이디어일 뿐이다.

이제 창의적 사고는 엉뚱한 상상과는 달리 합리성을 바탕으로 한 사고라 할 수 있다. 이유는 바로 우리가 새로운 해결 방법을 찾고자 하는 문제의 거의 대부분은 현실 속의 것이기 때문이다. 우리는 현실에 없는 문제를 고민하지는 않는다. 현실에 없다면 구현을 고민할 필요도 없다. 아무리 참신한 아이디어라 해도 현실에서 구현되어야 도움이 된다. 따라서 창의성은 제약이 함께한다고 볼 수 있다. 여기서 제약은 규정이나 방법상의 제한이 아니라 최적의 해결을 위해 반드시 갖추어야 하는 필수 요건을 뜻한다.

2014년에 JTBC에서 방송이 시작된 "냉장고를 부탁해"라는 요리 프로그램이 있다. 초대된 출연자는 집에 있는 냉장고를 있는 그대로 가져오고, 요리사들은 냉장고에 있는 재료만을 가지고 주제에 맞게 15분 내에 근사한 요리를 만든다. 만든 요리들은 때로는 고급스럽고, 때로는 친근하며, 때로는 새롭고 놀라움을 준다. 그러면서도 의뢰인의 요구와 입맛에 맞는 요리를 해낸다. 대부분 요리는 창의적이라는 평이 함께한다. 하지만 만약 시장에서 재료를 마음껏 골라올 수 있으며 두 시간이건 세 시간이건 시간을 마음껏 쓸 수 있었다면 그만큼의 감동과 칭찬은 받기 어려웠을지 모른다. 식재료의 종류와 상태, 시간의 제약, 의뢰인의 요청사항이라는 요건을 충족해야 했기 때문에 주어진 상황에서의 최선의 방법을 찾아 문제를 해결했을 때에 창의적이 될 수 있었다. 우리가 해결해야 하는 현실적 제약은 대부분 마감 기일, 투자 가능 비용, 보유 인력, 브랜드 이미지의 일관성 등과 같은 현실 속에서 주로 접하는 문제들이다. 창의적 결과는 바로 이와 같은 제약이 있음에도 불구하고 기존과 다른 방법으로 목적에 이르는 방법을 만들 때 나타난다. 어떠한 아이디어나 방법이 합리적이기 위해서는 적어도 세 가지 요건을 갖춰야 한다. 첫째는 방법이 인간 중심이어야 한다는 점이다. 당연히 어떠한 문제에

01
아마존의 드론 배송 모습
https://www.amazon.
com/Amazon-Prime-Air/
b?ie=UTF8&node=
8037720011

02
드론 배송의 도식화

직면해 있거나 관련된 사람에게 가치를 가져다주어야 해결의 속성이 살아난다.
새로운 방식이 누군가에게 불편함이나 손해를 준다면 좋은 방법이 아니다.
아마존의 새로운 배송 시스템이 트럭 배송보다 오래 걸려 소비자가 더 오랜 시간을
기다려야 한다면 가치를 잃는다. 새로운 배송 시스템이 상품을 파손시키거나
분실하면 마찬가지로 가치를 잃는다. 새롭게 적용되는 방법은 소비자에게 빠르고
안전하게 도달되어야 의미 있는 것이다. 둘째는 기술적으로 현실성을 가져야
한다는 점이다. 하늘을 날아야 하는 드론이 실제로 날지 못한다거나 가벼운 무게도
들지 못하고 정확한 주소를 찾지 못한다면 아이디어가 현실로 옮겨질 수 없을
것이다. 마지막으로, 경제적 합리성이다. 이윤을 추구하는 기업의 입장을 벗어나서
보더라도 지구상 모든 생물은 경제학 원리에 따라 선택하도록 가치 체계가
구성되어 있다. 새로운 아이디어가 과도하게 많은 비용을 필요로 한다거나 어느 한
쪽에 큰 손해를 미친다거나, 극심한 노동을 초래한다거나, 별다른 경제적 이득을
주지 못한다면 다시 검토해야 할 것이다. 여기서 경제적 합리성은 반드시 금전적인
측면만 이야기하지는 않는다.

합리적이려면 다양한 분야의 현실적인 정보를 검토해야 한다. 그렇다면 합리성과
창의성이 결합된 사고가 가능하려면 지식이 많을수록 좋은 것일까?

09 지식의 함정

좋은 사고는 합리성과 창의성이 결합된 사고다. 여기서 합리적 사고는 논리적으로
합당하게 이해되는 사고다. 합리적으로 사고하려면 우선 정보를 확보하고, 더불어
사고가 미치는 범위를 최대한 확장하여, 자신의 사고 자체를 진단하는 능력이
필요하다. 기본적으로 사고를 하려면 우선 머릿속에 저장된 내용이 있어야 한다.
기억된 정보가 없다면 느낄 수는 있지만 정보를 가공하거나 판단하는 등의 사고가
이루어질 수 없다. 하늘은 일반적으로 파랗다는 사실을 알고 있어야 하늘이 파랗지

않은 날 날씨가 평소와 다를 것임을 추론할 수 있다. 전문적 지식을 보유한 사람은 최소한 해당 분야에서만큼은 누구보다 사고를 잘 해낼 가능성이 크며, 기억된 정보가 적은 어린아이는 사고할 수 있는 범위가 작을 수밖에 없다. 이때 조사만으로는 사고에 도움이 되지 않는다. 조사만 하고 이해하지 못한다면 서점에서 책을 사와 책장에 책을 꽂아 놓기만 한 것과 다름없다. 마찬가지로 사진을 스캔하고 활용하지 않는 것과 같다. 책장에 꽂힌 책이나 스캔한 사진은 아직 내 것이 아니다. 조사한 정보는 소화시켜 이해하고 기억해야 활용할 수 있는 내 것이 된다.

자신이 어떠한 사고를 위해 필요한 정보를 수집하고자 할 때 먼저 할 일은 어떤 분야에 대해 자신이 보유한 정보의 정도를 파악하는 것이다. 다시 말해 자신의 메타 인지metacognition를 활성화시킬 필요가 있다. 메타 인지는 사고에 관한 사고로, 자신이 아는 정도에 대해 아는 것을 뜻한다. 이는 인지적 차원의 상위 단계에 있는 또 다른 사고로, 메타 인지 능력이 있으면 자신의 사고력을 파악할 수 있고, 이에 따라 보유한 정보의 정도와 새로운 정보 확보 범위 등을 판단할 수 있다. 어떤 것에 대해 "안다"라고 말할 수 있지만, 그것에 대한 정의나 전후 좌우 관련 내용을 설명하지 못한다면 진정으로 아는 것이라 할 수 없다. 따라서 어떤 분야에 대한 메타 인지를 활성화시켜 자신이 보유한 정보의 정도를 판단하고자 한다면, 자신이 그 내용에 대해 충분히 설명을 할 수 있는지 여부를 통해 쉽게 진단해 볼 수 있다. 어떠한 문제를 해결하려면 우선 그 문제에 대한 충분한 이해가 뒷받침되어야 한다. 모르는 문제를 풀 수는 없으니 말이다. 문제에 관련한 내용의 표면적 현상뿐만 아니라 연결된 관계와 패턴을 이해하고 구조적으로 내용을 형성할 수 있을 때, 즉 어떠한 내용에 대한 스키마schema[16]가 형성되었을 때 비로소 해당 분야에 대해 이해했다고 말할 수 있으며 논리적이며 합리적인 사고를 할 수 있는 토대가 만들어진다.

사고하고자 하는 분야와 관련해서 정보를 많이 보유한다면 사고를 하는 데 유리하다. 예를 들어, 주식 투자를 할 때 관련 업계의 동향뿐 아니라 국제정세와

16 스키마란 정보와 정보 간의 관계를 카테고리화하는 생각이나 사고방식이다. 스키마는 정보를 해석하고 정리하는 인지적인 프레임워크며 어떠한 개념을 이해하는 아웃라인이다. 즉, 스키마가 형성된다는 것은 어떠한 지식이 구조화됨을 의미한다.

변화를 많이 알수록 유리하고, 범인을 찾을 때 발자국과 지문, 인상착의 등 단서가
될 만한 정보가 많을수록 유리하다. 선물을 살 때 상대방의 취향을 많이 알수록
유리하며, 새로운 시장으로 진입할 때 특정 타깃 집단의 소비 성향과 취향뿐
아니라 문화와 전통, 언어, 기후 등 최대한의 정보를 확보하는 것이 유리하다.
우리는 정보를 토대로 논리적 추론을 해낼 수 있기 때문이다.

여기서 궁금증이 생긴다. 합리적인 사고는 현실적 정보를 토대로 이루어지는 것은
사실임이 틀림없다. 앞서 기억된 정보가 사고를 하는 데 부품으로써 사용된다고
하였다. 그렇다면 정보가 많으면 많을수록 사고하는 데 유리하게 작용할까?
백과사전적 지식을 보유한 사람이 더 사고를 잘할까? 여기서 '잘하는 사고'란
앞에서 말한 블룸의 신 교육목표 피라미드의 최상층인 창조하기, 즉 창의적 사고를
해내는 것을 의미한다.

전 세계에 자신이 5살 생일 때가 무슨 요일이었는지, 아침 식사로 무엇을 먹었는지,

영국의 기억술사 도미닉
오브라이언(Dominic
O'Brien)

친구와 무슨 대화를 했는지, TV에 무슨 내용이 나왔었는지를 상세하게 기억할 수 있는 절대기억을 가진 과잉기억증후군hyperthymesia을 가진 사람이 60명(2015년 기준)이 있다고 한다. 그들은 태어나서 살면서 일어났던 일들을 모두 세세하게 기억한다. 그들에게 입수된 정보는 모두 기억에 남는다고 볼 수 있다. 만약 많은 정보가 사고하는 데 유리하다면 이처럼 살면서 접한 정보를 모두 기억할 수 있는 사람이 사고를 가장 잘하는 사람이 될 것이다.

많은 정보를 가진 것은 분명 유리하지만 단지 정보만으로, 즉 일직선상의 인과관계가 확실한 사고만으로는 좋은 생각을 해내는 데 한계가 있다. 이는 마치 주입식 교육으로 방대한 내용을 암기했지만 활용하지 못하는 것과 같다. 컴퓨터에 세상 모든 정보를 입력한다고 컴퓨터가 새로운 아이디어를 자발적으로 만들지 못하는 것과 같다.

정보가 많을수록 반드시 사고를 잘하는 게 아니라면 정보의 양과 창의성은 어떤 상관관계가 있는가?

10 무지와 창의성

어떠한 분야에 대한 상당한 지식과 경험을 보유하여 해당 분야의 문제를 잘 해결하는 사람을 두고 그 분야에 대한 '전문가'라 한다. 누군가와 분쟁이 발생했을 때 우리는 우리의 입장을 더욱 유리하게 대변해 주는 전문가인 변호사를 찾는다. 건강상 특이한 증상이 나타나거나 불편함이 생기면 전문가인 의사를 찾아간다. 건축물을 만들고자 할 때 설계, 건설 및 시공, 인테리어 등 각 분야 전문가들의 힘을 빌린다. 전문가는 비전문가 입장에서는 보이지 않는 현상을 파악하기도 하고, 세밀하게 구분할 수 있으며, 비전문가가 전혀 떠올릴 수도 없는 방법으로 문제를 해결한다.

특정 분야에 대한 경험이 풍부한 사람들은 해당 분야에 대한 지식이 체계적으로 정리되어 있으며 장기간의 훈련과 경험으로 빠르고 효율적으로 판단할 수 있다. 전문가들은 스키마를 활용하고 특별히 집중해야 하는 부분을 분별할 수 있으며, 정보를 범주화할 수 있다. 그리고 자동으로 하향식(기존 저장된 정보를 활용하는 것. 상향식은 새로 입수한 정보를 활용하는 것)으로 정보를 처리해서 내용의 인과관계와 각 정보가 속한 구조를 빠르게 파악할 수 있어 굉장히 빠르고 효율적으로 문제를 해결할 수 있다. 그렇게 경험이 쌓이면서 민감성이 높아져 작은 낌새만 보더라도 상황 파악을 해내는 전문가적 직관expert intuition이 만들어진다.

이와 같이 경험에 의한 전문성을 기반으로 하는 인지 방식은 그들의 머릿속에 구축된 패턴과 판단 기준 탓에 오히려 새로운 환경에서는 방해 요인으로 작용할 수도 있다. 이 같은 전문성은 오히려 유연함을 저해하기도 하며, 휴리스틱에 의한 빠른 판단으로 말미암아 중요한 정보를 놓치게도 한다. 다시 말해, 전문적 내용의 범주 안에 사로잡혀 터널과 같은 시각을 갖기도 하며 견고한 고정관념에 의해 일 처리의 효율을 낮추기도 한다. 이는 매우 다양한 분야에서 공통으로 일어나는 현상이다.[17] 긴 세월에 걸쳐 만들어진 물길은 점차 깊어지지만 그만큼 새로운 길로 뻗기는 어려워진다는 비유가 가능하겠다.

전문적일수록 새로운 문제 해결에 걸림돌로 작용한다고 하면 지나친 비약이겠지만, 실제로 그러한 일이 심심찮게 일어난다. 1880년에 창립하여 필름을 전문적으로 생산하던 코닥Kodak에 대한 예를 들어 보겠다. 코닥은 1975년에 첫 디지털카메라를 개발했을 정도로 혁신적인 기업이었다. "버튼만 누르세요. 나머지는 저희가 해 드립니다."라는 슬로건을 가졌던 코닥은 비록 2013년에 파산하였지만 한때는 엄청난 매출을 올리던 기업이다. 1975년에 코닥은 미국에서 필름으로 90%, 카메라로 85%의 매출을 장악하였으며, 90년대까지는 세계에서 가장 가치 있는 브랜드 다섯 손가락 안에 꼽히기도 하였다. 그러나 디지털 사진의 시대가 찾아왔고 얼마 지나지 않아 스마트폰이 디지털카메라를 대체하게 되었다. 코닥은 세상의 변화를 진작에 알아챘지만 당시로 1달러에 5센트의 이윤을 내는 디지털보다 1달러에 70센트의 이윤이 남는 필름을 고수했던 것이다. 게다가

17 Dror, I.E., 2011. The paradox of human expertise: why experts get it wrong. *The paradoxical brain, 177.*

완벽한 필름을 만든다는 자부심에 쉽게 하이테크 디지털 이미지 처리로 옮길 수가 없었다. 또한, 1993년부터 1999년까지 코닥의 CEO를 역임한 조지 피셔George Fisher는 "면도기와 면도날" 전략을 비즈니스 모델로 삼았다. 면도기를 싸게 제공하고 소모품인 비싼 면도날을 계속해서 구매하도록 하는 것처럼 코닥은 카메라를 싸게 제공하고 비싼 필름을 구매하도록 하였다. 그러나 공짜로 사진을 볼 수 있는 디지털카메라 시대에 이렇게 필름에 비싼 값을 지불하게 하는 전략이 성공할 리 없다. 중국 신흥 시장에 대한 공략 또한 그들의 주력 상품인 필름으로 시도하는 바람에 실패하였다. 카메라를 처음 구매하는 중국인이 필름을 구매할 것이라는 예상과 달리 소비자는 곧바로 디지털카메라로 넘어간 것이다.[18]

18 The last Kodak moment?, www. economist.com/ node/21542796, 2012. Jan

코닥이라는 회사는 비록 망했지만 오래가는 한마디를 남겼다. "코닥 되다Being Kodaked."는 변화에 대응하지 않고 옛것만 고집하다 망한다는 뜻의 표현이 되었다. 참고로 "코닥처럼 고집만 하지 말고 우버처럼 바뀌어라."를 뜻하는 "Uber yourself before you get Kodaked."라는 문장이 유명하다. 이 밖에도 코닥과 관련해 많은 스토리가 있지만 여기서는 전문성에 의한 실패에 관한 점만 언급하도록 하겠다. 코닥은 어떤 기업보다 필름에 대한 전문성을 갖추고 있었을 것이다. 품질 좋은 필름을 누구보다 잘 만들었으며 필름을 통해 수익을 내는 방법 또한 잘 알고 있었을 것이다. 그러나 이 같은 성공 경험이 그들의 발목을 잡았다. 필름을 너무나 잘 알고 있었기 때문에 새로운 방식으로 변화를 주기 어려웠으며, 뒤늦은 시도는

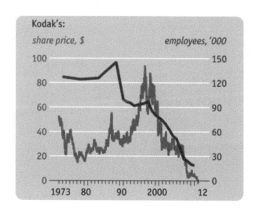

코닥의 매출과 직원 수의 변화

소용이 없었다. 필름으로 성공하는 방법은 '그 당시, 그 환경, 그 사람들을 위한 방법'이었을 뿐 새로운 시대, 새로운 환경, 새로운 사람들에게는 해당하지 않았다. 코닥에게는 중요한 요인이었던 완벽한 필름으로 완벽한 사진을 현상하게 하는 고집 탓에 약간의 새로운 변화는 과소평가되었다. 이처럼 전문성과 실제 문제를 해결하는 사고력은 반드시 일관되게 연결되지 않는다.

전문성에 의해 어려움을 겪는 현상과는 반대로 오히려 전문적 교육을 받은 적이 없는 사람이 전혀 새로운 방식의 해결 방법을 개발하기도 한다. 그러한 현상을 두고 '형식을 파괴'했다고 한다. 여기서 '형식'이란 오랜 시간 동안 축적된 전문적 지식을 통해 법칙으로 정리된 바를 의미한다. 하지만 이 세상에 있는 문제가 정해진 법칙 내에서만 해결될 리는 없다. 우리가 교육을 받는 이유는 시간과 노력을 들여 시행착오를 통해 천천히 쌓이는 교훈과 지식을 미리 배워 효율적으로 일을 수행하기 위해서일 것이다. 따라서 전문적 교육을 통해 배우는 지식과 방법들은 대부분의 문제를 효과적으로 수행한다. 그러나 이미 정리된 '방법'들은 과거로부터 현재까지의 기준에서 효과적일 뿐이지 '최고'이거나 '유일한' 것은 아니며 앞으로도 영원하게 지속된다고 볼 수 없다.

존 레논, 폴 매카트니, 조지 해리슨, 링고 스타로 이루어진 영국 리버풀 출신 청년들이 1960년에 결성한 그룹 비틀즈The Beatles는 대중음악 역사상 가장 영향력 있는 아티스트 중 한 팀이 아닐까 한다. 예스터데이Yesterday, 렛잇비Let It Be, 헤이 주드Hey Jude 등 지구 반대편의 아이부터 노인까지도 비틀즈 노래 중 적어도 하나는 따라 흥얼거릴 수 있을 정도로 귀에 익숙하다. 그만큼 노래가 쉽고 감성적이며 혁신적이기 때문일 것이다. 그러나 비틀즈 멤버 중 어느 누구도 악보를 읽거나 쓸 줄 모른다는 사실을 알고 있는가? 그들은 정식 음악교육을 받지 않았다. 그렇기 때문에 그들만의 방식으로 노래를 만들고 부를 수 있었다.

비슷한 예로 TV 오디션 프로그램에 참가하여 주목받으며 가수 인생을 시작한 남매 그룹 '악동 뮤지션' 또한 음악에 대한 전문적인 교육을 받지 않았음에도 불구하고 들어본 적 없는 독특한 풍의 음악으로 팬을 끌어들인다. 반면 실용음악 전문

교육을 받은 가수 지망생이 틀에 박힌 노래를 부른다고 오디션 프로그램에서
탈락하기도 한다. 요리에 관한 전문 교육을 받지 않은 만화작가가 만드는 기발한
요리는 정식 요리 교육을 받은 요리사들을 놀라게 하기도 한다. 빛의 교회, 물의
교회 등 정적인 동시에 자연의 숭고함을 느끼게 하는 건축물로 유명한 일본의
건축가 안도 타다오는 대학을 다니지 않았으며 정식 건축 교육 또한 받은 적이
없다. 그러나 그는 빛과 콘크리트의 예술가라는 별칭을 얻었다. 물론 독특함만이
좋은 결과물은 아니다. 음악은 듣기 좋아야 하며 요리는 맛이 좋아야 한다.
건축물은 인간에게 편안한 공간을 주어야 한다. 듣기 좋으면서, 맛이 좋으면서,
공간이 편안하면서 새롭기까지 하려면 그동안 정립된 교과서적 방법이 아닌 다른
접근이 필요하다.

전문적인 지식이 사고의 저해를 가져오고 전문적 지식이 적을 때 기발한 결과물이
나온다고 하여 지식이 적을수록 좋은 아이디어가 나온다고 말한다면 지나친
비약일 것이다. 여기서 창조와 창의에 대해 다시 한 번 살펴보아야 하겠다.
여의도에서 광화문으로 이동할 때, 지하철을 타고 20분 정도 걸려 갈 수 있다.
그러나 더욱 먼 거리를, 예컨대 여의도에서 우주의 화성까지 20분 만에 가야
한다면 전혀 새로운 방법이 필요하다. 코끼리를 타고 하늘을 난다고 하면
어린아이의 '상상'일 뿐이며, 이는 '창조적'인 시각일 수 있다. 그러나 코끼리만 한
큰 물체에 여러 사람을 태우고, 여러 사람이 탄 큰 물체가 날 수 있는 소재를
개발하고 추진력을 현실화시키는 방법을 함께 만들 수 있다면, 지상에서의
이동으로부터 하늘에서의 이동으로 '창의적'인 아이디어를 '꺼내는' 것이 아니라
'개발'하는 것이 된다.

좋은 사고는 너무 전문적인 틀 안에 갇혀 있어도 안 되고, 그 분야에 대해 몰랐던
것처럼 새로운 시도가 이루어져야 하며, 그러면서 전문적이며 현실적인 정보가
필요한 굉장히 어려운 일이다. 논리가 필요하면서도 창의적인, 서로 상반된 속성의
사고가 함께 이루어져야 하는 일을 도대체 어떻게 할 수 있을까?

¹¹
타고나는 능력

머릿속에 정보가 입력되었다면 우선 저장된 정보를 꺼내야 그 정보를 비로소
활용할 수 있다. 다시 말해 정보를 외웠지만 적시 적기에 기억해 내지 못한다면
모르는 것과 다름없다. 이때 정보를 꺼내는 것에서 나아가 더욱 중요한 점은
목표를 달성하는 데 최대한 유리한 정보를 꺼내는 것이다. 많은 정보를 기억해
낸다 하더라도 주제와 무관하거나, 혹은 문제를 해결하는 데 큰 영향을 미치지
않는 정보를 꺼낸다면 좋은 사고를 하는 데 큰 도움이 되지 않을 수 있다. 정보를
제대로 꺼낼 수 있다면 그다음 단계는 정보를 필요한 방식으로 가공하는 것이다.
앞서 빛반사 소재와 에어비앤비, 막대 걸레 등에 대해 알아보았다. 막대 걸레의
걸레 부분을 일회용으로 만든 스위퍼의 경우, 현재 우리에게는 일회용 막대 걸레가
이미 익숙하기 때문에 별로 특별할 것 없는 아이디어처럼 느껴질 수 있다. 그러나
일회용 막대 걸레가 나오기 이전으로 시간을 되돌려 자신이 그 현장에서 같은
문제를 고민하고 있다고 상상해 보자. 물론 실제로는 오랜 시간 끝에 다수의
협력을 통해 하나의 아이디어가 세상에 탄생한 것이겠지만, 누군가가 걸레를
일회용으로 만들어 한 번 쓰고 버리게 하자고 제안을 했다고 하자. 그때 드는
생각은 '어떻게 일회용이라는 생각을 했지?'일 것이다. 일회용 막대 걸레는
그전까지 없었기 때문이다. 걸레의 허물을 벗겨 깨끗해지게 하는 것도 아니고,
더러워지지 않는 소재의 걸레를 만들자는 것도 아닌, 얇은 일회용 걸레라는
구체적인 포인트는 어디에서 어떻게 나온 것일까? 마찬가지로 오늘날은 그물 소재
의자를 쉽게 볼 수 있지만 이전으로 시간을 거슬러 가보자. 누군가가 시트와
등받이를 그물로 만들자고 의견을 냈다. 또다시 '어떻게 의자를 그물로 만들
생각을 했지?'라는 생각을 할 것이다. 고무도, 나무도, 흙도, 유리도 아닌 왜 하필
그물일까?
합리적이면서도 창의적인 사고력이 바로 미래에 필요한 능력이다. 이런 사고는
합리와 창의 중 어느 하나가 이루어진 후에 다른 하나가 뒤따라오는 식이 아니라,

두 가지 사고를 동시에 하는 것이 필요하며 이것이 혁신적 사고에 따른 결과물을
만든다.

앞서도 언급했지만, 이러한 혁신적인 사고를 하는 것은 특별한 천재만이 가진
능력이 아니다. 천재는 특별하지만, 천재적인 생각은 특별한 사람만 하는 것이
아니다. 흔히 말하는 좌뇌형 인간이나 우뇌형 인간은 없다. 특별한 경우가
아니라면 누구나 뇌의 양쪽을, 그리고 전반적인 범위를 동시에 사용한다.

냅킨 스케치

원리를 이해하면 누구나 좋은 사고를 하고, 좋은 아이디어를 낼 수 있다. 아이디어
회의를 하려 회의실에 모여 앉아 고민할 때 좀처럼 좋은 아이디어가 떠오르지
않았던 경험이 있을 것이다. 그런데 잠시 머리를 식히러 산책을 하거나 식사를
하거나 샤워를 할 때, 문득 "유레카!"의 순간이 지나간다. 일명 '냅킨 스케치napkin
sketch'가 같은 범주에 속한다. 핵심은 '깊이'와 '거리'의 차이다. 생각이 깊게 들어갈
때에는 떠오르지 않다가 멀리 나아가면 떠오른다. 어떠한 문제에 대해 깊이 들어가
골똘히 고민할 때는 막혀 있던 생각이 문제와 상관없는 일을 할 때에 떠오르는
것이다. 그러나 이 책에서는 창의적 아이디어를 위해 산책을 하라거나 간식을 먹고
샤워를 하라는 등의 그동안 많이 들었던 모호한 처방은 하고 싶지 않다.

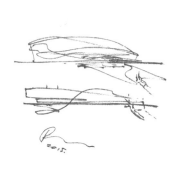

그동안 문제의 중심에서 생각이 벽에 갇혀 있다는 것을 인지하지 못한 채 문제를
해결하고자 했기에 좋은 생각을 하는 것이 어려웠을 뿐이지, 아인슈타인과 같은
천재가 아니기 때문은 아니었다. 실질적인 정보를 적극적으로 활용하면서 생각을
멀리 뻗치기만 한다면, 좋은 아이디어를 개발하는 데 이미 한 단계 접근해 있다는
것을 발견하게 될 것이다. 이렇듯 혁신적 사고는 타고나는 능력이 아니다. 누구나
해낼 수 있다.

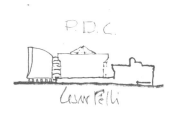

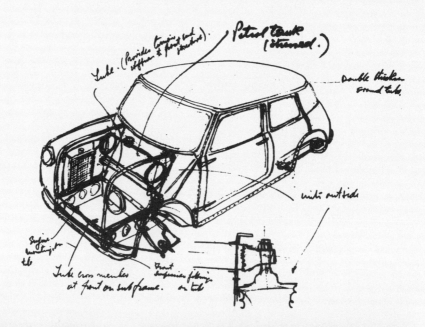

BMW Mini의 냅킨 스케치. 디자이너 Alec Issigonis는 1956년 한 식당에서 냅킨에 스케치하였고, Jack Daniels에 의해 설계도면으로 그려졌다. 출처 : www.autoexpress.co.uk

¹² 만들어지는 유레카

이 책에서 다루려는 주제까지 도달하기 위한 설명이 길었다. 궁극적으로 말하고자 하는 바를 이제부터 정리하고자 한다.

한 분야에서 깊이 들어간 사고를 하게 되면 정해진 분야 안에만 머물러 있을 확률이 커진다. 다시 말해 전문성이 높은 아이디어는 나올 수 있으나 '새로우면서 좋은' 아이디어는 나오기 어렵다. 문제를 해결하는 데 이전보다 나은 혁신적인 방법이 나오지 않을 때는 반드시 사고의 폭을 넓혀 문제가 속한 분야 밖으로 집중하는 범위를 넓혀야 한다.

어떠한 문제를 해결하기 위한 사고를 확장할 때는 사고의 집중 범위를 분야의 중심 영역에서 벗어나 다른 분야의 영역과 연결시키는 것이 필요하다. 분야와 같은 영역 내에 속하는 아이디어는 문제를 '개선'할 수는 있으나 '혁신'을 이루기는 어렵다. 혁신은 외부에 있기 때문이다. 외부에서 왔기에 '새로움'이 있고, 새로운 시각으로 문제를 해결하였기에 '혁신'이라는 수식어가 따라붙는다. 외부 영역에서 해결 실마리를 얻으려면 주제에 대한 이해를 확장하여 그 주제를 구성하는 개념을 구조적으로 구축하고, 각 개념이 맞닿아 있는(혹은 공동으로 속해 있는) 또 다른 영역과의 관계를 살펴보아야 한다. 개념의 표면적을 넓혀 새로운 방식으로 해결할 수 있는 연결고리, 즉 사고의 통로를 확장해야 한다. 다시 말해, 분야의 영역에서 벗어난 확장된 사고가 필요하다.

여기서 분야라 함은 학문을 더욱 집중적으로 연구하기 위해 인간이 분류해 놓은 시스템이다. 통섭[19]적 사고로 과학적, 수학적, 의학적, 예술적으로 위대한 업적을 남긴 레오나르도 다빈치가 살던 르네상스 시대에는 오늘날과 같은 학문의 구분이 없었다. 따라서 그 시대의 지식인은 과학뿐 아니라 문학과 예술 등에 두루 조예가 깊을 수 있었다. 레오나르도 다빈치 스스로가 천재적인 인물이었던 이유도 있겠지만, 학문이 오늘날처럼 구분되지 않았던 것이 천재적 발명을 많이 해낼 수 있었던 시대적 원인일 수도 있겠다. 학문의 구분이 없던 시절은 세상을 있는

19 통섭(統攝, Consilience)은 '함께 넘나듦(jumping together)'이라는 뜻의 라틴어 'consiliere'로부터 유래한 것으로 지식의 통합을 뜻한다. 에드워드 윌슨의 1998년 저서 《통섭, 지식의 대통합》을 그의 제자 최재천 교수가 번역하며 개념이 알려지기 시작했다.

그대로 통섭적으로 바라볼 수 있는 장점을 주는 대신에 각 방면의 구체적인 발전은 더뎠으리라 예상한다. 시간이 지나며 축적된 정보와 더불어 학문의 영역이 세분화되면서 정보를 더욱 체계적이며 효율적으로 정리하고 전달할 수 있게 되었다.

예를 들어 세상을 경제학, 교육학, 법학, 의학, 인류학, 환경과학, 공학 등으로 나누어 각각의 측면으로 바라볼 수 있다. 그리고 '공학'이라는 분야 아래 항공학과 생명공학, 화학공학, 토목·환경공학, 전기공학, 컴퓨터공학, 데이터공학, 의학공학, 소재공학, 기계공학, 원자핵공학 등으로 또다시 나눌 수 있다. 원자핵공학은 다시 핵분열과 핵에너지, 핵융합과 플라즈마 등의 분야로 나눌 수 있다. 이렇게 계속해서 세부 전문분야들로 쪼갤 수 있을 것이다. 연구 분야를 구체화하면서 해당 분야에 대해 전문성을 갖추는 데 효율성을 얻었으며 그로 인해 인류는 단기간 내에 큰 발전을 이루었다. 각 분야에 대한 깊은 이해를 가진 전문가들이 협동한다면 한 사람이 해내지 못하는 일을 함께 이룰 수 있기 때문이다. 그러나 실제 세상을 둘러보면 울타리로 분야가 구분된 영역을 찾을 수는 없다. 삶 속에 모든 것이 한데 섞여 어우러져 있어 자연스럽게 모든 영역을 관통한다. 따라서 어떠한 문제가 나타나더라도 구체적인 하나의 영역에만 해당하는 문제란 있을 수 없다. 따라서 사고의 범위를 확대해야 한다.

그렇다고 하나의 문제를 해결하는 데 세상에 있는 모든 분야를 검토하는 것은 현실적으로 불가능하며 시간과 노력의 측면에서 효율적이지 않다. 따라서 문제 해결의 실마리를 줄 가능성이 큰 관련 분야들을 선별적으로 확장하여 연결하는 것이 필요하다. 여기서 관련 있는 분야를 검토한다 함은, 다시 말해 문제에 대해 다각도로 이해한다는 것을 뜻한다. 다각도로 접근해야 하는 이유는, 한쪽 방향으로 보던 것의 이해를 확장하여 고민하고자 하는 문제의 본질을 더욱 명확히 이해할 수 있기 때문이다.

다각도의 접근은 어떠한 주제를 이해하기 위해 함께 알아야 할 기본적인 측면들이다. 예를 들어, 누군가를 제대로 이해하려면 그 사람의 생김새와 표정,

걸음걸이, 말투, 목소리, 평소의 옷차림, 하는 일, 가족관계, 친구들의 모습 등을 알아야 하는 것과 같다. 마찬가지로 어떠한 현상, 예컨대 집안의 화초가 시들어 있는 현상에 대해 충분히 이해하려면 해당 화초의 종류, 화초가 자라기 위한 적정 온도와 습도, 물 주는 시기와 양, 일조량, 토양의 상태 등과 더불어 현재 화초가 있는 환경에 대한 진단이 필요하다. 이를 통해 현재 화초가 시들어 가는 현상이 나타난 원인을 최종적으로 파악할 수 있을 것이다. 이처럼 사고를 통해 아이디어를 얻고자 하는 주제가 있다면, 그 주제가 가진 의미와 유사한 다른 영역에서의 상황, 반대되는 상황, 그 내용이 발생한 원인, 그 주제로부터 일어날 수 있는 영향, 그 주제를 구성하는 요소, 그 밖의 관련 있는 내용을 통합적으로 살펴보아야 비로소 하나의 주제에 대해 객관적으로 이해할 수 있다. 즉, 전/후/좌/우/상/하의 파악이 사고의 시작이라고 할 수 있다.

그러나 일반적으로는 어떠한 주제를 이해할 때 단지 표면적인 정보 수집에 그치는 경우가 많다. 예를 들어, 'A=B'와 같이 'A의 의미는 B' 혹은 'C∴D'와 같이 'C의 이유는 D'처럼 단편적인 관계 이상의 이해는 좀처럼 시도되지 않는다. 이와 같은 '빠른 사고'는 순발력 있는 판단에 도움을 줄 수 있으나 궁극적으로는 문제의 본질적 이해를 막는다. 이처럼 한정적인 이해와 사고에 그치는 이유는 자신이 해당 주제에 대해 어떠한 시각으로만 접근하는 한계를 시넜는지, 객관적 현황을 파악하지 못하기 때문이다. 따라서 자신이 이해하고 있는 범위를 시각적인 상징물로 구분하여 빠짐없이 효과적으로 사고를 상기시킬 필요가 있다.

시각적인 상징물로 표현할 수 있는 대표적인 '관계'는 다음과 같은 선들로 표현할 수 있다.

관계선 이미지

사고하고자 하는 주제로부터 '관계'를 나타내는 선을 그리고 그 선에 대한 개념을
활성화시켜 떠올린다면, 하나의 주제에 대한 다각도의 접근을 시작할 수 있다.
여기서 관계는 의미론적 관계로부터 출발한다. 그 밖에 주제에 따라 고려해야 하는
다양한 관계에 대한 선이 있다면 그때그때 생성하여 사용하면 도움이 된다.
이렇게 첫 단계를 거치면 우선 주제에 관련한, 다시 말해 그 주제가 속한 영역 안의
직접적 연관이 있는 내용이 도출된다. 예를 들어 '자석'이라는 단어로부터
시작하였을 때 다음과 같은 내용이 도출될 수 있다.

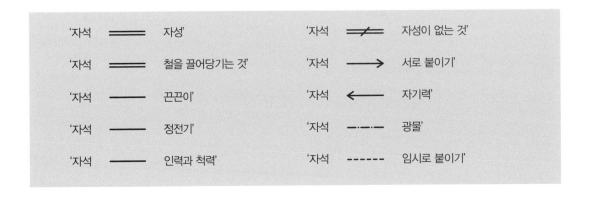

물론 진행을 하는 사람의 기본 지식과 관점에 따라 조금씩 다른 관점과 표현들이
나올 수 있다. 만약 자석에 대한 이해를 넓히고자 할 때 이와 같이 다양한 선들을
먼저 갖추어 생성하고 선에 해당하는 개념을 적으면 다양한 각도를 빠짐없이
검토할 수 있을 것이다. 그러나 이 단계의 내용을 살펴보면 아직까지는 '자석'이
속한 영역 속의 내용만 도출되었다는 것을 알 수 있다. 다시 말해, 아직 자석에
직접적으로 관련된 영역 안에 머물러 있는 상황이다.
새로운 영역에 접근하려면 문제가 속한 영역 밖으로 탈피하는 것이 필요하다.
따라서 선을 통해 도출된 개념으로부터 또다시 다양한 관계를 상징하는 선을 그려
그 선에 대한 개념을 도출하는 작업을 반복한다. 이 과정을 넷에서 다섯 차례
거듭하다 보면 '진공', '열', '실리콘' 등과 같이 '자석' 영역으로부터 인접한 내용

이외의 것들이 도출되는 것을 발견할 수 있다. 이 같은 작업을 통해 중심 문제가
속한 영역으로부터 평소에 쉽게 연결이 시도되지 않는 영역으로 나아간다. 이렇게
평소에 연결되지 않았던 영역은 '사무용 의자 영역'의 입장에서 '그물의 영역'이
새로웠던 것처럼 '자석'에서 '캬라멜'을 얻는 것과 같은 전혀 '새로운' 외부
영역으로 사고의 주의집중 범위를 넓혀 새로운 아이디어를 도출할 수 있다. 그렇게
새로운 영역과의 연결 통로가 많이 확보될수록 새로운 아이디어를 개발할 수 있는
가능성은 높아진다.

이때 중요한 점은 도출하여 만드는 개념 구조도의 내용이 사실에 입각해야 한다는
점이다. 어떠한 문제에 대해 사고를 하는 상황은 현실에 적용할 수 있는 방법을
얻고자 하는 경우가 많다. 따라서 사고 과정을 통해 얻은 결과가 실제 세상과
모순되는 내용이거나 정확성이 결여된다면 아집에 사로잡히거나 전혀 틀린
방향으로 나아가 실제 추구하고자 하는 목표와 거리가 점점 벌어질 수 있다.

01
좌: 자기유변유체
(magnetorheological fluid)
의 일반 상태
우: 자기장에 의해 형태를 갖
는 고체가 된 상태
Spaggiari, A., 2013. Properties
and applications of
Magnetorheological fluids.
Frattura ed Integrità Strutturale,
7(23), pp.48-61.

02
Oobleck 위를 걷는 모습(평상
시에는 액체 상태이나 충격을
가하면 고체가 되는 녹말과 같
은 원리의 놀이도구)
출처: www.secretsofthefed.
com

01

02

예를 들어, 자석의 속성을 적는 상황에서 어떤 사람은 '광물'이라 할 수 있고, 어떤 사람은 '자성을 가진 물체'라고 적는 것과 같이 서로 다른 개념을 도출할 수는 있다. 이는 사람마다 순간 떠오르는 단어의 순서에 의해, 더욱 해당 사항이 높다고 판단되는 우선순위에 의해, 혹은 그 사람이 현재 가진 지식의 정도에 의해 다를 수 있다. 그러나 자석의 속성이 '식물'이라거나 '유리'와 같이 사실과 틀린 개념을 도출한다면, 그것을 시작으로 또 다른 틀린 내용이 도출되어 목표하는 바로부터 점점 멀어질 것이다. 따라서 사고 확장의 과정이 자의적이지 않도록 자료 조사를 병행하며 진행해야 한다.

자료 조사를 하는 이유는 또 하나 있다. 현재 사고를 하는 당사자의 기억 속에 해당

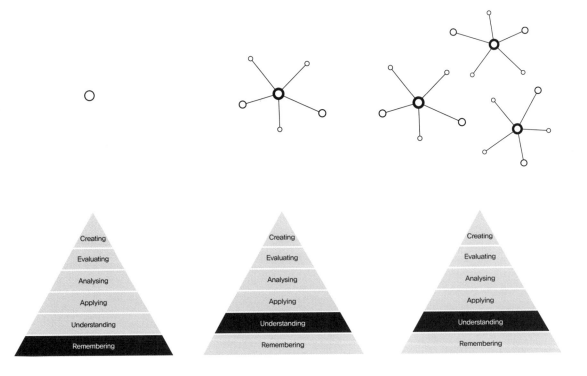

주제 혹은 주제로부터 도출되는 개념에 관련한 모든 정보가 담겨 있지 않을 수
있기 때문이다. 예를 들어, 자성의 강도와 철가루의 크기/무게와의 상관관계에
대한 정확한 수치가 필요할 수도 있고, 점성을 가진 새로운 물질을 탐색할 필요도
있을 것이며, 액체나 고체 상태의 물질로부터 원하는 점성계율을 가진 상태로
변환하는 특수 물질과 구조에 대한 전문 정보가 필요할 수도 있다. 이것은 개인이
보유한 지식의 한계를 탈피하여 머릿속 밖의 지식까지 자신의 것으로 만들어
사용하기 위해서다. 이는 성인과 유치원생이 어떠한 문제를 해결하려 할 때 도출할
수 있는 내용에 차이가 나타나는 것과 같다.

이렇게 도달한 영역으로부터 얻게 된 개념들은 새로운 영역에 속해 있지만,

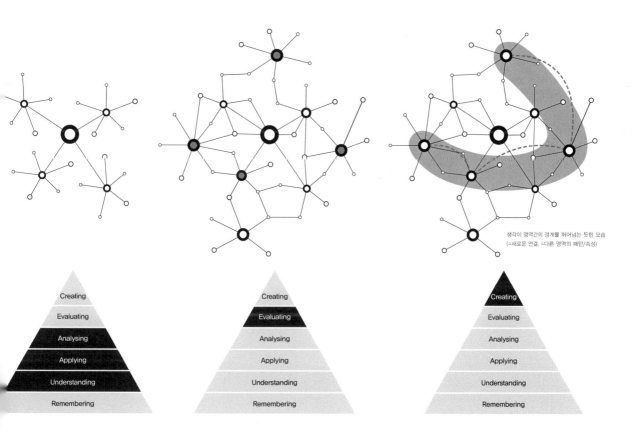

생각이 영역간의 경계를 뛰어넘는 듯한 모습
(=새로운 연결, =다른 영역의 패턴/속성)

그러면서도 중심 주제로부터 관련성을 보유하며 나왔기 때문에(관계를 상징하는 선을 통해 도출된 개념의 연장이기 때문에) 합리적으로 고려할 수 있는 범위 안에 있다. 이와 같은 방식을 통하면 결과적으로 합리성을 보유하면서도 창의적 연결을 할 수 있는 아이디어 소스를 주체적으로 찾아 나갈 수 있어 반짝이는 아이디어가 떠올라 주길 바라는 막연한 간절함으로부터 해방될 수 있다. 즉, 어떤 문제에 대한 해결 방법을 우연히 문득 떠올리는 것이 아니라 주체적으로 사고를 확장하여 찾아 나가는 것이다. 다시 말해 빠른 사고가 아닌 느린 사고를 통해 합리성을 보유한 창의적 사고를 만들어 사고를 디자인할 수 있는 것이다. 뇌 속 뉴런을 통해 생각하는 것과 같이 개념의 가지를 갈래갈래 뻗어 생각을 만들어 나간다 하여 이러한 방식을 '뉴런워크Neuron Works'라 이름 붙였다.

이러한 방식, 즉 중심 주제로부터 서로 다른 관계를 상징하는 선을 연결하여 그 선의 끝에 선의 의미에 해당하는 개념을 찾아 적고, 같은 방법을 반복하여 가지를 넓혀 나가는 방식의 사고를 뉴런워크라 부르는 이유는 뇌에서 뉴런이 사고하는 방식과 구조가 유사하기 때문이다. 1.3kg의 단백질 덩어리인 뇌는 우리 몸에 필요한 에너지의 20퍼센트를 사용한다.[20] 우리 뇌에는 뉴런이라 불리는 1,000억 개 이상의 신경세포가 있고, 뉴런이 서로 연결되는 시냅스synapse에 의해 신경전달물질이 1초에 120m의 속도로 전달되어 사고가 이루어진다. 좌반구와 우반구로 이루어진 고등 정신 활동을 담당하는 대뇌의 표면은 여러 세포층인 대뇌피질로 이루어져 있다. '커넥톰Connectome'의 저자 승현준 교수는 대뇌피질 중 가장 최근에 진화된 부위인 신피질에만 200억 개의 뉴런이 있으며 이들은 각각 평균 7,000개씩 다른 뉴런과 연결되어 있다고 말한다. 또한, 뇌 전체는 약 150조 개가 넘는 연결 경로를 만들 것으로 추측할 수 있다고 한다.[23] 뉴런 상호 간의 접합 부위인 시냅스 없는 뇌는 그저 단백질 덩어리에 불과할 것이다. 한쪽에 있는 정보가 다른 쪽으로 전달되어야 사고가 이루어지는데 서로에게 이르는 다리가 없다면 그저 육지와 동떨어진 섬과 같이 별도의 개체일 뿐이기 때문이다. 사고를 할 때에 연결이 중요하기 때문에 뉴런은 연결을 최대한 많이 만들도록 진화하였고,

20 Laura Beil, Brain activity in unconscious patients offers new views of awareness, Science News, www.sciencenews.org/article/brain-activity-unconscious-patients-offers-new-views-awareness, 2015

21 노성열, 세바스찬 승 "커넥톰 연구는 인간게놈 이후 최대의 과학 혁명", 문화일보, 2014

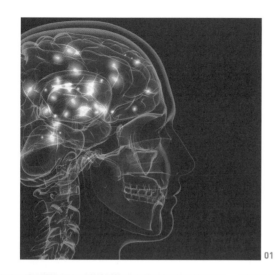

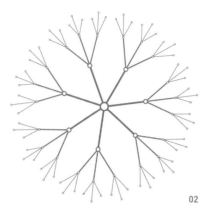

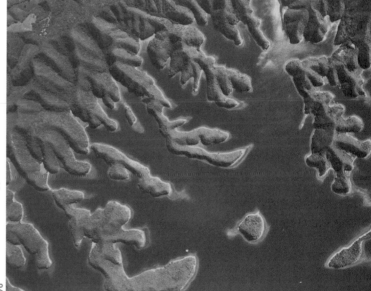

01
뇌의 형상화 이미지
출처 : www.smartrecoveryaustralia.com.au

02
개념의 가지

03
장의 융털. 장의 내부 또한 흡수면적을 최대한
키우는 구조로 되어 있다.
출처 : gettyimagebank

04
일본 아소 해변의 리아스식 해안 (구불구불한
해안은 바다와 육지의 접경을 늘린다.)
출처 : 위키백과
National Land Image Information (Color Aerial
Photographs), Ministry of Land, Infrastructure,
Transport and Tourism

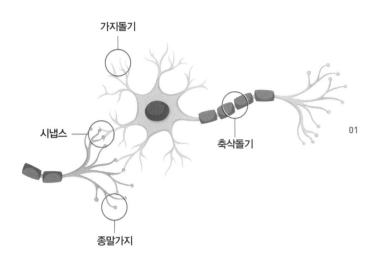

01

시냅스

가지돌기

축삭돌기

종말가지

01
뉴런의 구조도 이미지

02
캐나다 킹스톤의 사우전 아일랜드(Thousand Islands)
(다리가 연결되지 않은 섬은 그저 서로 떨어져 있는 섬
일 뿐이다.)
출처: www.andersonvacations.ca

04
뇌의 전기반응 시각화
좌, 중 : 생각하지 않는 상황
우 : 테니스 치는 모습을 상상하는 상황
출처 : www.sciencenews.org

03
미국 뉴욕 주 북부와 캐나다 온타리오 주의 남동부를 연
결하는 사우전 아일랜드의 다리 (섬들 간에 다리가 연결
되면 비로소 왕래할 수 있는 통로가 생긴다.)
출처: Thousand Islands National Park 페이스북

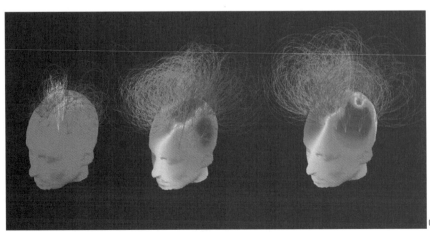

04

02

03

수상돌기 혹은 가지돌기라 부르는 가지들을 만들어 다른 뉴런과 접점을 늘린다. 하나의 뉴런은 수백에서 수천 개의 크고 작은 가지를 만들어 하나의 뉴런이 최대한 많은 수의 뉴런과 연결될 수 있는 구조로 되어 있다.

가지돌기의 끝은 또 다른 뉴런의 종말가지와 연결되어 있고 이 연결 부위를 시냅스라 부른다. 가지돌기는 시냅스에서 신경전달물질을 받아 전달 통로인 축삭돌기를 통해 뉴런의 반대 끝에 위치한 또 다른 뉴런과 연결된 시냅스로 전달한다.

인간이 스스로의 머리로 사고하는 능력을 개발하는 것은 사고를 통해 개념적으로 도출할 수 있는 능력을 높이는 것뿐만 아니라 실제 사고를 이루게 하는 세포와 세포의 연결인 시냅스를 서서히 증가시키는 것이다. 과거에 우리 뇌는 유년기에 형성된 신경세포의 구조가 고정적으로 유지된다 믿었다. 그러나 과학이 발전함에 따라 인간이 스스로 사고하는 방식과 자극, 경험, 학습 등에 따라 시냅스, 즉 연결 통로가 증감하고 그에 따라 신경 경로가 변화하는 신경가소성neuroplasticity이 있음을 밝혀냈다.

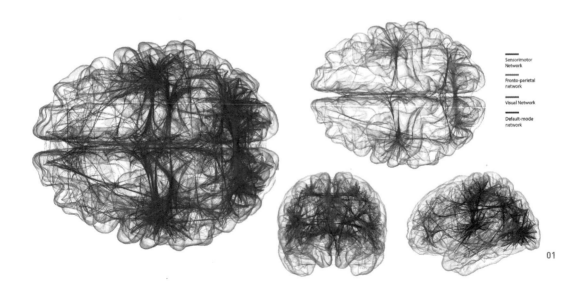

Sensorimotor Network

Fronto-parietal network

Visual Network

Default-mode network

01

A   **Two-photon imaging, GFP**

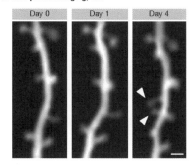

B   **STED**

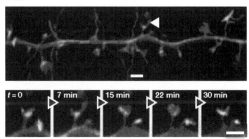

C   **Two-photon calcium imaging, LOTOS**

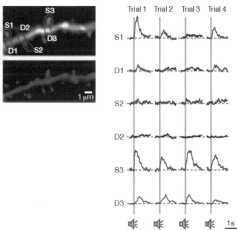

01

뇌의 사고 네트워크와 연결

Böttger, J., Schäfer, A., Lohmann, G., Villringer, A. and Margulies, D.S., 2014. Three-dimensional mean-shift edge bundling for the visualization of functional connectivity in the brain. *IEEE transactions on visualization and computer graphics, 20*(3), pp.471-480.

02

In vivo로 관찰한 쥐 뉴런의 가지 생성 및 소멸 모습

Rochefort, N.L. and Konnerth, A., 2012. Dendritic spines: from structure to in vivo function. *EMBO reports, 13*(8), pp.699-708.

02

22 Rochefort, N.L. and
   Konnerth, A., 2012.
   Dendritic spines: from
   structure to in vivo
   function. *EMBO reports,*
   13(8), pp.699-708.

2012년 쥐의 뇌에서 살아 있는in vivo 뉴런 활동을 관찰한 연구를 보면 뉴런이
실제로 잔가지를 생성시키고 소멸시키는 모습을 확인할 수 있다.[22] 새로이 생성된
가지가 활용되면 그 가지는 유지되지만, 활용되지 않으면 소멸된다. 새로운 가지가
나타나 활용된다는 것은 새로운 연결이 만들어져 그 연결을 통해 사고한다는 것과
같은 의미다. 다시 말해 우리는 스스로 사고하는 바에 따라 생체적으로 연결을
만들고 유지할 수 있는 것이다. 시냅스가 많아질수록 네트워크가 조밀해지며
정보가 연결될 수 있는 통로가 많아져 사고를 잘하게 된다. 즉, 인간은 스스로
사고하는 능력을 '물리적'으로도 발전시키는 것이 가능한 것이다. 따라서 모든
사람은 그 사람이 사고하는 바에 의한 뉴런의 네트워크를 갖고 있으며 사람마다
모두 다른 형태를 띤다. 뇌 세포는 성장 이후 거의 자라지 않지만, 자극을 받고
사고를 할 때마다 뉴런들 사이의 연결 상태가 달라지고, 특정 훈련을 할 때마다 그
부위에 해당하는 뉴런들이 더욱 강력하게 연결되어 '숙련'의 모습으로 드러난다.
뉴런의 시냅스를 늘려 신경전달물질이 진입하는 통로를 늘리는 것과 뉴런워크로
개념의 구조를 확장시켜 외부와 연결된 진입 통로를 늘리는 것은 목적과 원리가
같다. 차이점은 전자는 머릿속에서 보이지 않게 이루어지고, 후자는 눈앞에서
천천히 이루어진다는 점이다.

이처럼 주제와 직접적인 관련성이 적은, 다시 말해 뉴런워크 작업 시 중심으로부터
먼 영역에 있던 새로운 개념을 가져와 아이디어를 만들고, 그렇게 만들어진 새로운
아이디어가 문제를 해결하고, 그 해결책이 확산되어 시간이 지나 그 방법이
일반화되면, 나중에 누군가가 비슷한 주제로 뉴런워크 작업을 할 때는 처음에는
새로웠던 개념이 바로 중심 주제에 인접하여 나타날 것이다. 예를 들어, 처음에는
자석과 캬라멜이 서로 다른 영역에 속하여 몇 단계를 거쳐야 만날 수 있는 먼
지점에 위치하였지만, 만약 점토를 이용하여 철가루를 떼는 '철가루 피커picker'라는
제품이 개발되고, 문구점에서 쉽게 살 수 있을 정도로 친숙해진다면, 자석과
철가루를 떠올리면 곧바로 '철가루 피커'가 떠올라 자석의 인접 영역에 속하게 될
것이다.

정리

1 새로운 방법으로 문제를 해결하려면 사고의 집중 범위를 중심에서 밖으로 이동시켜야 한다.

2 해결 가능성이 큰 영역으로 선별적으로 사고를 확장시키려면 주제와 연관성을 보유한 채 다각도로 접근한다.

3 다각도의 영역을 빠짐없이 검토하기 위해 시각적 상징물인 선을 활용한다.

4 뉴런워크의 선은 개념 간의 관계를 나타내는 일곱 가지의 기본 형태가 있으며, 각각 같은 관계, 유사한 관계, 반대 관계, 원인, 결과, 수단 및 구성요소, 미분류를 상징한다.

5 최소 일곱 개의 다른 선을 통해 주제에 대해 다각도 측면을 갖추어 검토하는 것을 시작으로 또 다른 가지를 파생시킨다.

6 파생된 가지에서 또다시 관계선을 사용하여 반복적으로 최소한 다섯 단계 이상 파생시킨다.

7 중심에서 멀어질수록 도출되는 키워드들은 주제와의 관련성이 낮아진다.

8 이때 얻게 되는 키워드는 타 영역에 동시에 속해 있는 키워드들이다.

9 외곽에 위치한 키워드를 문제 해결의 단서로 사용할 경우, 결과적으로 중심 주제와 관련성을 유지하면서도 새로운 영역과의 연결을 이루게 된다.

이렇게 뉴런워크를 실행하면 자신의 사고를 최대한 확장하여 합리성을 보유하면서 창의적 아이디어를 만들 수 있는 개념들을 충분히 확보할 수 있을 것이다. 이러한 뉴런워크를 효과적으로 실시하기 위해서는 몇 가지 규칙을 따라야 한다. 이들 규칙은 다음 섹션에서 자세히 다루겠다.

뉴런워크의 다섯 가지 규칙

선선선 / Lines　　인투아웃 / In to Out　　G5 / Five　　고른 형태 / Evenly　　정보 활용 / Information

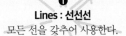

❶ Lines : 선선선
모든 선을 갖추어 사용한다.

❷ In to Out : 인투아웃
중심에서 바깥 방향으로 진행한다.

❸ Five : G5
최소 5단계 이상 확장한다.

❹ Evenly : 고른 형태
사방으로 고른 형태로 확장한다.

❺ Information : 정보 활용
자료 조사와 병행한다.

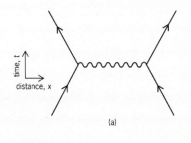

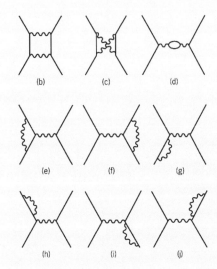

파인만 도표들
McGraw-Hill Concise Encyclopedia of Physics © 2002
by The McGraw-Hill Companies, Inc.

전자가 서로 밀쳐내며 중간자를 생성하는 과정을 표
현한 파인만 도형들처럼, 뉴런워크도 개념들이 서로
다른 관계로 만나 새로운 생각을 탄생하게 한다.

SECTION 03

뉴런워크

좋은 사고는 합리적이면서 동시에 창의적인 사고다. 이처럼
상반된 성격을 가진 속성이 적절히 결합되어야 좋은
사고라고 평가된다. 물과 기름처럼 쉽게 섞이지 않을 법한 두
가지 성격의 사고를 하나로 이루어내기 위해, 즉 머릿속
사고를 눈 앞에서 디자인하기 위해서는 그에 걸맞은 방법을
따라야 한다. 이제부터 머릿속 생각을 눈앞에 구조적으로
확장시키는 뉴런워크를 익혀보자. 뉴런을 닮은 뉴런워크를
통해 특별하고 가치 있는 아이디어의 씨앗을 찾아가 보자.

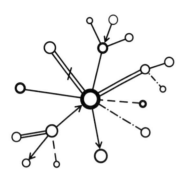

13
뉴런워크의 5가지 규칙,
라이프아이(L . I . F . E . I)

뉴런워크는 주제에 대하여 관련 정보를 다각도로 활성화시키고 구조적인 이해를
확장해서 합리성을 유지한 채로 창의적 연결 통로를 확보하고자 하는 사고 디자인
도구다. 뉴런워크는 느린 사고를 통해 일반적으로 도달할 수 없던 영역까지 사고의
범위를 넓히도록 한다. 따라서 직장인에게는 업무 관련 문제를 해결하거나 맡고
있는 프로젝트에 대해 새로운 방향을 모색할 수 있는 아이디어를 떠올리게 할
것이고, 학생들이 꾸준히 활용한다면 기본 사고력을 향상시키는 데 도움이 될
것이다. 뉴런워크를 통해 사고 디자인 결과를 효과적으로 얻으려면 몇 가지 규칙을
따르기를 권장한다. 각각의 규칙은 모두 합리적 사고와 창의적 사고를 연결하기
위한 목적을 갖고 있다. 규칙은 다섯 가지이며 Lines(선선선), In to Out(인투아웃),
Five(G5), Evenly(고른 형태), Information(정보 활용)으로 구성되어 있다. 이를 줄여
LIFEI(라이프아이)로 부르면 기억하기 쉬울 것이다.

Lines : 선선선, 모든 선을 갖추어 사용한다

뉴런워크를 수행함에 있어 종류별 선을 모두 갖추어 사용하는 것은 매우 중요하다.
기본적으로 사용하기를 권장하는 선은 다음 그림에 나타낸 일곱 가지다. 각 선의

모양은 대부분 일상에서 각각의 의미를 담아 사용하는 데 이미 익숙한 형태이기에
기억하기에 어렵지 않을 것이다.

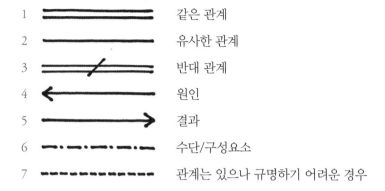

1	같은 관계
2	유사한 관계
3	반대 관계
4	원인
5	결과
6	수단/구성요소
7	관계는 있으나 규명하기 어려운 경우

제시된 일곱 가지의 선은 개념 간의 관계를 상징하는 데 일상 속에서 암묵적으로
합의되어, 다른 해석의 여지가 적은 형태를 각 의미에 맞게 표현해 놓은 것이다.
물론 일곱 가지의 관계 외에 추가로 필요한 관계를 정의해야 하거나, 여기 언급한
의미들을 제시된 형태의 선이 아닌 사용자 개인의 편의에 맞도록 다양한 형태의
선으로 변경하여 사용할 수도 있다. 만약 독자의 관점에서 특정 관계를 더욱 잘
표현한다고 여겨지는 모양이 있다면 적극적으로 조정하여 활용하긴 바란다. 일곱
가지 형태의 선 외에 만들 수 있는 선들의 예는 다음과 같다.

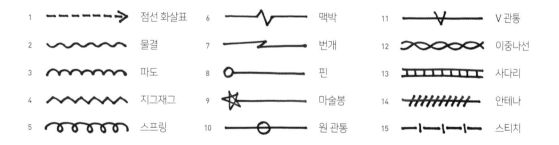

1	점선 화살표	6	맥박	11	V 관통		
2	물결	7	번개	12	이중나선		
3	파도	8	핀	13	사다리		
4	지그재그	9	마술봉	14	안테나		
5	스프링	10	원 관통	15	스티치		

여기 보이는 열다섯 가지 형태의 선 외에도 무수히 많은 종류의 선을 만들어

의미를 붙일 수 있을 것이다. 그러나 기본으로 제시된 일곱 가지 외 다른 종류의
선들은 획이 많거나 형태가 복잡하여 매번 그려 사용하기 번거롭거나 활용하기에
효율적이지 않을 수도 있다. 그리고 기본으로 제시된 일곱 가지 의미를 모두
사용하는 것만으로도 충분하게 사고의 확장이 이루어지리라 판단한다. 하지만
필요에 따라 자신에게 맞는 최적의 선을 만들어 자유롭게 활용하는 것도 적극
권장한다.

기본으로 제시된 일곱 가지의 선에 대해 설명을 덧붙이자면 다음과 같다.

우선 등호(═══)처럼 생긴 이중 실선은 '같은 관계'를 상징한다. 예를 들어
'음료═══마시는 것'과 같이 ═══ 끝에는 원래 개념이 갖는 있는 그대로의
의미를 표시하면 된다. 이때, 작업자마다 키워드에 대해 주로 인지하는 바에 따라
같은 선을 사용해도 다른 개념이 표현될 수 있다.

══╪══는 '반대되는 관계'를 상징한다. 예를 들어, '음료 ══╪══ 고체'와 같이
음료의 속성이 아닌 것을 표현한다. 이 표시는 앞선 '같은 관계'를 상징하는 선에
사선을 그어 '아니다'를 표현한 것으로 수학에서 사용하는 '같지 않다'와는 의미가
다를 수 있다. 독자의 선택에 따라 ←──→와 같은 형태로 변경하여 사용해도
무방하다.

──── 는 '유사한 관계'를 상징한다. ════와 의미를 비슷하게 인식할 수 있으나
──── 는 기본 개념이 속한 영역 이외 다른 영역에 존재하는 비슷한 패턴을
찾거나 해당 키워드가 가진 또 다른 의미를 찾기 위해 사용한다. 예를 들어,
'음료──── 브랜드 이미지' 혹은 '음료──── 영양소'와 같이 음료에 대한 또 다른
해석이나, 음료를 '섭취'하는 것처럼 섭취할 수 있는 음료 밖의 영역의 것을 표현할
수 있다.

←———는 키워드가 나타나는 '원인'을 상징한다. 예를 들어, '음료←———갈증'과 같이 어떠한 상황이 함께하는가, 혹은 어떠한 이유 때문에 해당 키워드가 존재하는가에 대해 고찰할 수 있게 한다.

———→는 키워드가 미치는 '영향' 혹은 '결과'를 나타낸다. 예를 들어, '음료———→갈증 해소' 혹은 '음료———→젖는다'와 같이 키워드의 속성으로 인한 영향력을 탐구할 수 있도록 한다.

—·—·—는 종이접기를 할 때 밖으로 접기를 상징하는 1점 쇄선 형상의 선으로 '구성요소' 혹은 '수단'을 상징한다. 예를 들어, '음료—·—·—수분'이 될 수도 있고 '음료—·—·—컵/병'이 될 수도 있다. 해당 선을 통해 구성요소와 수단 중 어떤 관계를 나타낼지는 사고하고자 하는 주제와 키워드에 따라 달라질 것이다. 하나의 선에 두 가지의 뜻이 담겨 있는 이유는 작업하는 키워드의 성격이 다양하기 때문이다. 경우에 따라 수단에 대한 개념을 갖고 있지 않은 키워드가 있을 수도 있고 구성요소를 논할 수 없는 키워드가 있을 수도 있다. 따라서 경우에 따라 적합한 방식으로 선에 성격을 부여하여 사용할 수 있다. 구성요소와 수단을 나타내는 선의 모양을 각기 적용할 수 있겠으나, 선의 종류를 과도하게 늘리지 않기 위하여 비슷한 속성을 갖는 관계는 하나의 선으로 통합하였다.

------는 '관련은 있으나 그 관계를 규명하기 어려운 경우'에 사용한다. 따라서 미완의 선과 같은 모습인 점선으로 지정하였다. 이는 어떠한 주제를 이해하는 데 의미 있는 측면을 차지하는 개념이지만 그 관계를 명확히 표현하기 어려울 때, 해당 측면에 대한 사고를 없애지 않고 확보해 두기 위해 사용한다. 이 선은 사용하기에 쉽지만, 개념 간의 관계가 모호할 때 사용하게 되는 선이기에 이 점선이 많을수록 확장된 사고의 구조가 모호해질 수 있다. 시각적으로는 트리 구조를 띨 수 있으나 트리를 이루는 각 단계 간의 관계가 불명확해지기 때문이다.

이들 일곱 가지 선을 모두 사용하는 것은 매우 중요하다. 모든 선을 사용해야 하는 이유의 핵심은 하나의 주제에 대한 단편적인 접근에서 벗어나 최대한 다양한 각도를 활성화하여 이해하기 위해서다. 그러나 뉴런워크 작업을 하다 보면 어떤 선은 수월하게 사용하는 반면, 다른 선은 그 선에 해당하는 개념을 꺼내기가 매우 어렵다는 것을 경험할 수 있다. 특정 문제에 대해 주로 바라보던 방식으로는 떠올리기 쉽지만, 그렇지 않은 각도로는 평소에 사고의 빈도가 낮아 어렵기 때문이다. 문제를 해결하려면 주제에 대해 본질적으로 이해해야 하는데 의외로 주제의 한쪽 측면이나 편향된 시각을 믿고 그대로 진행하는 경우가 많다는 뜻이 되겠다.

문제 해결의 시작은 올바른 이해다. 문제에 대해 제대로 이해하려면 모든 측면을 바라보고 그 문제가 발생한 이유와 그것으로부터의 영향, 그것을 이루는 요소 등 다양한 각도를 함께 고려해야 비로소 그 중심에 있는 본질적 내용을 알 수 있다. 그러나 우리는 일반적으로 문제에 대해 익숙한 방향만 검토하고서 성급한 결론을 내버린다. 제한적 시각으로 문제를 바라보면 그 문제를 있는 그대로 파악하지 못하고 표면에 드러나는 모습으로만 이해하게 된다. 따라서 시각적인 상징물인 다양한 형태의 선을 활용함으로써 검토할 수 있는 모든 각도를 활성화시켜 주제에 대한 이해를 제대로 시작할 필요가 있다. 그러므로 사용하기에 어렵게 느껴지는 선이 있더라도 다양한 측면을 바라보며 사고를 디자인하기 위해서는 모든 선을 갖추어 사용하는 것을 권장한다. 선의 생김새를 달리 설정한 이유가 이것이다.

구조적 유형 및 계측

잠시 뉴런워크의 각 단계를 계측하여 부르는 방법에 대해 소개하려 한다. 단계를 측정하는 것은 뉴런워크 진행 자체에는 큰 영향을 미치지 않을 수 있으나, 단계에 대한 명칭을 지정하면 설명할 때 의사소통이 더욱 쉬워지기 때문이다. 뉴런워크 작업물을 질적으로 높이기 위해 작업물이 얼마만큼 진행되었는지를 측정하고 그것을 표현하는 방법을 구축하여, 이상적인 단계의 기준을 세울 수 있도록 한다. 뉴런워크의 진행 정도를 측정하는 방법은 크게 두 가지로 구분된다. 하나는 중심에서 물리적으로 멀어진 정도를 거리로 측정하는 것이고, 다른 하나는 파생시킨 단계의 수로 측정하는 것이다.

첫 번째 방법인 중심과의 거리를 통한 측정은 중심에서 5cm 멀어졌는지, 혹은 20cm 멀어졌는지와 같이 물리적인 거리를 통해 확장 정도를 표현하는 것이다. 그러나 이는 개인마다 글씨의 크기, 초기의 공간 계획, 사용하는 학용품의 차이, 기재 방식의 차이, 지면 면적에 의한 변수, 거리와 실제 머릿속에서 이루어지는 개념 확장 정도와의 무관성 등의 이유로 뉴런워크의 궁극적 목적에는 부합하지 않는 계측 방법이다. 경우에 따라 관련의 밀접성 정도를 구분하기 위해 어떤 경우는 선을 길게 만들어 개념을 멀리 위치시키고, 어떤 경우는 선을 짧게 그어 근접한 곳에 파생 개념을 배치할 수도 있다. 이와 같은 경우에는 거리를 통해 관련성의 정도를 구분할 수 있겠으나 개념이 확장되는 단계와 정도에 큰 영향을 주지는 않는다.

두 번째 방법인 파생 단계를 통한 측정 방법은 지면상의 물리적 거리와는 상관없이 파생시킨 가지의 횟수를 통해 계측하는 방법이다. 중심에서 몇 단계 뻗어나갔는가는 뉴런워크의 구조적 확장 단계와 큰 상관성이 있다. 한 번 가지를 파생시킬 때마다 그 가지가 상징하는 성격에 해당하는 개념을 사고를 통해 꺼내 놓았기 때문이다. 따라서 면적이나 거리와 상관없이 어떤 측면으로 몇 차례의 사고 확장이 진행되었는가를 알 수 있게 한다.

이는 뇌의 정보 전달을 담당하는 신경세포체인 뉴런의 수상돌기 가지dendritic arbors의 측정법과도 같다.[23] 신경세포체는 여러 갈래의 가지를 갖고 있는데, 각각의 가지에서는 또 다른 가지들이 뻗어 나온다. 이 가지들에 대해 앞에서의 뉴런워크 측정과 같이 길이에 의한 측정과 분리 단계에 의한 측정을 할 수 있다. 실제 우리 머릿속 뉴런은 단계와 더불어 가지의 길이 또한 중요한 의미를 갖지만, 뉴런워크에서는 단계의 측정만을 인정하고자 한다. 뉴런워크의 가지 파생 단계를

23 Kolb, B., Brain plasticity and behavioral change, *Advances in psychological science*, 2, 2014, pp. 115-144.

측정하는 것은 뉴런 수상돌기 가지의 분리 단계 측정과 같다.

뉴런워크의 결과물은 방사형 트리 형태로 2차원적 덴드리머dendrimer 형상을 띤다.
덴드리머는 화학적 분자 구조의 하나로 중심의 핵으로부터 방사형으로 가지가
분리되고, 분리되어 나온 가지에서 또 다른 가지가 분리되어 나오는 구조적 형상을
말한다. 궁극적으로 개념의 확장은 덴드리머와 같이 3차원적 구조이겠지만, 시간이
지나면서 일부 개념이 변하고 가지의 모양이 변하기도 하는 4차원이 될 수도
있겠다. 반면 하나의 중심어로부터 확장 작업을 할 때의 현실적인 뉴런워크
결과물은 2차원의 방사형 트리 구조다.

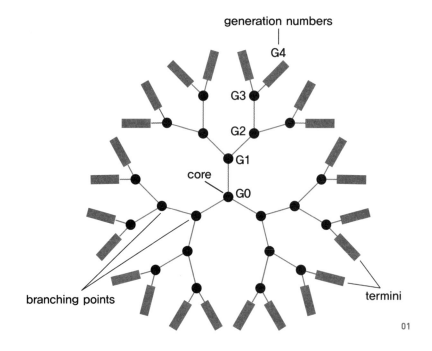

01

01
덴드리머의 단계 계측 방법
출처: www.hiriba.com

02
뉴런의 수상돌기 가지 계측

03
Sholl(1956)의 수상돌기 계측법
Vollala, V.R., Upadhya, S. and Nayak,
S., 2011. Enhancement of
basolateral amygdaloid neuronal
dendritic arborization following
Bacopa monniera extract treatment
in adult rats. *Clinics, 66*(4),
pp.663-671.

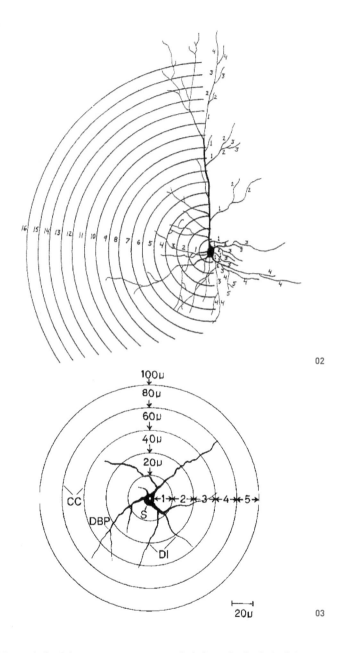

덴드리머의 측정법은 중심의 핵을 G0generation 0으로 지정하고 한 번 뻗어 나온 지점을 첫 번째 세대라 하여 G1이라 한다. 같은 방식으로 각 단계마다 나타나는 지점을 G2, G3, G4, G5…… 로 부른다. 뉴런워크는 덴드리머의 측정법과 같은

방식으로 단계를 측정하여 G0인 중심어로부터 선들이 하나씩 만들어져 선 끝에 개념이 도출되면 그 지점은 G1이 된다. 그로부터 또다시 선에 의해 개념이 도출되면 그 지점은 G2가 된다.

뉴런워크를 진행하는 동안 모든 단계에서 모든 선을 골고루 사용하는 것이 이상적이나, 중심어에서 뻗어져 나온 첫 단계, 즉 G1에서는 반드시 일곱 가지의 모든 선을 사용하도록 한다. 이로써 중심어를 둘러싼 다양한 측면을 검토하여 일반적으로 빠르게 생각하고 쉽게 결론짓던 사고의 범위를 의식적으로 확장시켜야 한다. 그러나 실제 뉴런워크 작업을 하다 보면 익숙한 몇 가지 측면으로만 바라보는 고정관념이 강하게 형성되어 첫 단계부터 모든 선을 갖추어 사용하는 것에 어려움을 느낄 것이다. 실제로 학생들을 대상으로 한 실험에서 모든 선을 갖추어 진행하라고 안내했음에도 불구하고 대부분 쓰기 편한 몇 가지 선만을 사용했다. 참고로 실험에서 제시된 주제는 "6세 아동을 위한 새로운 장난감 디자인"이었다. 실험 문항에서 6세 아동이라는 구체적인 사용자가 지정되었는데, 6세를 대상으로 설정한 이유는 실험 대상자였던 고교생과 대학생이 거쳐온 연령으로, 그들이 경험하지 못한 노인과 같은 앞선 세대보다는 잘 이해하고 있으며, 그들이 직접적으로 속해 있는 세대를 피함으로써 과제를 객관적으로 보도록 하기 위해서였다. 그리고 장난감이라는 대상을 선정한 이유는 누구나 흥미를 느낄 수 있는 소재를 선정하여 주제를 딱딱하게 느끼지 않게 하기 위해서였다.

'장난감'이라는 키워드를 시작으로 모든 선을 사용할 경우 관계를 규명하기 어려울 때 사용하는 점선을 제외한다 해도 최소 6개의 가지가 나타나야 하는데, 많은 사람이 여러 가지의 선을 사용하는 데 어려움을 느꼈다. 선을 겨우 한두 개만 사용하거나 한 가지 선만을 사용하는 경우가 많았다. 주로 사용하기 편한 선은 ══, ── 와 ------ 이다. 예를 들어, "장난감 ══ 노는 것(장난감은 갖고 노는 것이다)" 혹은 "장난감 ── 인형(장난감 중에는 인형이 있다)" 혹은 "장난감 ------ 재질(장난감의 재질은?)"과 같이 머릿속에 바로 떠오르는 이미 형성된

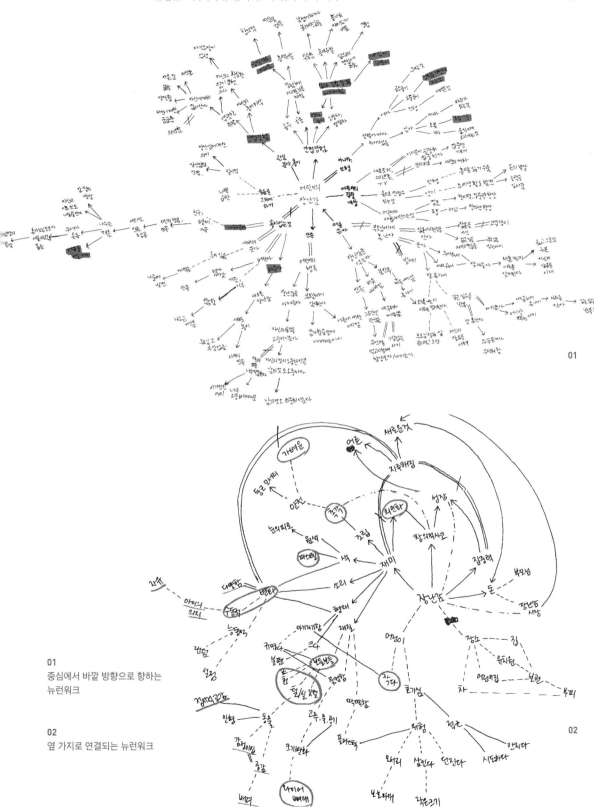

01

01
중심에서 바깥 방향으로 향하는
뉴런워크

02
옆 가지로 연결되는 뉴런워크

02

시각에서의 단어를 꺼낸다. 그만큼 어떠한 주제에 대해 사회에서 보편적으로
규정한 시각 혹은 개인이 경험을 통해 인식하는 시각을 벗어나 다른 각도로
바라보는 것을 어려워하는 것이다.

실험에 참가한 사람 중에는 일곱 가지 선 중에서 오직 점선만을 사용한 사람도
있었다. 점선은 선으로 개념의 관계를 활성화하는 과정에서 언어가 가진 한계로
인해, 혹은 어떤 내용에 대해 완벽하지 않은 어렴풋한 이해를 갖고 있지만 사고의
확장 작업에 중요하다 판단되는 개념을 표현할 경우와 같이 관계를 명확히
표현하지 못하는 경우 사용하는 선이다. 따라서 점선은 최대한 사용하는 일이 적은
것이 좋다고 볼 수 있다. 그러나 실험 결과 어느 한 부분만 점선을 사용하는 것이
아닌 시작부터 모든 가지를 점선으로 만든 실험 사례가 있었는데, 개인적으로 매우
통탄하지 않을 수 없었다. 관계를 규명하지 않는 점선만을 사용한다는 것은 그만큼
구체적인 사고에 대한 시도를 적게 했다는 뜻으로 해석해 볼 수 있기 때문이다.
따라서 경직된 사고를 기계적인 방법으로라도 벗어나기 위해서는 일곱 가지 선을
모두 사용함으로써 해당 주제에 대해 최대한 다양한 측면을 활성화시키는 것이
중요하다.

In to Out : 인투아웃, 중심에서 바깥 방향으로 진행한다

뉴런워크를 효과적으로 활용하기 위한 두 번째 규칙은 바로 중심에서 바깥
방향으로만 진행해야 한다는 점이다. 뉴런워크의 목적은 개념에 대한 이해의
범위를 최대한 확장함으로써 다각도의 연관된 요소를 활성화시켜 중심어가 속한
영역에서 벗어나 외부 영역으로부터의 새로운 시각을 확보하고자 하는 것이다.
따라서 어떠한 주제에 대한 일반적인 시각의 범위를 탈피할 필요가 있다. 일반적인
사고 범위를 탈피하려면 주제를 떠올렸을 때 즉시 떠오르는 일상적 내용을 벗어나
새로운 외부 영역에 도달할 때까지 몇 단계 멀리 나아가야 한다. 따라서
중심어로부터 바깥 방향을 향해 개념을 파생시켜 나가면서 보편적 관념으로부터

의도적으로 멀어져 새로운 영역과 만나는 통로를 확보해야 한다. 선을 긋는 방향이
반드시 중심에서 바깥 방향이 되어야지, 선을 옆 가지와 연결한다거나 거꾸로 돌아
앞 단계의 내용과 연결한다면 뉴런워크의 목적에 부합하는 진행 방법을 벗어난다.
왜냐하면 뉴런워크의 목적은 생각이 못 미치던 곳까지 자극하여 잠재되어 있던
부분까지 활성화시켜 사고 가능한 영역으로 만들어서 새로운 시각과 아이디어를
확보하는 것이지, 이미 정립되어 있는 개념의 구조를 다시 정리하는 작업이 아니기
때문이다.

이렇게 중심에서 외부로 뻗어나가다 보면 어느 시점부터 중심어와의 연관성이
낮아 보이는 개념이 나타난다. 바로 이때가 새로운 영역과의 연결성을 확보할
기회다. 예를 한 가지 들어 보겠다. '택시'라는 단어를 들으면 어떤 것이
떠오르는가? 요금과 기사, 교통체증, 난폭운전, 예약, 편리, 불안 등 사람의 경험에
따라 다른 측면들이 머릿속에 떠오를 것이다. 택시를 새롭게 바꾸고자 한다면
어떻게 하겠는가? 자동차의 사양과 요금, 친절도 등에 관련한 아이디어들이 쉽게
꺼낼 수 있는 내용일 것이다. 그러나 뉴런워크를 통해 '택시'라는 중심어로부터
어느 한 가지에 '택시 ◀── 이동 ─·─ 개인 공간 ─·─ 직장인 ── 업무
─·─ 회의'라는 진행이 이루어졌다고 가정하자. 그리고 또 다른 한 가지는
'택시'라는 중심어로부터 '택시 ⇌ 일정 경로 ── 지하철 ◀── 운행
일정 ──▶ 예상 도착 시간'이라는 진행이 이루어졌다고 가정하자. (물론 각 가지의
단계별로 위에 나열된 단어 외에 또 다른 복수의 개념들이 파생되어 나왔겠지만 그중 한
개씩만을 선택하여 예를 들고 있다.) 이 결과물을 통해 오늘날 일반적 인식 속의
'택시'라는 이동수단에서 더 나아가, 목적지로 이동하는 일정 시간 동안 필요
업무를 처리하는 개인 공간이라는 새로운 성격을 부여하여 새로운 사업이 시작될
수도 있겠다. 혹은 일반적인 이동을 위한 교통수단에서 더 나아가, 필요에 맞게
도착 시간을 설정하여 스스로 계획한 시간 동안 업무 처리를 할 수 있는
프라이버시가 보장된 공간이라는 새로운 성격이 부여될 수도 있다. 이를 더
발전시켜 컴퓨터 혹은 태블릿 PC, 무선 인터넷, 콘퍼런스 콜을 위한 장비 등과

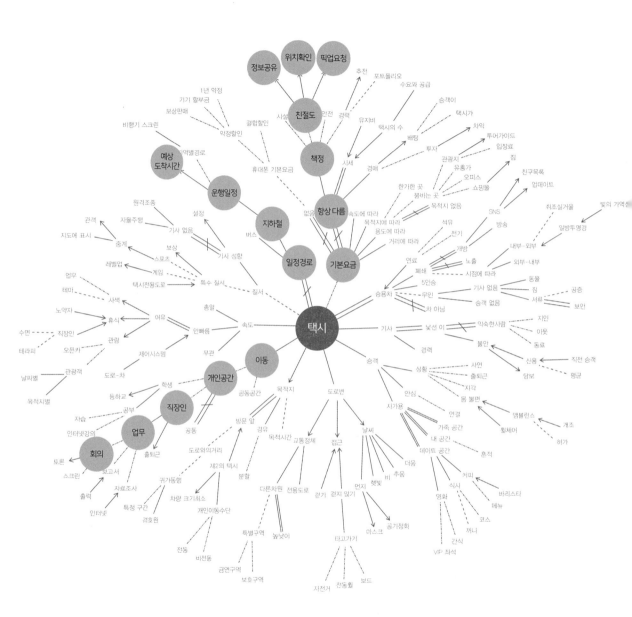

택시의 뉴런워크 작업의 예

같은 시설을 차량 내에 구비하거나, 내부 구조를 지금과 같은 승용차의 모습에서
벗어나 조금 더 사무 작업을 하기에 적합하도록 설계할 수도 있을 것이다. 이로써
처음 '택시'라는 단어에서 바로 떠올릴 수 있는 요금과 기사, 교통체증, 난폭운전,
예약, 편안, 불안 등의 1차적 이미지에서 탈피하여 새로운 시각을 가진 아이디어를
개발할 수 있는 시작점을 찾을 수 있을 것이다. 물론 현행법상 문제가 되지 않도록
검토가 함께 이루어져야 하겠지만 말이다.

또 다른 아이디어를 만들어 볼 수 있다. 예를 들어 '택시 ─·─ 기본요금 ═╪═
항상 다름 ⟵ 책정 ─·─ 친절도 ⟶ 정보공유/위치확인/픽업요청'이라는
경로를 따르는 경우를 살펴보자. 택시는 기본요금이 책정되어 있으며, 운행 거리와
시간에 따라 미터기의 숫자가 오르고, 승객은 도착 시점에 표시되는 금액을 내게
되어 있다. 따라서 같은 시간에 더욱 긴 거리를 주행하기 위해 많은 택시가 곡예
운전을 펼치기도 한다. 참고로 택시의 기본요금은 시마다 다르게 책정되어 있으며
서울시는 2019년에 3,800원으로 책정하였다. 이처럼 택시의 기본요금은 고정
가격이다. 하지만 만약 기본요금이 기사의 친절도에 따라 책정되고, 기사의
친절도에 대한 정보가 공유되어 승객이 특정 택시의 위치를 확인할 수 있으며,
해당 기사를 직접 예약하는 시스템이 도입될 수 있다고 가정하자. 그렇다면 택시
기사들이 최대한 친절하게 승객을 대할 수 있도록 노력할 것이고, 그 노력의
대가로 높은 요금을 부과할 수 있으며, 승객은 안전하고 친절한 서비스에 높은
요금을 기꺼이 지불할 수 있을 것이다. 현재 모범택시가 친절함을 통해 일반
택시보다 높은 요금을 부과하고 있지만, 친절도에 따라 요금이 변화하지는 않는다.
저렴한 가격을 원한다면 친절도에 상관없이 택시를 탈 수 있겠지만, 친절함에
가치를 크게 두는 승객이라면 질 높은 서비스에 대한 대가를 즐겁게 지불하지
않을까? 모든 서비스업종에서 하듯 말이다.

사실 택시는 여객자동차 운수사업법, 택시운송사업의 발전에 관한 법률 등 다양한
법으로 관리되며 수많은 이해관계가 얽혀 있기에 앞서 말한 내용을 실제로
시행하는 게 쉽다고 말할 수 없다. 경쟁이 치열해져 서로 높은 요금을 받기 위해

극도의 친절함을 보이며 과도한 요금을 부과하고, 그에 따라 서비스업에서
친절이라는 당연한 비용의 대가가 과도하게 높아지는 현상 등과 같은 부작용 또한
배제할 수 없다. 그러나 우버블랙, 카카오블랙, 리모블랙과 같은 고급콜택시 산업이
성장하고 있는 오늘날, '사람을 이동시키는 서비스'에 대한 새로운 아이디어가
필요할 때 검토해 볼 수 있는 아이디어가 되겠다.

앞의 택시 관련 사례에서 이야기하고자 하는 핵심은 얼마만큼 일상적 범위의 초기
사고 틀에서 벗어날 수 있는가이다. 모든 새로운 아이디어는 초기에는 낯설고 실현
불가능하다고 느껴질 수 있다. 그러나 아이디어가 가치를 만들 수 있다는 가능성이
보여 끝까지 구현 방법을 개발한다면 비로소 최초의 비즈니스가 될 수 있다.

처음 뉴런워크를 개발할 때는 역방향으로 선을 뻗어 진행하지 않는다는 규칙은
포함하지 않았다. 그러나 몇 차례의 실험을 검토한 결과, 고정관념을 탈피하고자
하는 도구를 사용하면서도 고정관념에 사로잡혀 좀처럼 사고가 확장되지 못하는
현상의 이유 중 하나가 선의 방향 때문이었다. 만약 중심에서 바깥 방향으로
진행하던 선의 방향을 바꾸어 거꾸로 중심 방향으로 돌아가거나 옆의 가지에
연결하게 한다면, 일반적인 이해와 일반적 관점에서 벗어나는 것이 아니라 오히려
같은 지점을 맴돌게 되고 이로써 고정관념을 탈피하기 어려워진다. 이는 뉴런워크
작업의 근본 목적과도 어긋날 뿐 아니라, 문제를 해결하는 데 필요한 창의적
연결을 확보하는 데도 도움되지 않는다.

새로 파생된 가지로부터 밖으로 더 멀리 나아가야 새로운 단어들이 도출된다.
그러나 실험에서는 해당 개념이 눈앞에 보이는 이전 단계의 내용과 관련이 있기에
이전에 도출된 개념이나 다른 가지에 있는 개념 사이를 연결하는 선을 긋는
경우들이 발견된 것이다. 이처럼 방향을 거스르는 선을 만드는 경우 눈앞에 보이는
시각적인 요소가 은연중에 작업자에게 영향을 주어 실제 선이 가리키는 방향으로
사고를 맴돌게 한다.

일례로 어떤 학생이 고3의 스트레스 해소에 관해 프로젝트를 진행하게 되었다.
대한민국의 고3은 수능을 앞둔 학년으로 제한 시간 안에 많은 양의 공부를 해야

하는 극심한 스트레스를 받는 집단이다. 이 프로젝트를 진행하던 학생은
스트레스를 풀려면 노는 것과 같은 즐거움이 필요한데 고3이기 때문에 마음 편히
놀지 못한다는 데에서 '놀다'를 키워드로 잡고 뉴런워크 작업을 했다. 그러나
뉴런워크 작업을 통해서도 좀처럼 새로운 시각을 가질 수 없었다. 그 이유는 선의
방향을 잘못 사용하였기 때문이다.

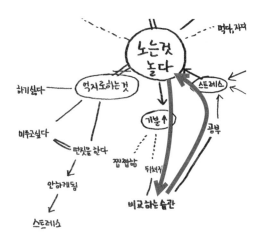

이 경우를 보면 초반부터 사고가 막혀 버렸다. '놀다'에서 시작하여 '놀다 ⟶
기분이 나아짐 ------ 뒤처짐 ⟶ 비교하는 습관 ⟶ 공부 ⟶ 스트레스
⟶ 놀다'로 돌아왔다. (이 경우 실제 단어들의 관계와 선의 형태가 제대로 연결되지도
않았다.) 고3이 잠시 놀면 기분이 나아질 텐데 놀다 보면 뒤처지는 느낌이 들고
친구와 비교하다 보니 다시 공부를 해야 하는 압박감에 스트레스가 쌓이고, 이
스트레스는 노는 것으로 풀어야 하는데 기분이 나아지다 다시 스트레스로
돌아오는 끊임없는 굴레가 만들어졌다. '놀다'에서 '기분이 나아짐'과 '스트레스'는
본래 다른 가지였으나 진행을 하다 '뒤처짐 - 비교하는 습관 - 공부' 간 선을
그어 연결시켜 버려 더 멀리 나아갈 기회를 차단하고 닫힌 고리를 만들어 버렸다.
이로써 기분이 좋기 위해서는 어떤 요소가 필요한지, 시간을 길게 투자하지 않아도
노는 효과를 얻을 방법이 무엇이 있는지에 대한 탐구 자체가 이루어지지 않았다.

두 개의 가지는 수렴해선 안 된다. 이는 선의 진행 방향을 역행해서는 안 된다는 것의 다른 표현이다. 한 번 발생한 가지는 단계가 진행될수록 분지되어야 하며, 가지를 통해 도출된 개념이 어느 단계에 나타났는지 논의할 수 있어야 한다. 만약 다른 가지와 만나 수렴하는 형상을 만들면, 파생이 진행되는 형상이 아니라 완료된 형상을 만든다. 이 같은 형상을 만들게 되면 닫혀 버린 시각 구조물과 같이 머릿속에서도 사고가 닫히게 된다.

여기서 독자들이 오해하지 않았으면 하는 부분이 있다. 어떠한 주제에 대해 시작부터 구체화에 이르는 전체 프로세스를 다룰 때는 당연히 진행 과정상 만들어진 판단들에 대한 합리성 검토가 끊임없이 이루어져야 한다. 따라서 의사결정 과정에서 다시 되돌아가 진행하고 또다시 돌아가 검토를 하는 수차례의 피드백과 함께 사고의 확장이 이루어져야 한다. '택시에서 업무를 보게 하는 방향이 과연 합리적인가?' 혹은 '컴퓨터와 같은 장비를 설치하는 것이 과연 현실적인가?'와 같이 계속해서 의심하고 아이디어가 더욱 합리적일 수 있도록 조정 과정을 거쳐야 한다. 하지만 뉴런워크를 중점적으로 활용하는 시기는 전체 프로세스 가운데 초기에 해당하는 개념화 지점으로, 이후에 본격적으로 집중할 수 있는 방향 자체를 설정하는 단계에 해당한다. 따라서 일반적 이해를 넓혀 고정관념을 탈피하는 시각을 얻도록 사고의 방향을 거꾸로 돌리지 않고 외부 영역으로 최대한 확장시켜야 창의적인 아이디어를 발견할 가능성을 높일 수 있다.

Five : G5, 최소 5단계 이상 확장한다

뉴런워크의 세 번째 규칙은 최소 G5까지 확장해야 한다는 것이다. 중심어를 G0으로 설정했을 때 하나의 선을 통해 파생되어 나온 단계를 G1이라고 부른다. 뉴런워크는 최소한 G4에서 G5 혹은 그 이상까지 확장시키는 것을 권장한다. 왜냐하면 G1과 G2는 중심어로부터 직접적으로 파생되어 나온 개념이기 때문에 중심어와 밀접한 관련성을 갖는 개념일 가능성이 크다. 다시 말해 아직 G1과 G2에 나오는 개념들은 여러 사람이 서로 다른 종이에 작업한다 해도 꽤 비슷한 내용이 나올 정도로 중심어의 프레임 안에 속해 있는 개념들일 것이다. 직접적인 관련성이 높다는 것은 아직 개념이 일반적인 고정관념 속의 '당연한' 내용일 가능성이 크다는 뜻이다.

2002년 노벨 경제학상을 수상한 심리학자이자 경제학자인 대니얼 카너먼Daniel Kahneman은 사고에는 시스템 1과 시스템 2가 있다고 했는데, 시스템 1은 거의 혹은 전혀 힘들이지 않고 자발적 통제에 대한 감각 없이 자동으로 빠르게 작동하는 사고라 했다. 시스템 1은 낯익은 일상의 사건 처리에 용이한 즉각적 사고다. 시스템 2는 복잡한 계산을 포함해 노력이 필요한 정신 활동에 관심을 할당하는 느린 사고다.[24] G1와 G2는 시스템 1이 작동하는 영역으로 여기에서 사고의 확장을 멈추게 된다면 휴리스틱에 입각한 사고로 결론 낼 가능성이 커진다. G3과 G4에서는 어느 정도 중심과의 관련성을 가지면서도 점차 상관성이 낮아지기 시작한다. G6부터는 중심에서 멀어져 상관성이 낮은 개념이 나오는 곳이라고 할 수 있다. 상관성이 낮다고 해서 필요 없는 개념이라는 것은 아니다. G3과 G4부터는 시스템 2의 작동이 필요하며 느린 사고를 통해 활용하지 않던 두뇌의 영역과 더불어 생각하지 못한 분야의 내용을 의도적으로 활성화시키게 된다. 따라서 G4에서 하나 더 나아가 G5까지 최대한 사고의 범위를 넓혀 연관성을 보유하면서도 새로운 영역과의 연결 통로를 확보할 수 있도록 권장한다. 이로써 우연히 떠오르는 번뜩이는 창의성에 의존하는 것이 아닌, 스스로 통제하고 제어할 수 있는 창의적 아이디어를 개발할 수 있게 한다.

같은 중심어를 갖고 뉴런워크를 시작해도 사람마다 사고 확장의 정도에 따라 파생시키는 개념과 단계에 차이를 보일 수 있다. 어떤 사람은 가까운 단계 내에서 좋은 단어를 얻을 수 있는 반면, 어떤 사람은 아주 많은 단계를 거쳐야 비로소 좋은 단어를 얻는 경우가 있을 수 있다. 그러나 G5 정도의 단계에서는 중심어와 관련성의 밀접함과 느슨함이 적절하게 공존하여, 중심어와 상관성을 보유하면서도 외부 영역과 연결성도 가질 수 있는 요소들이 도출될 확률이 높다. 실제 뉴런워크

24 Kahneman, D., 이진원 역, 《생각에 관한 생각》, 김영사, 2012, p. 13, 33

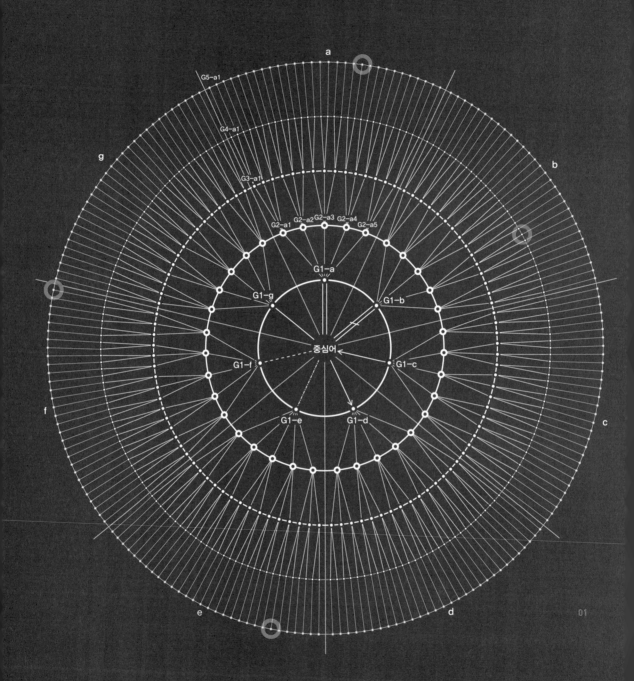

작업을 하다 보면 두세 단계를 파생시키는 것도 매우 어렵다는 것을 알 수 있을
것이다. 실제 나도 G3과 G4 정도가 되면 머리가 굳은 것 같은 느낌이 들면서 꺼낼
단어가 잘 떠오르지 않는다. 그만큼 일상적으로 행하는 사고 범위가 한정되어
있다는 뜻이 되겠다. 만일 독자들이 G3 정도의 지점에서 확장 작업의 한계를
느낄지라도 포기하지 말고 추가 확장을 만들어 G5까지 밀도 있는 작업을 하길
바란다.

연관성에 의해 파생된 개념들 가운데 중심 근방에 위치한 개념은 약간의 진척이
있을 뿐 혁신적인 아이디어로 이어지기는 어렵다. 연관성을 유지하면서도
혁신적이기 위해서는 조금 더 먼 곳까지 나아가야 한다. 영국의 생물학자 리처드

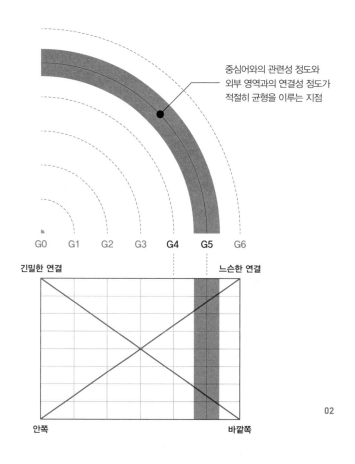

중심어와의 관련성 정도와
외부 영역과의 연결성 정도가
적절히 균형을 이루는 지점

긴밀한 연결　　　　　　　　느슨한 연결

G0　G1　G2　G3　**G4**　**G5**　G6

안쪽　　　　　　　바깥쪽

01
G1-G2 지점은 중심어와 직접적으로 연결되
어 보편적이며 일반적인 개념이 나타난다.
G3-G4 지점부터 서서히 관련성이 줄어들기
시작한다. G5 지점은 중심어와 관련성을 보
유하면서도 창의적인 연결을 할 수 있는 가능
성이 크다. G6 이상은 중심어와 관련성에서
거리가 멀어진다

02
합리성에 기반한 창의적 아이디어 생성 지점

02

도킨스Richard Dawkins는 그의 저서 《눈먼 시계공》에서 생물의 진화 시뮬레이션 프로그램을 활용한 '바이오모프Biomorph 실험'을 보여준다. 그는 바이오모프 프로그램 안에서 기본 형태인 점으로부터 한 세대를 거듭할수록 아주 조금씩 점진적으로 형태가 변화하는 28단계의 과정을 보여준다. 서로 인접한 단계에 있는 형태들은 길이와 각도, 가지의 개수 등이 매우 비슷한 형상을 보이지만, 1단계와 28단계의 형태는 서로 형상이 너무나 달라 같은 곳으로부터 출발했다고 믿기 어렵게 만든다. 11단계에서 12단계로 이동하는 것은 혁신이 아닌 한 단계의 진화일 뿐이지만, 12단계에서 27단계로 이동하는 것은 혁신이라고 볼 수 있다. 리처드 도킨스는 단세포 생물로부터 인간의 눈과 같은 복잡한 기관이 나오기까지 누적적 선택에 의해 수많은 진화를 거듭해야 했음을 언급한다. 단세포 생물이 무작위적으로 움직이며 벽에 부딪히고, 벽으로부터 다른 방향으로 다시 이동하는 방식으로 세상을 이해해야 했던 상황에서 빛을 활용하여 '볼 수 있는' 눈을 만들 수 있다면 '눈'이라는 개념을 만들어 내는 과정은 물론 혁신적인 생각임에 틀림없다. 하지만 생물학에서의 진화는 반드시 진보를 뜻하지는 않는다. 그리고 뉴런워크에서 단계를 거듭할수록 도출되어 나오는 개념이 바이오모프 프로그램에서 세대를 거듭할수록 얻게 되는 형상과 의미가 같지도 않다. 여기서 강조하고 싶은 부분은 약간의 개선이나 진화가 아닌, 일반적 프레임을 뛰어넘는 혁신적 아이디어를 얻을 수 있는 사고를 하기 위해서는 꽤 많은 단계의 뉴런워크 확장을 진행할 필요가 있다는 것이다.

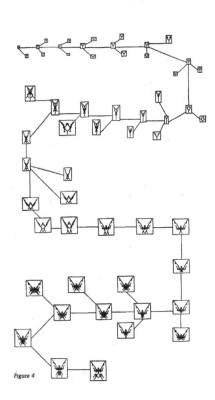

Figure 4

리처드 도킨스의 바이오모프 실험
Dawkins, Richard. *The blind watchmaker: Why the evidence of evolution reveals a universe without design.* WW Norton & Company, 1986.

Evenly : 고른 형태, 사방으로 고른 형태로 확장한다

뉴런워크의 네 번째 규칙은 각 방향으로 고르게 확장시켜야 한다는 것이다.
방사형으로 고르게 원형과 같은 형태를 만드는 것이 이상적인 모습이라고 하겠다.
혹자는 자유롭게 사고를 확장하는 데 제약을 주는 것은 모순이 아닌가 느낄 수도
있겠다. 사방으로 고른 형태를 만들기를 권장하는 이유는 다음과 같다. 우리는
누구나 어떠한 영역에 대해 익숙한 방식으로 인식한다. 같은 대상에 대해서도
사람마다 이해하는 시각이 다를 것이며 오랜 시간 반복을 통해 어떤 특정 방향으로
사고하는 것에 익숙해져 있을 수 있다. 그리고 개인이 가진 지식의 분야와 양에
따라 사고하는 방향과 범위가 자신에게 익숙하고 편한 쪽으로 치우칠 수 있다.
바로 이 점 때문에 뉴런워크의 구조적 확장 작업을 할 때도 익숙한 내용에
해당하는 방향으로 치우쳐 확장시키는 경우가 생긴다. 따라서 한쪽 방향으로 긴
막대형이나 특정 몇 개의 가지는 길게 이어 나가고 몇 개의 가지는 짧아 들쭉날쭉
일그러진 형상이 만들어진다. 이렇게 일그러진 형상을 만들게 되면 작업자가 평소
쉽게 사고하는 패턴의 영역에서 벗어나지 못함을 뜻할 가능성이 크다. 생각이
떠오르지 않는 부분은 짧은 가지의 상태로 두게 되어 그 방향으로 사고의 확장이
일어나지 않기 때문이다. G0에서 G1로 가면서 모든 종류의 선을 고루 사용했다면,
각 방향으로 뻗어 있는 선은 중심어에 대해 저마다 다른 각도의 영역을
활성화시키는 시발점 역할을 한다. 따라서 의식적으로 방사형의 균등한 단계로
파생시키도록 한다면 평소에 생각하지 않던 분야로 사고의 범위를 넓혀
고정관념을 벗어나게 해 주제에 대한 속성을 다각도로 충분히 탐구하는 결과를
얻을 수 있다. 더불어 이를 통해 외부 영역과 연결성을 확보할 수 있어 초기 예상을
넘어서는 아이디어를 개발할 수 있을 것이다.

Information : 정보 활용, 자료 조사와 병행한다

뉴런워크의 다섯 번째 규칙은 필요 시 외부 정보를 적극 도입해야 한다는 점이다.

뉴런워크는 기본적으로 작업자가 보유한 지식을 토대로 특정 주제에 대한 활성화 범위를 구조적으로 확장시키는 방식으로 진행한다. 인간은 사고를 통해 상상하여 머릿속에서 개념을 확산시킬 수 있지만 없는 사실을 만들어 낼 수는 없다. 뉴런워크에서 이루고자 하는 사고는 합리성을 토대로 한 창의적 연결을 이루는 아이디어를 만드는 것으로, 사실에 입각한 신뢰성 있는 작업을 하는 것이 필요하다. 하지만 머릿속에 모든 분야에 대해 모든 정보를 담아 둘 수 없기에 뉴런워크 작업을 하다 보면 지식의 빈자리를 마주하게 된다. 예컨대 특정 화학 물질과 특성에 대한 정보가 필요할 수도 있고, 어떤 지역의 정책을 정확히 알아야 할 수도 있다. 제품의 연도별 매출 추이를 알아야 할 필요도 있으며, 특정 집단의 문화적 특징을 알아야 할 수도 있다. 만약 정보의 불확실성에도 불구하고 자료 조사를 통해 객관적 지식, 즉 외부 정보를 확보하지 않는다면 불충분한 정보 때문에 합리적 의사결정이 이루어질 수 없을 수도 있으며, 그로부터 나온 독단적 결과물로 인해 사고의 신뢰성을 잃게 될 위험이 있다. 따라서 구체적 사실이나 정확한 수치와 같이 작업자의 기억 속에 미리 저장된 정보는 없지만 뉴런워크 작업 과정에서 필요한 정보는 반드시 자료 조사를 통해 정확한 근거를 확보하며 진행해야 한다.

지금까지 설명한 다섯 가지 규칙은 모두 합리성과 창의성을 확보하기 위한 목적으로 개발된 규칙들이다.

뉴런워크의 규칙과
각 규칙의 목적

규칙	목적	
	합리성	창의성
Lines. 선선선	○	○
In to Out. 인투아웃		○
Five. G5	○	○
Evenly. 고른 형태		○
Information. 정보 활용	○	

첫 번째 규칙, 즉 모든 선을 갖추어 작업하는 목적은 중심어에 대한 다각도의 측면을 함께 검토하여 합리성을 높이기 위해서다. 동시에 익숙한 방향으로만 사고하는 것에서 벗어나 좀처럼 검토하지 않는 측면까지 사고의 활성화 영역을 넓혀 창의적 아이디어를 최대한 다양하게 확보하기 위해서다. 두 번째 규칙인 중심에서 바깥

방향으로만 진행하는 목적은 같은 자리에서 맴도는 사고의 굴레에서 벗어나
최대한 먼 영역까지 사고를 확장하여 창의적 아이디어의 연결 통로를 확보하기
위해서다. 세 번째 규칙인 G5까지 확장하는 이유는 주제의 한 측면을 이루는 관련
개념을 구조화하여 갖춤으로써 이해의 합리성을 높이기 위해서다. 동시에
중심어가 속한 고정관념의 영역에서 멀리 벗어남으로써 외부 영역과의 연결을
도모하여 창의성을 높이기 위해서다. 네 번째 규칙, 즉 사방으로 고르게 확장하는
목적은 고정된 인식을 의도적으로 극복하여 익숙한 방향으로만 사고를 주로 이어
나가는 습관을 탈피하고 익숙하지 않은 각도에 대한 사고 또한 충분히 함으로써
창의적인 시각을 갖도록 하기 위해서다. 마지막으로, 다섯 번째 규칙, 즉 자료
조사를 병행하는 목적은 편향된 개인의 시각에서 벗어나고 개인이 보유한 지식의
한계를 넘어 최대한 많은 정보를 확보하는 동시에 사실에 입각한 정확한 정보를
기반으로 사고하여 합리성을 높이기 위해서다. 이들 다섯 가지 규칙을 성실히
따른다면 합리성과 창의성을 갖춘 사고를 확장하여 문제를 해결할 수 있는 여러
가지 아이디어를 개발할 수 있을 것이다.

14 뉴런워크는 왜 필요한가

요리를 할 때 아무런 조리도구가 없을 경우 물에 씻어 날것으로 먹을 수 있는
재료거나 한입 크기의 재료가 아니라면 요리에 큰 지장이 생긴다. 반면 냄비와
프라이팬, 가스레인지, 도마, 칼, 주걱 등 기본 도구가 있다면 웬만한 요리는 해낼
수 있을 것이다. 더 나아가 때에 따라 얕은 냄비와 깊은 냄비, 바닥이 둥근 냄비,
거름망이 있는 냄비 등 하려는 음식을 요리하는 데 더욱 적합하게 만들어진 도구를
사용하면 요리가 더욱 쉬워지며 능률도 그만큼 오른다. 이렇듯 적절한 도구를
사용하면 일을 쉽고 효과적으로 처리할 수 있다. 사고 또한 마찬가지다. 우리
머릿속에서는 끊임없이 사고가 일어나기 때문에 사고를 하고 있다는 사실을

의식하지 않기도 하며, 특별한 도구 없이도 쉽게 사고할 수 있다. 그러나 무언가 답을 찾고자 할 때, 특히 처음 접하는 문제나 중요한 문제를 새로운 시각으로 해결하고자 할 때에는 도구의 도움을 받는 것이 효과적일 수 있다.

어렵거나 난생처음 보는 문제를 맞이할 때, 우리는 문제를 해결하기 위해 최대한 많은 방법을 찾아보고 검토할 것이다. 과거의 비슷한 사례도 참고하고, 문제의 유형을 파악하여 해당 유형에 관한 이미 정립된 전문적 방법도 수소문해 볼 것이며, 그마저도 어렵다면 엉뚱한 방식일지라도 가능한 모든 시도를 하여 해결 방법을 찾을 것이다. 반면 일상적인 문제에 대해서는 심리적으로 편안한 마음을 갖고 쉽게 답을 낸다. 이미 우리는 대처 방법을 알고 있고 오랜 시간 동안 경험이 축적되었기 때문이다. 따라서 문제의 배경을 새로이 파악할 필요도 없고 해결 방법을 연구할 필요도 없으며 많은 시간을 투자할 필요도 없다.

이러한 일상적인 문제를 기존에 대하던 방식 그대로 해결한다면 일상에서 동의받고 인정되는 답은 낼 수 있겠지만, 반드시 최고의 답을 낸다고 하기는 어렵다. 일상적인 문제는 일상적으로 해결하는 방식을 벗어나 새로운 시각으로 바라보기 쉽지 않기 때문이다. 따라서 사고 도구를 사용하여 스스로의 사고를 진단해 보는 것은 매우 중요하며, 도구의 도움을 받아 일반적으로 사고가 미치는 범위를 뛰어넘는 시도를 할 필요가 있다. 어떤 문제에 대해 사고하는 방식이 우리도 모르게 머릿속에서 이미 익숙해져 버려 새로운 관점으로 접근하는 데

다양한 요리도구 이미지
Williams Sonoma사의 제품
출처: 레드닷 홈페이지

장벽으로 작용하고 있을지 모르기 때문이다.

쉬워지고 익숙해지는 것은 효율성이라는 큰 가치를 주지만 그만큼 경계해야 하는 부분이기도 하다. 처음 운전을 배울 때는 주행 기어가 몇 번째에 있는지, 브레이크 페달이 왼쪽인지 오른쪽인지, 방향지시등과 와이퍼 레버가 왼쪽인지 오른쪽인지 등 기본적인 내용조차 숙지되지 않아 집중해 위치를 찾아가며 조작해야 한다. 이런 상태를 두고 운전이 미숙하다고 표현한다. 교통사고를 내지 않고 올바르게 운전을 하고 있다 하더라도 운전하는 당사자는 신호등을 보고 옆 차선을 살피며 앞 차와의 간격을 조절하느라 머릿속이 복잡해져 왼발과 오른발을 헷갈리기도 하고 방향지시등을 제때 표시하지 못할 수 있다. 그러나 일 년이 지나면 기어의 순서, 왼발과 오른발, 앞 차와의 간격에 대한 생각은 전혀 하지 않은 채 운전하고 있는 자신을 발견하게 된다. 오히려 운전하는 중에 업무 계획을 세우거나 라디오에서 나오는 노래를 따라 부르며 동승자와 담소를 나눌 수 있게 된다. 이런 상태를 두고 운전에 익숙해졌다고 한다. 운전이라는 반복된 행동에 대한 세세한 사고를 더 이상 하지 않게 된 것이다. 운전에 할애하는 사고의 노력을 줄여 '효율적'으로 그 시간에 다른 사고를 할 수 있게 된 것이다.

사람은 효율성에 입각한 진화를 해왔다. 갓난아이에게는 세상에 처음 태어나 마주치게 되는 모든 것이 새로운 궁금증투성이기 때문에, 다시 말해 세상을 대하는 데 미숙하여 세상을 파악하기 위해 호기심 가득한 눈으로 바라보고 물건을 만져 보고 입에 넣어 보는 탐색 시간이 많다. 그러나 자라면서 세상에 익숙해져 쌓여 가는 정보를 기반으로 매일 일정 부분 반복되는 패턴과 새로운 사건을 분류하여, 무의식 중에 빠른 결정을 해야 하는 부분과 새롭게 판단해야 하는 부분을 구분할 수 있게 된다. 그럼으로써 같은 시간에(지구상에 있는 모든 사람에게 똑같이 주어진 하루 24시간) 새로운 일을 충분히 탐색하여 처리할 수 있도록 시간과 에너지를 안배할 수 있게 된다. 반복되는 비슷한 패턴의 문제를 해결할 때, 그때마다 새로운 사고를 통해 답을 도출하는 것은 효율성이 떨어지기 때문이다. 만일 아침에 눈을 떠 맞이하는 모든 현상에 대해 매일 새로이 판단해야 했다면, 인류는 위험 상황에 효과적으로 대처하지 못해 진작에 멸종되었을지 모른다. 매일같이 반복되는 참새가 짹짹 지저귀는 소리를 파악하는 것과 갑자기 호랑이가 나타난 특수 상황에서 호랑이의 정체를 파악하는 데 같은 에너지를 쏟았다면 너무나 쉽게 습격당했을 것이다. 다행히 우리는 익숙하기에 무시해도 되는 부분과 그렇지 않은 특수 상황을 구분하여 대응할 수 있는 능력을 갖고 있다.

실제로 우리 뇌의 신경세포망에서도 반복되는 문제는 사고를 처리하는 경로를 줄여 에너지를 효율적으로 소비하도록 한다. 익숙하게 이루어지는 사고는 뉴런 간의 네트워크를 견고하게 만들어 빠르게 목적지로 정보가 도달되게 한다. 따라서 익숙한 문제는 그만큼 신속하게 처리한다. 익숙해져 효율성을 높이는 것은 커다란 장점을 주지만 오히려 똑같은 방식으로 해결하는 패턴에 적응하게 만들어 함정에 빠지기 쉽다. '비슷한' 문제를 '똑같은' 문제라고 착각하기는 정말 쉽기 때문이다. 실제로 '똑같은' 문제는 세상 어디에도 없다. 비슷한 환경에 비슷한 이유로 비슷한 요소가 연관되어 비슷한 현상을 보일 수는 있지만, 단지 그때 그 시간에서 그 환경에서의 사례일 뿐이다. 따라서 오늘 이 순간에 똑같아 보이는 현상이 나타난다 해도 완벽히 똑같을 수는 없다. 연관된 사람의 생각도 달라져 있고, 환경도 달라져

특정한 사고방식이 고정 되면 물리적인 경로 또한 견고하게 고정되어 새로 운 사고를 하기 어렵게 만 든다.
Bullmore, E. and Sporns, O., 2012. The economy of brain network organization. *Nature Reviews Neuroscience*, *13*(5), p.336.

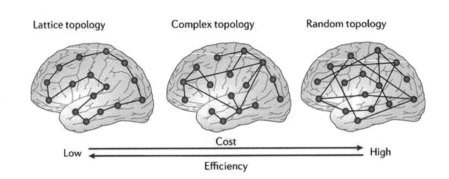

있으며, 시간도 다르고, 경쟁자의 마인드 등 모든 것이 달라져 있을 수 있기 때문이다. 이처럼 고정관념이라고 표현할 수 있는 익숙함은 새로이 사고를 해야 하는 상황에서 결정적인 차이를 무시하고 똑같은 방식으로 답을 지어 버린다. 게다가 뇌 속의 신경세포망까지 익숙한 패턴을 견고하게 만들어 익숙한 문제를 새롭게 해결하는 것을 물리적으로도 어렵게 만든다.

따라서 문제를 접할 때마다 고정관념을 버리고 새롭게 접근할 필요가 있다. 하지만 현실적으로 우리가 해결해야 하는 문제는 합리성과 창의성이라는 상반된 두 속성을 갖추어야 하기에 두 가지를 동시에 충족시키기는 쉽지 않다. 시각적으로 조직화된 구조를 형성하며 진행시키는 도구 없이 머릿속으로 익숙해진 방식으로만 사고한다면 절차와 구조, 요소 등의 운영이 체계적으로 이루어지지 않아 방향을 잃거나 사고했던 바를 금세 잊기도 하고, 자신에게 익숙한 일상적인 생각의 범위를 벗어나지 못할 경우가 많다. 여기서 일상적 문제는 반드시 생활 속의 문제만을 뜻하지 않는다. 직업상 전문성이 필요한 일의 경우에도 마찬가지로 일상적으로 반복하여 처리하는 부분이 있다면 경험이 쌓여 직관으로 판단하게 된다. 상황에 따른 공식이 생기는 것과 같다. 그러나 공식이 만들어짐에 따라 공식 이외의

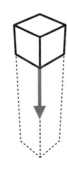

한 가지를 깊이 탐구하는 접근과 다각도로 바라보는 접근

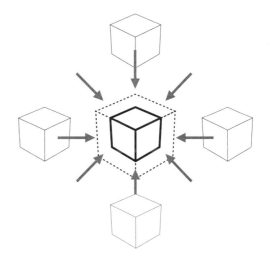

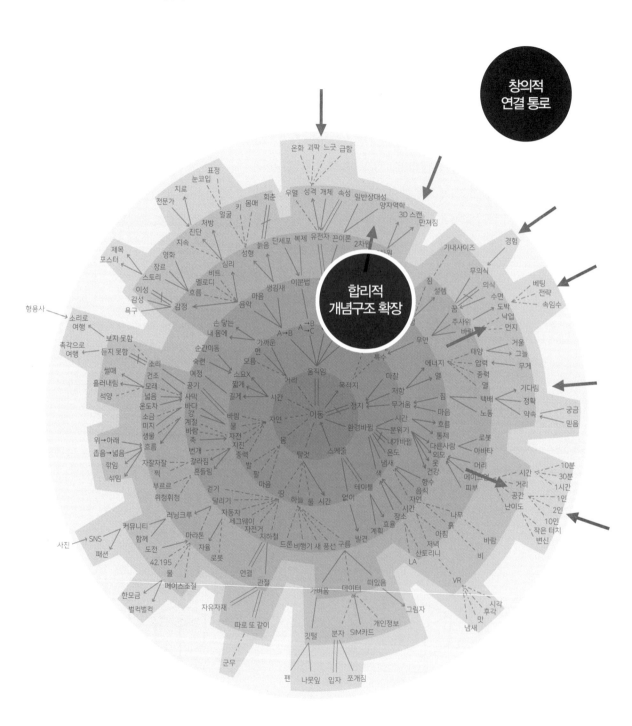

합리적 구조 확장과 창의적 연결 통로를
확보하는 뉴런워크

25 Duggan, W., 윤미나 역, 《제7의 감각: 전략적 직관》, 비즈니스맵, 2008, p.22-23.

방법으로 탐구하는 것을 좀처럼 시도하지 않는다. 능숙한 분야에서 사고가 빠르게 작용하는 '전문가 직관expert intuition'으로부터 '전략적 직관strategic intuition'[25]의 능력을 갖추려면, 도구의 도움으로 항상 새로운 연결을 만드는 능력을 훈련할 필요가 있다.

주체적 사고를 통해 성공적 결과물을 개발하려면 우선 그 문제에 대해 충분하게 이해해야 하며, 그러기 위해서는 여러 가지 측면을 다각도로 동시에 고려하는 과정을 거쳐야 한다. 일반적으로 어떠한 문제에 대한 사고를 할 때는 그 문제에만 집중하여 깊이 몰입하게 된다. 예를 들어, 펜에 대해 새로운 상품을 개발하는 경우, 펜의 기능을 어떻게 개선할 것인가, 추가할 기능이 있는가, 펜의 소재를 바꾸어 볼 것인가, 펜의 크기를 바꿀 것인가, 잉크의 용량과 색깔을 바꿀 것인가, 촉의 굵기를 바꿀 것인가, 펜의 형태를 바꿀 것인가 등과 같이 펜에 입각한 소재와 크기, 용량, 형태 등의 변경을 검토한다. 그러나 이러한 접근은 펜이라는 이미 일반화된 제품의 규명된 성격과 형식에 사로잡혀 현재 우리가 인식하는 상태와 범위를 뛰어넘는 사고를 하기 어렵게 만든다.

언제나 더 나은 방법이 있을 수 있다는 가능성을 두고 문제를 항상 새롭게 바라보는 것은 매우 중요한 일이다. 고정관념을 뛰어넘는 사고를 하려면 당연하게 여기는 범주를 벗어난 외부 영역에 문제 해결의 가능성이 있는지를 탐색해야 한다. 하지만 세상에 존재하는 모든 영역(실제 세상에는 구분된 영역이 없지만)의 방대한 측면을 모두 검토하는 것은 현실적으로 매우 어려운 일이며, 제한된 시간 안에서 해결하기에 효율적인 방법이 아니다. 아무리 익숙한 방식을 벗어나 새롭게 시도하고자 해도 효율성은 확보한 채로 진행해야 한다. 따라서 문제에 해당하는 범위와 관련성이 높은 범위로 우선 국한하여 확보된 범위를 확장시켜 다른 영역과의 연결고리를 확보하는 것이 효과적이다.

뉴런워크는 하나의 개념을 구조적으로 확장시켜 사고를 디자인하는 작업이다. 여기서 개념은 사고의 세 가지 기본 원리(주제, 요소, 연결) 중 주의 집중을 하게 하는 '주제'에 해당하는 것으로, 특정 내용의 본질을 이해하기 위한 시작점이 된다.

뉴런워크는 중심어 혹은 중심구句(혹은 어떠한 개념을 나타내는 아이콘과 같은 그림)로부터 시작하여 그 주제의 근본 목적에 대한 속성 탐구를 통해 주제를 확장적으로 이해하고, 고정관념을 벗어난 외부 영역과의 연결 통로를 넓히는 작업이다. 하나의 개념에 관한 가지를 뻗어 외부와 접촉할 수 있는 표면적을 넓힘으로써 주제와 유관하면서도 전혀 새로운 연결의 실마리를 찾고자 하는, 즉 합리성을 바탕으로 한 창의적 접근을 하는 사고 디자인 방법이다.

이때 주제를 대표하는 중심어를 어떻게 설정하느냐에 따라 혹은 작업자가 그 주제를 어떻게 이해하고 있느냐에 따라 뉴런워크를 통한 사고 디자인 결과는 달라질 수 있다. 그리고 같은 중심어를 설정하였다 해도 문제의 목표에 따라 구성요소들의 내용이 달라질 수 있다. 예를 들어, '나무'와 '목재'는 근본은 같더라도 그 단어로부터 파생되는 개념들은 다를 수 있다. '나무'로부터 시작하면 숲과 토양, 일조량, 열매 등의 연관이 높게 나올 수 있지만 '목재'로부터 시작하면 건축물과 내구성, 금속과 같은 그 밖의 재료 등의 내용과 먼저 연결될 수 있을 것이다. 그리고 '나무'로부터 어떤 사람은 종자의 구체적 이름과 서식지, 각각의 특성까지 사고의 범위가 미칠 수 있는 반면, 어떤 사람은 아주 기본적인 정보 수준에 그칠 수 있다. 또한, 같은 '나무'로부터 시작해도 '멋진 인테리어'를 목표로 삼을 때와 '효율 높은 연료'를 목표로 삼을 때는 같은 단어로부터 확장되는 개념의 구조가 달라질 것이다. 그 이유는 뉴런워크는 기본적으로 개인이 가진 지식의 구조structure of knowledge[26]를 기반으로 하기 때문이며, 문제의 특성에 따라 개인의 이해를 기반으로 보유한 정보의 구조를 새롭게 재구성하는 작업이기 때문이다.

26 개인이 보유한 지식은 고정된 형태가 아니며 주제에 따라 그 주제의 특성에 맞는 "적합한 구조(optimal structure)"로 새롭게 조직될 수 있다.
Bruner, J.S., 1966. *Toward a theory of instruction* (Vol. 59). Harvard University Press.

¹⁵
뉴런워크의 간단하지만 중요한 비밀

뉴런워크는 주제에 대한 다각도의 고찰로부터 시작된다. 그러나 일반적으로 어떠한 주제에 대한 이해를 시작할 때 'A══════B'의 형식을 벗어나기는 생각보다 어렵다. 예를 들어, '가방 ═══ 담는 도구' 혹은 '가방 ═══ 들거나 매는 도구'와 같은 정도에 그치는 것과 같다. 하지만 어떤 개념의 속성을 깊이 파악하려면 다양한 각도에서 바라보고 이해해야 한다. 사람을 이해하는 경우를 생각해 보면 쉽다. '영희 ═══ 내 친구' 혹은 '영희 ═══ 여자' 이상의 측면을 고려해야만 한 사람을 온전히 이해할 수 있다. 즉, 그 사람의 현재 모습과 더불어 살아온 시간, 주변 환경, 특정 사건, 타고난 성격, 생활 습관, 옷차림 등의 다양한 각도를 복합적으로 파악해야 하는 것과 같이 주제를 이해하려면 순간 떠오르는 범위 이상까지 의식적인 확장을 해야 한다.

이때 다양한 각도의 검토는 어떠한 관계의 측면으로 바라보는가로 표현할 수 있다. '가방 ═══ 담는 것'이라고 했을 때 양쪽은 같은 역할을 표현하는 것으로 서로 '같은 것'이라는 관계로 연결된다. 만약 '가방 ═╪═ 담지 않는 것'이라고 한다면 서로 '반대되는 것'이라는 관계로 연결된다. 이때, 가방의 반대 개념인 '담지 않는 것'이라는 의미보다 한 개념과 다른 하나의 개념 간의 연결 관계를 파악하는 것이 중요하다는 것이 핵심이다.

개념 간 관계의 종류는 의미적 관계semantic relations의 구분을 참고할 수 있다. 학자마다 의미적 관계의 종류와 수를 구분하는 기준은 다르다. 의미적 관계가 몇 가지 종류에 모두 정리된다고 주장하는 학자도 있으며, 특정 숫자에 국한되지 않는다고 주장하는 학자도 있다.

뉴런워크에 사용하는 대표적 관계는 일반적으로 목적을 가진 사고를 할 때 검토해야 하는 주된 측면들로 선정하였고, 경우에 따라 또 다른 관계를 추가로 사용할 수도 있겠다. 뉴런워크에서 사용하는 주된 관계는 일곱 가지다. 일곱 가지로 선정한 이유는 인간이 정보를 단기기억 속에 보관하여 처리할 수 있는 가장 이상적인 종류의 수가 일곱 개이기에[27] 뉴런워크를 처음 접하는 사람도 모든 관계를 빠짐없이 상기시켜 다각도의 사고를 쉽게 할 수 있게 하기 위해서다. 또한, 일곱 가지의 관계가 사고에 필요한 관계를 대부분 연결시켜 주기 때문이다. 이때 선의 종류를 포함한 도구의 규칙에 해당하는 사항은 작업자의 단기기억에

27 Lisman, J.E. and Idiart, M.A., 1995. Storage of 7+/-2 short-term memories in oscillatory subcycles. *Science, 267*(5203), pp.1512-1515.

저장하여 사용하지만, 도구를 통해 확장시키는 사고 내용은 기본적으로 작업자의 장기기억 속 지식표상knowledge representation을 기반으로 한다.

뉴런워크에서 주로 사용하는 일곱 가지는 같은 개념의 관계, 반대되는 개념의 관계, 유사한 개념의 관계, 어떤 것의 원인이 되는 관계, 해당 개념으로부터의 영향 혹은 결과에 대한 관계, 해당 개념을 수단으로 할 수 있는 관계, 관련성은 있으나 명확히 구분 짓기 어려운 모호성을 띠는 관계다.

의미적 관계(semantic relations)의 종류

Hjørland의 구분	Murphy의 구분	Storey 의 구분	
Active relation	Synonymy	Inclusion	Class
			Meronymic
			Spatial
Antonymy	Antonymy	Possession	
Associative relation	Contrast	Attachment	
Casual relation	Hyponymy	Antonyms	
Homonomy	Meronymy	Synonyms	
Momonymous relationsips		Case	
Instance-of relation			
Locative relation			
Meromymy, partitive relation			
Passive relation			
Paradigmatic relation			
Polysemy			
Possessive			
Related term			
Synonymy			
Temporal relation			
Troponymy			

01
관계에 따른 일곱 가지 선

02
새로 만들어 사용할 수 있
는 다양한 선

뉴런워크는 중심어로부터 일곱 가지 개념을 상징하는 선을 긋는 것으로 시작한다.
해당하지 않는 관계가 있다면 새로 선을 만들고 그 선에 관계를 부여하면 된다.
모든 선을 먼저 그은 후 그 선에 대한 개념을 선의 끝에 적거나 그린다.
이때 개념을 표현하는 방법을 문자text에 국한할 필요는 없다. 어떠한 개념을
명확하게 시각화하는 데 필요한 수단은 모두 활용해도 좋다. 예를 들어, 어떠한
것의 형태가 네모난 것을 표현할 때 '사각형'이라는 단어로 적을 수도 있지만
그림으로 표현한다면 실제 작업자의 머릿속에 있는 네모난 형태를 더욱 근접하게
시각화할 수 있을 것이다.

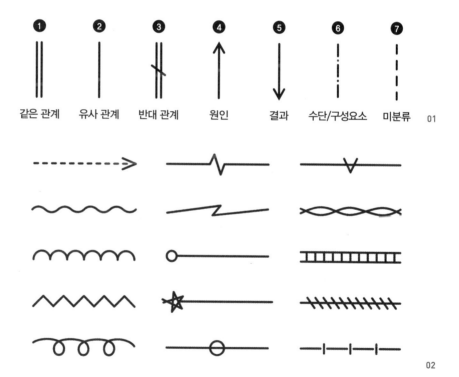

① 같은 관계   ② 유사 관계   ③ 반대 관계   ④ 원인   ⑤ 결과   ⑥ 수단/구성요소   ⑦ 미분류   01

02

글 이외의 시각적인 표현 방식을 사용하는 경우 장점은 바로 해석의 단계를 줄여
준다는 데 있다. 언어로 표현된 '사각형'은 문자로 남게 되고 그 개념을 이해하려면
해당 문자를 다시 읽어 문자가 담은 '사四+각角+형形'을 머릿속에서 해석해야

네모난 형태를 떠올릴 수 있게 된다. 반면 그림으로 표현된 사각형은 시각적 상징물이 이미 네모의 형태를 띠고 있기 때문에 더욱 직관적으로 그 의미를 이해할 수 있다. 아울러 문자로 표현된 '사각형'에는 표현되지 않던 색과 크기, 두께, 모서리의 각진 정도, 깊이, 텍스처 등을 함께 나타낼 수 있어 문자로는 제한되는 의미까지 더욱 쉽게 담을 수 있다.

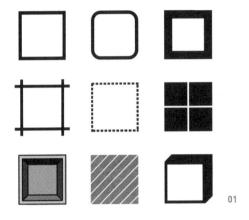

01

01
선의 모양, 두께, 재질, 모서리, 깊이 등이 다른 사각형

02
감각의 대역폭
(Bandwidth of our senses)
출처: Information is Beautiful

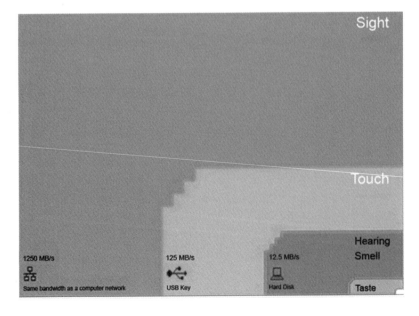

02

주역의 계사전에 "서부진언, 언부진의書不盡言 言不盡意"라는 말이 나온다. 글은 말을 다 표현하지 못하고 말은 뜻을 다 표현하지 못한다는 의미다. 말이 글로 표현되는 순간 말에 포함된 목소리와 어조, 길이 등이 나타나지 않아 글자 이상의 요소가 사라져 버린다. 마찬가지로 무언가를 말로 표현하는 순간 개념의 색깔과 냄새, 온도, 분위기, 감정 등 말로 표현할 수 없는 것들이 제한된다. 생각은 말도 글도 모양도 아닌 방식으로 이루어질 수 있다. 그러나 생각을 시각적으로 표현하며 천천히 진행하는 이점을 얻기 위해 뉴런워크 작업이 필요하다. 따라서 최대한 뉴런워크를 통해 만들어지는 생각의 시각적 표현은 최대한 의미의 제약을 줄이는 것이 좋다. 어떤 개념을 글로 적는 것이 의미를 표현하기에 가장 적합할 때도 있지만, 그림과 색, 명암 등을 활용한다면 더욱 의미 표현이 풍부해져 머릿속 생각을 최대한 눈앞에 근접하게 나타낼 수 있을 것이다.

디지털 환경에서는 더욱 많은 요소를 활용하여 개념을 표현할 수 있을 것이다. 그림뿐 아니라 움직임과 소리, 투명도, 영상 등을 첨부하여 붙인다면 더욱 풍부하게 개념을 표현할 수 있을 테지만, 종이와 펜을 활용하는 아날로그 상태에서는 그림을 그리는 방식을 문자와 병행하는 것만으로도 충분히 풍부하게 개념을 시각적으로 표현할 수 있다.

16 뉴런워크의 구조와 특성이 말한다

머릿속에서 일어나는 사고는 신체의 사고 중추기관인 뇌에 저장된 정보가 연결되며 이루어진다. 네트워크를 통해 정보가 서로 연결되고, 연결에 의해 합성과 융합이 만들어져 사고가 이루어진다. 서로 연결된 그물망인 네트워크 구조network topology는 몇 가지 형태로 분류할 수 있다. 이 중에 뉴런워크가 만드는 구조 또한 찾아볼 수 있다.

네트워크 구조는 크게 스타형과 버스형, 링형, 그물형, 트리형이 있으며, 그 외 완전 연결형과 복합형이 있다. 그 가운데 뉴런워크는 어떠한 특정 목적을 갖고 중심점에서 뻗어나가고 그로부터 또다시 개념이 파생되는 것이 반복되어 수많은 가지를 만들게 되어 결과적으로 트리tree 형태를 띠게 된다. 동시에 다각도의 측면에 대한 확장이 이루어지므로 방사형 트리 구조를 띤다. 따라서 전체적인 형태는 스타형의 각 가지에서 또 다른 가지가 파생되는 확장된 스타형으로 볼 수 있기도 하다.

구조적 특성

방사형 트리 구조를 만드는 뉴런워크를 보면 무언가와 닮았다는 점을 느낄 수 있을 것이다. 바로 우리가 아이디어를 떠올리고자 할 때 주로 쓰는 마인드맵과 구조적 형태 측면에서 유사하다. 중심어로부터 시작하여 가지를 만들어 연관된 단어나 이미지를 적으며 뻗어나간다는 점에서 마인드맵과 뉴런워크는 진행 과정에서 만들어지는 구조물이 형태적으로 공통점을 갖고 있다. 그러나 두 도구는 성격상 큰 차이가 있다. 사고와 연산 과정을 시각적으로 그려 상기시키는 마인드맵은 연관성을 나타내는 모든 개념을 적어 하나의 커다란 지도를 만들며 사고하는 방식이다. 반면 뉴런워크는 주제를 연관된 관계별로 활성화시키는, 다시 말해 연결의 관계를 먼저 규정한 뒤 그 관계에 맞는 개념을 찾아 표시하는 방식으로 차이가 있다. 뉴런워크는 시작점으로부터 어떤 개념이 파생되어야 할지에 대한 관계를 먼저 검토하여 그에 맞는 선을 사용한다. 따라서 주제를 연관된 관계별로 활성화시켜in-out 새로운 영역과의 연결성을 확보하는out-in 주체적 사고의 구조화 과정이다. 그렇게 중심어를 기점으로 선이 지정되고 선의 성격에 해당하는 복수의 개념을 도출시켜, 하나의 개념에 대해 구조적으로 확장하여 이해하는 방법이다. 예를 들어, '자동차'라는 개념에서 시작할 경우 마인드맵으로 작업할 때는 '종류', '부품', '가격' 등의 가지를 만들 수 있으며, 그다음 단계에 각각 '종류'로부터 '승용차', '승합차', '버스', '화물차'가, '부품'에서 '바퀴', '핸들', '기어'가,

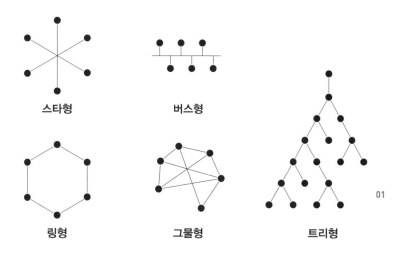

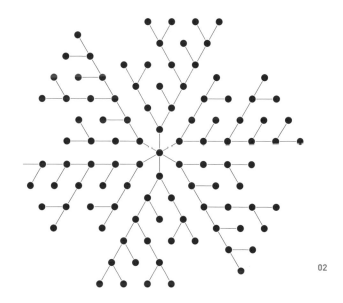

01
네트워크 구조

02
확장된 스타형과 방사형 트리 구조의 뉴런워크

'가격'으로부터 '저가', '중가', '고가' 등의 단어가 파생될 수 있다. 반면 뉴런워크에서는 같은 '자동차'라는 중심어로부터 다양한 관계를 상징하는 가지를 만드는 것으로 시작한다. 총 7가지의 가지를 반드시 사용해야 하는데 이때 '같은 관계', '유사한 관계', '반대 관계', '원인', '결과', '수단/구성요소', '규명하기 어려운 관계'의 선부터 먼저 긋게 된다. 그런 다음 각각 '같은 관계'에서 '탈것', '재산', '개인 공간'이, '유사한 관계'에서 '세그웨이(대체 이동수단)', '시계(사회적 위치)',

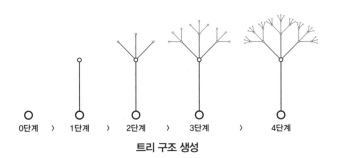

0단계　 〉　1단계　 〉　2단계　 〉　3단계　 〉　4단계

트리 구조 생성

방사형 트리 구조 생성 이미지

방사형 구조 생성

'장난감(취미)'이, '수단'에서 '이동', '휴식', '업무'가 도출될 수 있다. 형태상 비슷해 보이지만 접근과 사고의 성격상 큰 차이가 있다. 마인드맵은 '자동차'에 입각한 시각에서 개인의 머릿속 이해로부터 형성된 구조에 의해 가지를 만들지만, 뉴런워크는 1단계에서부터 폭넓게 자동차의 본질적 의미 탐색, 반대되는 의미, 유사한 다른 곳에서의 패턴, 활용처, 구성요소 등을 포괄적으로 검토하게 한다.

뉴런워크 작업 사례

뉴런워크를 활용한 사고의 확장을 해보자. 환경에 대한 사회적 관심과 의무가 높아지면서 커피 전문점들은 저마다 자신들의 로고가 새겨진 텀블러를 출시하고 있으며, 일회용 종이컵보다 텀블러를 사용하는 모습이 패션의 일부분으로 자리 잡아 의식 있는 사람의 세련된 라이프스타일로 인식되기도 한다. 나는 커피 마시기를 좋아하여 책상 위에는 항상 커피가 담긴 텀블러가 있다. 업무를 보거나 강의를 할 때면 특별한 경우를 제외하고는 텀블러를 사용하여 커피를 마신다. 내가 자주 사용하는 아이템인 텀블러에 대한 뉴런워크 작업을 해보았다.

텀블러는 오늘날 '보온병'의 의미로 많이들 받아들이지만 본래 의미는 손잡이가 없는 컵이다. 이러한 텀블러에 대해 새로운 아이디어를 얻으려고 사고를 확장한다고 가정해 보자. 일반적인 경우는 텀블러의 크기를 조정하거나, 형태에 변형을 주고, 소재를 달리하고, 경쟁사가 사용하지 않는 다른 색을 적용해 보며, 입이나 손 닿는 곳의 재질을 바꾸고, 뚜껑을 여닫는 방식을 편리하게 개선하고, 밀폐력과 보온력을 높이는 기술을 개발하는 등과 같이 텀블러라는 제품에 입각해 접근하는 경우가 많을 것이다. 그러나 뉴런워크 작업을 통해 사고를 확장하면 더욱 넓게 사고의 범위를 뻗칠 수 있다.

❶ 텀블러 ——— 용기 - - - - 단열재 ——— 절연체 ——— 열 절연체 - - - 찰흙

텀블러에 대해 뉴런워크를 진행한 결과물에서 1번 경로를 채택하면 열 전도성이

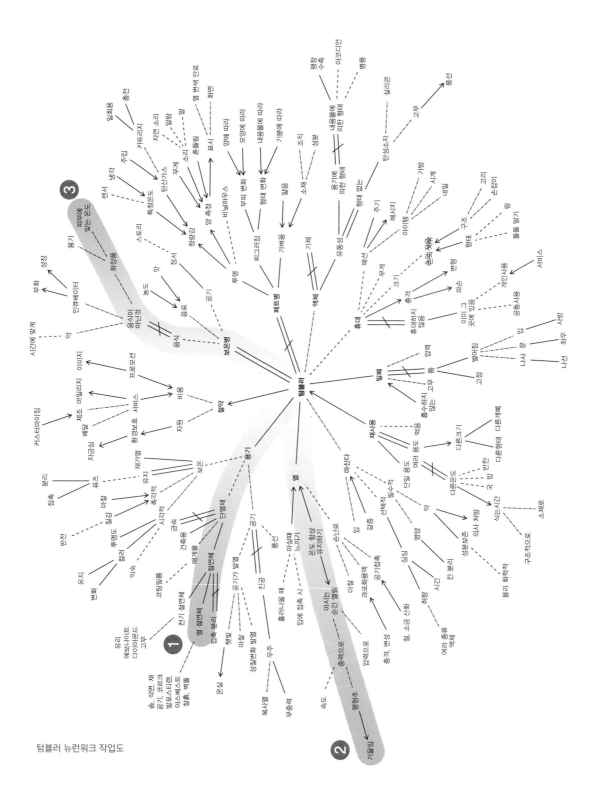

텀블러 뉴런워크 작업도

낮은 물질로 일반 용기를 감싸 진공 공간이 있는 보온병 같은 특수 용기를 사용하지 않아도 내용물의 온도를 뜨겁거나 차갑게 유지해 주는 아이디어를 만들어 낼 수 있다. 이를 활용하여 '음료나 유동식을 원하는 장소에서 원하는 온도로 먹기 위한' 목적을 실현하는 방법을 마련할 수 있다. 뉴런워크 과정에서는 '찰흙'이라는 물질이 기입되었지만 실제 개발에서는 일반적인 찰흙보다 더욱 보온력이 높으며 위생적이고 가공이 쉬우며 가공된 형태가 오래 유지되는 재료에 대한 탐색이 이루어져야 할 것이다. 핵심은 찰흙을 그대로 사용하여 그릇을 감싼다는 초기 아이디어를 시작으로 일반 용기가 보온 용기의 기능을 하도록 도와주는 매개체를 찾아 적용한다는 지점까지 사고를 도달시키는 것이다.

② 텀블러 ⎯⎯ 열 ⟵⎯⎯ 온도 항상 유지하기 ⎯⎯⟶

마시는 순간 열림 – · – 중력으로 – · – 평형추 ⎯⟶ 기울임

뉴런워크의 다른 경로를 선택하면 또 다른 아이디어를 만들어 낼 수 있다. 그림에서 2번 경로를 따라가면 '텀블러'에서 시작해 '기울임'에 도달한다. 텀블러를 활용해 내용물을 마시는 순간의 모습을 떠올리길 바란다. 한 손으로 텀블러를 들고 뚜껑을 연 다음 입으로 가져다 대어 병을 기울여 내용물을 마신다. 열을 보존하려면 주변 환경과 내용물의 온도가 같아야 한다. 내용물보다 주변이 차거나 뜨겁다면 평형 상태를 이루도록 온도가 변할 것이다. 텀블러의 몸체는 보온 역할을 충실히 한다 해도 음료를 마시려고 뚜껑을 열어 내용물이 공기 중에 노출될 때 온도의 변화가 생긴다. 따라서 마시지 않을 때는 뚜껑을 닫아 열의 손실을 방지했다가 마시는 순간 바로 열고, 마신 다음 다시 뚜껑을 닫는 것이 온도를 보존하는 가장 좋은 방법일 것이다.

하지만 뜨거운 커피 한 모금의 양이 10ml라고 가정했을 때 500ml 텀블러의 용량을 채운 커피를 다 마시려면 뚜껑을 50번 여닫아야 하기에 여간 번거로운 일이 아닐 수 없다. 따라서 마시지 않을 때는 닫혀 있다가 마시는 짧은 순간에만 열리고 다시

닫히는 방법이 있다면 내용물이 공기에 노출되는 시간이 짧아져 내부 온도가
최대한 보존될 것이다. 이렇게 마시는 과정에 반복되는 행태인 병의 기울임을
활용하여 몸체가 기울여질 때 뚜껑이 개폐되도록 중력을 이용할 수 있을 것이다.
몸체는 기울어져도 뚜껑은 평형 상태를 유지하기 위해서는 수평을 유지하기 위한
평형추가 뚜껑에 내장될 수 있을 것이다. 마치 누우면 눈을 감고 일어나면 눈을
뜨는 인형 눈의 원리처럼 말이다. 이를 통해 몸체의 기울기와 관계없이 뚜껑이
언제나 수평을 이루기 때문에 기울일 때에만 열려 내용물이 흘러나올 수 있게 할
수 있을 것이다. 이때도 마찬가지로 이를 현실화시키려면 자동으로 뚜껑이 닫힐 때
어떻게 해야 더욱 견고하게 닫히게 하여 다른 온도의 간섭을 차단할지에 대한
연구가 병행되어야 할 것이다.

③ 텀블러 ═══ 보온병 ‑ ‑ ‑ ‑ 음식 ╪

음식이 아닌 것 ‑ ‑ ‑ 화장품 ‑ ‑ ‑ 피부에 맞는 온도

또 다른 경로로 가보자. 3번 경로를 따라가면 '텀블러'에서 시작해 '피부에 맞는
온도'에 도달한다. 온도를 보존하고자 하는 내용물에 변화를 준 것이다. 온도
보존이 필요한 것은 음료와 같은 음식물뿐이 아니다. 휴대해야 하는 물질 혹은
집에 두더라도 간편하게 적정 온도를 유지하고자 하는 물질이 있다면 텀블러의
보온 원리를 적극 활용할 수 있을 것이다. 화장품이 바로 그것이다. 화장품을 담은
용기가 피부에 좋은 온도를 유지해 준다면 화장품의 기능을 최대한 활용할 수 있을
것이다. 예를 들어, 모공을 열 때는 따뜻하게 보존된 화장품을, 모공을 좁히고
탄력을 줄 때는 차갑게 보존된 화장품을 사용한다면 더욱 피부에 좋지 않겠는가?
그리고 전기를 활용한 화장품 냉장고보다 더욱 간단하고 저렴하게 원하는 상태로
보존이 가능할 것이며 부피 또한 작을 것이다. 이로써 텀블러를 단지 커피와 같은
음료를 담는 것에서 나아가 미용업계라는 새로운 시장으로의 진출을 꾀하는
제품을 개발할 수 있을 것이다. 물론 음료용 보온병이 화장품용 제품이 되려면

형태와 구조상 변형이 있어야겠지만 말이다.

지금까지는 뉴런워크의 가지로부터 출발한 경로들을 각각 살펴보았다. 그러나 전혀 예상치 못한 부분까지 나아가 새롭고 다양한 아이디어를 만들기 위해서는 서로 다른 가지에 있는 것들끼리의 결합을 함께 시도해도 좋다. 앞서 텀블러 뉴런워크 작업도에서 나타난 '투명도', '부피 변화', '서비스', '탄성 소재', '무중력' 등의 키워드를 활용하면 각 요소들을 텀블러의 영역으로 도입해서 혁신이 될 수 있는 아이디어가 도출될 수 있을 것이다.

이때 뉴런워크를 통해 만들어지는 아이디어는 초기 아이디어라는 점을 잊지 말아야 한다. '찰흙'과 '평형추', '화장품'은 초기 아이디어를 만들어 주는 키워드들이다. 이런 초기 아이디어를 더욱 다듬고 기술적으로 보완하며, 시장에 맞게 성격을 부여하는 과정을 거쳐야 비로소 현실적인 제품으로 개발될 것이다. 이처럼 서로 다른 것들의 연결을 통해 컨셉을 만들어 낼 수 있는 것은 컴퓨터의 인공지능과는 구분되는 사람만이 할 수 있는 능력이다. 사람에게는 전체와 맥락에 대한 이해를 밑바탕으로 어떠한 하나의 개념에 대한 경계를 느슨하게 이해할 수 있는 모호성이 있기 때문이다. 서로 다른 개념 사이의 교집합을 찾아내어 연결하는 '개념적 혼성' 능력을 갖고 있는 것이다. 이런 능력은 비가시적이고 무의식적인 활동으로 인간 생활 전반에 수반된다. 개념적 혼성이 갖는 놀라운 특성은 하나의 중추적 관계를 다른 중추적 관계로 압축할 수 있다는 점이다.[28] 이는 또한 게슈탈트 심리학에서의 모호성ambiguity과도 관련된다. 게슈탈트 심리학은 아리스토텔레스가 말한 "전체는 부분의 합보다 크다The whole is greater than the sum of its parts."를 기본으로 삼는 이론으로, 사람은 개별적 부분의 합보다 더 크게 이해할 수 있다는 원리를 가진 심리학이다. 게슈탈트 심리학은 주로 시각적 이미지의 지각에서 언급되지만, 본래 철학과 심리학으로부터 출발하였으며 요소가 분리된 상태일 때보다 연결될 때 더 큰 의미를 갖는다고 주장하는 학문이다.

28 Fauconnier, G., Turner, M., 김동환, 최영호 역, 《우리는 어떻게 생각하는가》, 지호, 2009, p.39, 452.

게슈탈트 심리학 중 유사
성의 원리

이 그림의 원들은 각기 떨어져 있는 별개의 요소들이다. 그러나 우리는 회색 원과
검은 원으로 구분하고 회색 원과 검은 원들이 가로로 일렬로 배열되어 선형을
이루고 있다는 것을 인지할 수 있다. 즉, 유사한 속성을 가진 요소들을 하나로 묶어
패턴을 이해하는 것이다. 다시 말해 우리는 모호성에 의해 점의 배열을 선과
유사하게 인식하는 능력을 갖고 있다. 시각적인 요소뿐 아니라 어떠한 개념에
관련해서도 우리는 모호성ambiguity으로 그 중간을 자연스럽게 연결시킬 수 있다.
따라서 우리는 뉴런워크를 통해 텀블러와 관련없는 물질을 도출시킬 수 있으며
그것을 다시 텀블러로 가져와 연결시켜 활용 방법을 모색할 수 있는 것이다.
모호성에 의해 범주화categorization가 가능하며, 이로 인해 혼잡하고 복잡한 개념과
상황 속에서 의미를 파악하고 쉽게 이해할 수 있으며 창의적 연결이 가능하다.
이는 논리적 명료성에 의해 침해되어서는 안 되는 매우 중요한 부분이다.[29]
뉴런워크를 통하면 이처럼 어떠한 주제에 대해 일직선의 선형 사고로 한 가지
관점으로 진행하던 것을 탈피하여, 접근을 다각화해 복수의 관점으로 주제와
유관하면서도 전혀 새롭게 접근할 수 있다.

29 Wasserman, E.A. and
Zentall, T.R. eds., 2006.
*Comparative cognition:
Experimental explorations
of animal intelligence.*
Oxford University Press,
USA.

주체적 확산

뉴런워크를 진행하다 보면 어떠한 문제에 대해 깊숙이 파고들어 갈 때 좀처럼
새로운 아이디어가 떠오르지 않던 것과는 달리, 작업물의 변두리에서 전혀 새로운
실마리를 발견하게 될 것이다. 초기에는 전혀 생각이 미치지 않았지만 뉴런워크
작업을 통해 얻게 되는 단어들이 있기 때문이다. 중심어로부터 확장 작업을
반복하게 되면 중심에서 멀어질수록 중심어와의 연관성이 낮은 단어들이

도출된다. 예를 들어, 텀블러에서 시작했을 때 '음식'은 비교적 가깝지만 '화장품'은 먼 영역의 단어인 것처럼 중심어에서 멀어질수록 일반적으로 중심어가 속해 있다고 여겨지는 영역과 연관성이 느슨한 단어들이 등장한다. 이처럼 처음 텀블러에 대한 고민을 시작할 때는 의도하지 못한 '의외'의 단어들을 얻게 되어 텀블러에서 시작하여 화장품 용기로의 활용 방법을 찾게 된다.

이렇게 연관성이 낮아지기 시작하는 지점은 바로 새로운 영역으로의 진입을 의미한다. 바로 이 지점이 창의적인 연결의 실마리를 얻을 수 있는 곳이다. 중요한 점은 연관성이 낮다고 느껴지는 단어들은 주제와 무관한 단어들이 아니라, 중심으로부터 단계적으로 파생되어 나온 개념이면서 동시에 새로운 연결을 만들어 주는 통로다. 이로써 우연히 떠오르는 무작위적 아이디어 발상과는 달리 중심 주제와의 연관성을 유지한 채, 사고하는 주체의 의지에 의해 외부 영역과 새로운 연결을 시도할 수 있다는 장점이 있다.

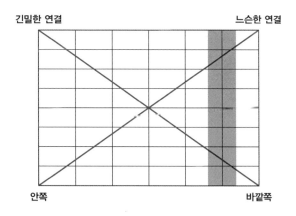

중심으로부터 위치별
도출 개념의 성격 변화

확장성

언어로 표현되고 문자로 표기되거나 그림으로 그려지는 등과 같은 시각적 매개체로 나타내기 이전의 개념은 본래 모양도, 크기도, 위치도 없다. 따라서 머릿속에서 떠올리는 개념은 개념의 본질적 의미에 근접하게 이해할 수는 있지만,

그 생각을 고정하는 매개체가 없기에 금세 잊혀지기도 한다. 뉴런워크는 눈에 보이지 않는 개념을 가시화하여 확보하고 각각과 연관된 개념을 도출하여 연결시키는 작업을 반복하여 무한대로 확장할 수 있게 한다.

뉴런워크의 무한대적 확장은 눈의 결정에서 가지가 생성되는 것이나 코흐의 눈송이와 같이 이론상 증식의 한계점이 없다.[30] 어떠한 부분을 반으로 나누고 그 반을 또 반으로 나누는 과정이 무한대로 이어지는 것과도 같다. 왜냐하면 개념은 연관된 개념을 불러오고 그 개념은 또 그에 연관된 개념을 불러오기 때문이다. 다만 뉴런워크와 코흐의 눈송이가 다른 점은 뉴런워크는 개념을 불러오면서 가지의 물리적 길이가 길어지는 반면, 코흐의 눈송이는 전체 크기에 변함이 없고 표면적이 늘어날 뿐이란 점이다.

뉴런워크는 방사형 트리 구조를 띠기에 중심으로부터 나온 가지에서 또 다른 가지가 나오고, 반복해서 또 다른 가지가 나오는 방식으로, 머릿속에서 활성화되는 영역과 개념의 확장에 있어 한계를 가지고 있지 않다. 이때에 단순히 '확장'만 한다면 조증 환자의 생각이 온갖 방향으로 발산하는 것과 유사할 것이다. 그러나

30 본 코흐는 스웨덴의 수학자로 최초의 프랙털 곡선의 하나인 무한 반복 분열하는 코흐(Koch) s Snowflake)의 눈송이로 유명하다. Wolfram Mathworld, Koch Snowflake, *mathworld. wolfram.com*, 2014

01

01
눈송이 이미지

02
코흐의 눈송이 이미지

02

뉴런워크는 반드시 중심어와 관련이 있고 목표지향성을 가지며 단계마다 바로 전 단계와 연결성을 갖는 선에 의해 개념이 확장되므로 통제적 발산을 만들어 간다. 즉, 그냥 '관련된' 개념 상기가 아니라 '규명된 관련'에 의한 상기이기에 다각도로 체계적으로 검토할 수 있는 것이다. 이로써 착상의 수를 늘려 목표에 이르게 하는 통로를 확장하여 좋은 아이디어를 낼 수 있는 가능성을 높인다.

도출 결과의 특성

뉴런워크를 활용하면 합리성을 보유한 채 창의적으로 확장할 수 있는 사고의 요소들을 생성할 수 있다. 뉴런워크를 통해 얻고자 하는 창의적 아이디어는 상상이나 무작위적 발상의 창의성과는 구별되는 합리적 창의성이다. 창의적이면서도 동시에 합리적 해결을 가능하게 해야 하기에 중심 주제와의 현실적 연관성을 유지해야 한다. 따라서 중심어로부터 연결의 성격이 부여된 선을 사용하고, 또 그 선을 명확하게 구분하여 사용하는 것이 필수이다. 뉴런워크의 목적 중의 하나는 중심어에서 뻗어나가 외부 영역과의 새로운 연결 가능성을 높이는 데 있다. 따라서 가능한 한 많은 가지를 만들어 외부와의 개념적 접촉 표면적을 넓히는 것이 중요하다.

새로운 아이디어는 말 그대로 새로운 곳에 있다. 뉴런워크 작업도에서 '새로운 곳'을 꼽자면 중심에서 멀리 떨어진 지점이라고 할 수 있겠다. 중심어와 인접한 주변에는 직접적으로 관련된 단어가 도출될 가능성이 크고, 몇 단계를 거듭하여 멀리 갈수록 관련성이 적어지면서 일반적으로 관련이 없다고 여겨지는 단어들이 도출될 가능성이 크다. 이렇게 관련이 없는 단어들은 중심어의 입장에서는 새로운 영역으로부터 온 단어다. 다음 그림에서 볼 수 있는 점들은 중심에서 뻗어나간 개념들 중 창의적 연결이 이루어지는 통로다. 다시 말해 문제를 해결하는 데 도움이 될 새로운 요소를 찾을 수 있는 지점들이다. 이런 점들은 그림의 오른쪽에 보이는 것처럼 중심에서 파생되어 나왔으면서 동시에 다른 영역에 본래 속해 있는

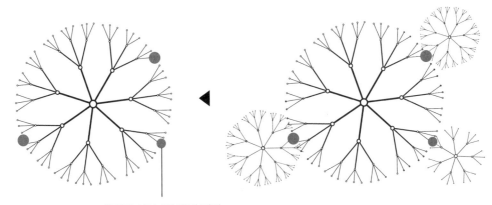

창의적 아이디어 발견 지점

뉴런워크 외곽과 외부 영
역과의 접점

개념들이다. 소속이 없는 개념은 없기 때문이다. 따라서 외곽에 있는 개념들을
활용할 경우 결과적으로 새로운 영역의 패턴을 도입할 수 있게 됨을 뜻한다.
예를 들어, 텀블러가 내용물을 보온하는 원리를 활용하여 화장품 용기를 만드는
아이디어의 경우는 '텀블러 영역'과 '화장품 영역'이 연결된 결과다. 그러나 우리는
앞서 살펴보았듯이 '텀블러'로부터 주체적으로 '화장품'까지 나아간 사실을 알고
있다. 화장품이 속한 영역 또한 확장해 보면 수많은 가지를 가진 영역이다. 따라서
결과적으로 음료를 담던 텀블러 영역으로부터 화장품 영역과 새로운 연결이
이루어진 것이다.
만약 뉴런워크와 같이 관계의 성격을 나타내는 선을 활용하여 주체적으로
확장하는 것이 아니라 무작정 새로운 연결을 시도한다면, 효율적이지 않을뿐더러
무작위로 선택된 제삼의 영역과 연결을 해야 하는 이유도 불분명할 것이다. 예를
들어 무작위로 텀블러와 다른 영역인 '우주인', '야생동물', '번개'와 같은 전혀 다른
영역의 단어를 꺼내어 볼 수는 있겠으나 여기서부터 어떤 방식으로 연결하여
아이디어를 개발할지에 대한 당위성은 떨어진다.
뉴런워크 작업을 더 효과적으로 해서 최선의 결과를 얻기 위해 다음 절에서는 몇
가지 사례를 통해 주의점을 알아보고자 한다.

17 뉴런워크 작업 시 주의할 점

지금까지 뉴런워크의 규칙과 필요성, 작용 방식, 구조, 특성에 대해 살펴봄으로써 뉴런워크에 대한 이해가 높아졌을 것이다. 이 절에서는 뉴런워크 작업을 할 때 작업자가 숙지해야 할 주의사항을 다룬다. 이는 뉴런워크의 다섯 가지 규칙만큼 중요하며, 규칙을 올바로 이행하는 데 뒷받침되어 더욱 효과를 높여 주는 기본 충족 요건이다.

깊이와 레벨

첫째 주의점은 정보의 깊이와 레벨을 구분해야 한다는 점이다. 뉴런워크 작업을 하다 보면 결과물이 시각적으로 구조적 형상을 띤다. 따라서 저절로 체계적으로 확장된 구조도가 만들어지는 듯하다. 하지만 구조를 구성하는 각 지점의 개념이 해당 선과 해당 단계에 적합하지 않다면 모양만 구조적일 뿐 실제 내용은 크게 도움되지 않는 경우가 생긴다. 예를 들어, 다음 그림에서처럼 '음료'는 '마트'로부터 구할 수 있는데 마트에서 '음료수'를 살 수 있다는 반복된 내용을 꺼내는 것처럼 말이다. 이처럼 작업자가 각 단계에서 도출해야 할 정보의 레벨을 파악하고 한 단계 들어가 그에 해당하는 수평적 항목들을 꺼낼 수 있어야 한다.

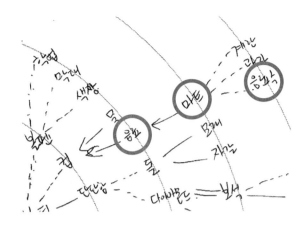

뉴런워크 개발 과정에서 진행된 실험에서는 모든 작업자가 동등한 환경에서
작업하도록 하기 위하여 컴퓨터나 스마트폰 사용과 같은 외부 정보를 입수할 수
있는 통로를 제한하였다. 또 다른 그룹에게는 문제를 해결하는 데 도움이 될 수
있는 정보를 별도로 제공하여 참고하도록 하여 합리성과 창의성이 높아지는지
관찰하였다. "6세 아동을 위한 장난감 디자인"이라는 주제를 위해 아동에 대한
이해를 돕는 기본 정보를 제공하였다. 주제 문항의 사용자인 6세 어린이의 안전,
학습, 발달 정도 등에 관한 정보를 제공하여 해당 연령대에 적합한 아이디어를
내는 데 유익하게 활용하는지 관찰한 것이다. 실험 결과에 대한 평가자는 디자인
교육에서 리서치 및 컨셉 도출, 전략개발, 디자인 구체화 및 현실화에 이르는 각
분야의 전문가로 구성하여 합리성과 창의성의 정도를 정량평가하도록 하였다.
실험을 하기에 앞서 예측했던 결과는 정보를 제공받은 그룹의 점수가 향상되는
것이었다. 왜냐하면 놀이가 곧 학습으로 이어지며, 연령에 따른 발달 정도에 따라
신체의 움직임이 다양화되고, 안전상 주의사항에 대한 정보를 통해 6세 아동에
대한 이해가 높아졌으므로 당연히 결과물의 점수가 높아질 것으로 기대했기
때문이다.
하지만 결과는 예측 밖이었다. 오히려 정보를 제공받은 그룹이 낮은 점수를 받은

학습

어린이에게 놀이는 세상을 배우는 과정이다. 어린이는 선천적으로 호기심이 많고 무언가를 시도함으로써 탐구한다. 어린이는 놀이를 통해 새로운 환경과 경험에 의 해 사회적 관계와 인지능력을 학습하고 감정을 성숙하게 하며, 자신감을 갖게 된다. 다른 어린이와 함께 하며, 활동적이고, 탐구한다. 스스로에게 그리고 다른 이와 대화를 하며 성장하게 된다. 신체적으로, 정신적으로 새로운 것을 시도하는 것을 배우며 연습하고 반복하며 즐겁게 배우게 된다.

다음은 어린이의 놀이가 갖추어야 할 요소이다.

- 놀이는 즐겁고 재밌어야 한다.
- 놀이는 목적이 없어야 하며, 사전 지식이 필요하지 않아야 한다.
- 놀이는 즉각적이고 자발적이어야 한다.
- 놀이는 신체활동이 수반되어야 한다.
- 놀이는 역할극이 수반된다.

발달

어린이는 놀이를 통해 성장하며 연령에 따라 신체발달 정도가 다르다. 신체발달은 두뇌발달에 영향을 준다.

4~5세
- 한 발씩 바꿔 가며 계단을 오르내리는 것이 가능해진다.
- 전보다 더 부드럽게 달린다. 한 발로 달리기도 하고 깡충 뛴다.
- 신체 회 전 능력이 좋아지고 물건을 던 질 때 하체에 체중을 실어서 던진다. 가슴을 이용하지 않고 한 손으로 물건을 받는다.
- 세발자전거 페달을 전보다 더 빨리 밟을 수 있고, 유연하게 운전한다.

5~6세
- 달리기 속력이 증가하며(초당 3.5m), 더 부드럽게 달린다.
- 정확히 위로 뛰어오르기를 하고 옆으로 걸을 수 있게 된다.
- 몸 전체를 이용하여 물건을 던지고 잡는다.
- 던지는 속도가 증가된다.
- 세발자전거 대신 보조바퀴가 달린 자전거를 탈 수 있다.

7~12세
- 달리기 속력이 더 증가한다(초당 5m 이상). 위로 뛰어오르기를 연속적으로 자연스럽게 하며, 옆으로 걷는 능력도 향상된다.
- 10~30cm 의 높이를 뛰어넘을 수 있다. 1~1.5m 이상의 너비를 뛸 수 있다. 정확히 뛰는 것이 가능해진다.
- 물건을 던지고 찰 때 의 거리가 길어지고, 속도가 빨라지며, 정확도 또한 증가한다.
- 온몸을 사용하여 방망이로 공을 칠 수 있다. 이때 치는 속도와 정확도가 높아진다. 공을 다루는 기술은 연속적이고 편안해진다.

안전

어린이에게 자주 발생되는 위험한 상황:

- 장난감을 삼키는 일
- 작은 부품에 의한 기도 막힘
- 날카로운 부분에 의한 상처
- 총과 같은 장난감에 의한 상해
- 자동차 같은 전동 장난감에 의한 사고
- 유해한 화학물질에 의한 피해
- 부품 사이에 손가락 끼임 현상

장난감을 만들 때 유의할 점:

- 천으로 만드는 장난감은 불이 붙지 않는 방염가공 되어야 한다.
- 봉제완구(인형)은 세척이 가능해야 한다.
- 색이 칠해져 있는 장난감은 납이 첨가되지 않아야 한다
- 미술도구는 무독성이어야 한다.

6세 어린이에 대해 제공된 정보

것이다. 4.00점 만점에서 정보를 제공받지 않은 그룹은 평균 2.12점을 받았고 정보를 제공받은 그룹은 2.04점을 받아 근소한 차이지만 점수가 더 낮았다. 기대했던 높은 점수를 받지 않은 것은 확실하다. 정보를 제공받지 않은 그룹은 합리성 점수를 2.45점, 창의성 점수를 1.69점 받았고, 정보를 제공받은 그룹이 합리성 점수는 2.28점이며 창의성 점수는 1.72점이었다.

정보를 제공받은 그룹의 창의성 점수는 0.03점 높아져 사실상 특별히 높아졌다고 볼 수는 없는 숫자라 할 수 있다. 그러나 합리성 점수가 0.17점이 낮아져 원인 파악이 필요했다. 정보를 활용했음에도 불구하고 점수가 낮아진 이유는 바로 정보에 의해 사고가 제약되었기 때문이다. 사고를 객관적으로 넓히는 목적으로 제공된 정보가 오히려 방해요소가 된 것이다.

결과물 또한 너무나 일반적인 형태의 장난감을 그린 후 "손에 잡을 수 있는 작은 크기다", "세척이 용이하다", "모서리가 날카롭지 않아야 한다" 등과 같이 이미 제공받은 정보 속 내용을 추가할 뿐이었다. 이는 사용자인 아동이 사용하는 물건에

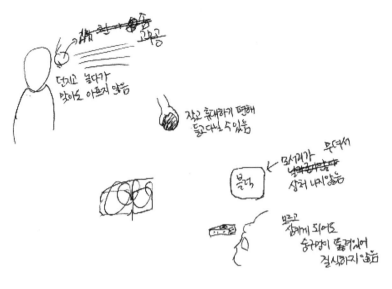

01

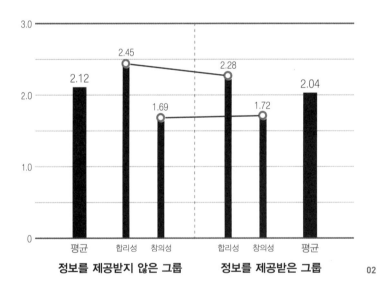

정보를 제공받지 않은 그룹   정보를 제공받은 그룹   02

01
1.84점을 받은 어린이에 관한 정보를 받은 그룹 실험
참가자의 스케치

02
정보를 제공받지 않은 그룹과 제공받은 그룹의 합리
성과 창의성 점수 비교

대한 보편적 기준을 재차 언급하는 것으로, 그 기준을 활용한 더욱 나은 아이디어를 제시했다고 보기 어렵다. 정보를 활용하여 구체적 솔루션을 만들도록 했다면 최소한 기본 조건에서 한 단계 더 나아가야 했다. 예를 들어, 어린이가 편리하게 손에 쥐기 위해서는 어떤 특정 부분이 얼만큼의 지름이 되어야 하며 그 구조는 어떻게 구현하는가, 세척이 용이하게 하기 위해 부품들의 분리가 어떻게 이루어지며 세척이 용이한 소재는 무엇인가, 모서리가 날카로웠던 장난감의 모서리를 날카롭지 않게 만들면서도 기존 제품의 감성을 어떻게 유지하는가, 혹은 모서리가 날카롭더라도 어떠한 소재를 사용해야 부상이 없는가 등과 같이 기준의 언급 이상으로 진전이 있어야 했다.

정보를 활용하기보다는 정보에 의해 사고가 묶이는 닻내림 효과가 나타난 이유는 제공받은 정보가 주제를 이해하는 데 필요한 정보이긴 하지만, 사고를 확장하는 단계에 효과적으로 활용할 수 있는 정보가 아니었기 때문이다.

따라서 이후 다시 진행된 실험에서는 정보를 달리 제공하였다. 어린이에 대한 안전과 학습, 발달에 관한 일반적 정보와는 달리 다양한 천의 종류와 특성에 대한 정보를 제공하였다. 우선 천연소재, 합성소재를 분류하고, 천연소재 아래 면, 마, 실크, 양모의 특성에 대한 정보를 주었다. 마찬가지로 합성소재 아래 폴리에스테르, 스판덱스, 합성피혁, 고어텍스의 특성에 대한 정보를 제공하였다. 의도적으로 서로 저마다 특징이 뚜렷한 천들을 선택하였다. 소재뿐만 아니라 가공 방법에 따른 천의 종류를 함께 제공하여 같은 재료를 가지고 다양한 특성을 얻어낼 수 있다는 점 또한 보여주었다. 실을 짜서 만든 니트, 평직이나 능직으로 짠 후 보풀이 일게 한 융, 직물의 표면에 솜털을 심어 만든 벨벳, 옷의 소매와 같은 부분에 탄성을 주는 리빙ribbing에 대한 정보를 주었다.

정보의 종류를 달리 제공한 실험의 결과 2.04점에서 2.20점으로 0.16점 향상되었다. 특히 합리성 점수가 2.28점에서 2.44점으로 0.16점 높아졌으며 창의성 점수 또한 1.72점에서 1.89점으로 0.17점 높아졌다. 그뿐만 아니라 가방, 인형 등과

천연소재

면
가볍고 내구성, 통기성, 흡수성, 흡습성이 좋으며 착용감이 뛰어나고 세탁이 쉽다. 그러나 구김이 잘가고 형태 안정성이 적어 폴리에스테르와 혼방하는 경우가 많다. 주로 옷, 이불, 유아복, 잠옷 등에 많이 쓰인다.

마
식물의 줄기나 껍질에서 뽑아낸 것으로 모시나 삼베가 있다. 유연성이 없기 때문에 구김이 많이 생긴다. 수분 흡수성과 통기성이 좋아 시원한 느낌을 주기 때문에 여름용 옷감으로 주로 사용된다.

실크
누에고치에서 뽑은 명주실로 짠 원단으로 부드럽고 가벼우며 광택이 있다. 드라이클리닝을 해야하며 스카프, 드레스, 셔츠 등에 사용된다.

양모
주름이 잘 가지 않으며 탄성률이 좋고, 보온성이 뛰어난 양모는 땀을 잘 흡수하지만 수축이 심하므로 물세탁시 주의해야 한다. 주로 스웨터, 머플러, 담요, 정장등에 많이 사용된다.

합성소재

폴리에스테르
인조섬유중 가장 많이 사용되며 구김이 잘 가지 않으며 형태의 틀어짐이 거의 없어 다림질이 필요없으나, 흡습성이 부족하고 정전기가 잘 발생되어 천연섬유와 혼방하여 사용하며 주로 겉옷, 스포츠웨어로 많이 쓰인다.

스판덱스
폴리우레탄섬유의 탄성사로 만든 합성섬유로 고무실의 약 3배의 강도가 있고, 원길이의 5~8배나 늘어날 수 있다. 내복, 수영복, 운동복 등의 원사로 널리 쓰인다. 그러나 강한 열을 가하면 섬유의 탄성이 변하므로 주의해야 한다.

합성피혁
레자라 불리는 인조가죽으로 염화비닐(PVC)레더에 나일론 도장, 폴리우레탄 발포체 표면 구성 등 다양한 재료로 만들어진다. 가방, 튜브, 비옷, 바닥재, 벽지, 침틀, 가전부품 등 다양한 용도로 쓰인다.

고어텍스
방수성과 투습성이라는 상반된 특성을 동시에 지닌 소재로 등산뿐 아니라 모든 아웃도어 용품에 널리 쓰이고 있다. 우의, 텐트, 재킷, 등산화, 장갑, 침낭커버, 모자 등의 소재로 보편화되어 있고, 우주복의 소재로도 사용된다.

가공법에 따른 특성

니트
손으로 실 또는 끈을 뜨개질 하거나 기계로 코(고리)를 만들고 코에 실을 연결하여 만드는 옷감. 올을 풀면 다시 실로 짤 수 있으며 목도리, 스웨터 등에 사용된다.

융
면사를 사용하여 평직 또는 능직으로 짠 후 보풀이 일게 한 직물. 초극세사로 만든 부드러운 천이며, 외부로부터 긁힘과 먼지와 얼룩등 오염을 제거해주는 클리닝 천으로 사용된다.

벨벳
직물의 표면에 연한 섬유털이 치밀하게 심어진 직물. 비로드(veludo) 또는 우단(羽緞)이라고도 한다. 짧고 부드러운 솜털이 있는 고급 원단으로 의류, 카페트, 커튼 등에 사용된다.

리빙(ribbing)
흔히 시보리라고 하는 이랑짜기로 만들어지며 신축성을 높이기 위해 사용한다. 티셔츠나 소매 끝부분, 목부분, 양말, 자켓의 밑단 등 에 사용된다.

• 제시된 천 외에 소재와 가공방법에 따라 수많은 다른 천이 있다. **01**

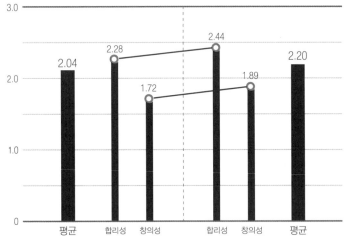

'어린이'에 대한 정보를 받은 그룹   '천'에 대한 정보를 받은 그룹 **02**

01
다양한 천에 관한 정보

02
'어린이'에 대한 정보를 받은 그룹과 '천'에 대한 정보를 받은 그룹의 합리성과 창의성 점수 비교

03
천에 관한 정보를 받은 그룹 실험 참가자의 스케치

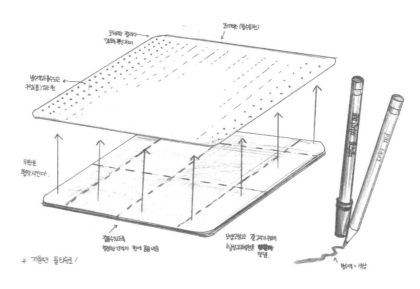

03

같은 보편적 제품의 범위 안에서 "안전해야 한다"라는 기준 언급에 지나지 않았던 아이디어들이 더욱 구체화되었다. 그물망과 방수천, 물티슈, 스판덱스, 두 천의 협착, 지퍼, 벨크로hook and loop fastner 등 다양한 소재의 특성을 활용한 장난감 아이디어를 보여준 것이다. 인형, 로봇과 같이 이미 규정된 형상의 익숙한 장난감에서 벗어나, 다양한 천이 가진 독특한 특성을 활용한 놀이를 만들고, 그 놀이에 수반되는 아이디어들을 확인할 수 있었다.

다시 말해 사고의 각 단계에서 사고를 확장하는 데 필요한 정보에 구분이 필요함을 알 수 있다. '아동'이 제시된 순간 신생아에서부터 임종 직전의 노인까지 모든 연령대 중 특정 발달단계의 어린이로 집중된다. '아동'에서 '6세'로 이동하면 전체 아동 중 구체적으로 6세인 아동으로 범위가 압축된다. 또다시 '장난감'으로 이동하면 6세 아동에게 해당하는 건강과 교육, 의류, 친교 등 관련된 모든 사항 중 놀이도구로 압축되어 한 단계 더 들어간다. 여기서 '천'으로 넘어가면 나무와 플라스틱, 흙, 물, 종이 등 모든 소재 중 구체적으로 천으로 구성된 놀이도구로 또 한 단계 들어간다. 만약 여기서 '고어텍스'로 들어가면 면과 실크, 폴리에스테르,

스판덱스, 니트 등 수많은 천 중 방수 기능을 가진 소재로 압축될 것이다. 다시
고어텍스 단계에서 '그림 그리기' 단계로 넘어가면 입기와 올라타기, 당기기,
들어가기, 던지기 등 수많은 놀이 중 그림 그리기로 압축이 된다. 이 같은 단계를
통해 수성 펜으로 그림을 그리고 씻어 낼 수 있는 부드러운 소재이면서 합성피혁이
협착되어 그림을 그릴 수 있을 정도의 단단함을 지닌 장난감이 탄생된 것이다.
단계가 나아갈수록 조건이 중첩되어 구체적 컨셉을 논할 수 있게 된 것이다.

이 실험 사례에서 얻을 수 있는 중요한 점은 사고의 각 단계마다 사고에 도움을
주는 정보의 종류가 다르다는 것이다. 어떤 주제건 처음 접할 당시에는 한 발짝
물러나 먼 곳에서 바라본 일반적인 모습을 본다. 그러나 한 단계씩 필요조건을
충족할 때마다 사고 영역이 구체화된다. 그 레벨에서 또 한 조건을 충족시키면
그에 관련한 하위 레벨로 내려간다. 이렇게 사고의 시점에 따라 구분해야 할
레벨이 있다. 이를 수직 레벨이라고 부르겠다.

수직 레벨이 있다면 수평 레벨은 무엇일까? 수평 레벨은 바로 해당 단계에
직접적으로 해당하는 구성요소들이다. 예를 들어, '천'의 단계에서 옷과 따뜻함,
실리콘이라는 단어를 적는다면 여기서 말하는 레벨과 맞지 않다. 천은 옷을 만드는
수단이고, 따뜻함은 천을 활용했을 때 올 수 있는 결과이며, 실리콘은 또 다른
소재군이다. 이는 천과 관련지어 말할 수는 있지만 천의 레벨에서 천을 구성하는
요소들이라고 보기 어렵다.

장난감을 디자인하는 데 어린이에 대한 학습과 발달, 안전에 대한 정보를
제공했다면 이는 일반화-구체화 진행 단계 중1, 2레벨에 해당하는 정보가 제공된
것이다. 이는 사고의 도입 단계에서 전반적인 이해를 돕는 데는 유용하나 결과물을

구체적으로 구성하는 시점에는 적합하지 않다. 다양한 천에 대한 정보를 제공한 것은 4레벨에 해당한다. 이는 구체화 단계에 근접하여 결과물을 구성하는 데 직접적으로 활용할 수 있는 정보에 해당한다.

지금까지 뉴런워크 진행 단계에 따른 정보의 레벨 구분에 대해 알아보았다. G0에서 G5와 그 이상의 단계까지 사고를 확장함에 있어 가장 효과를 높이는 방법은 각 단계의 수직적 깊이에 해당하는 수평 레벨의 정보를 확보하는 것이다.

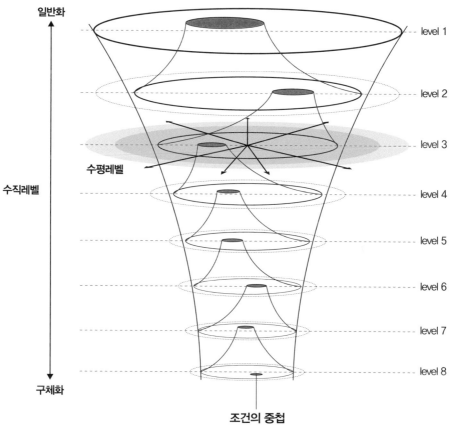

범주의 일반화-구체화 /
수직-수평 레벨 구분

관계 파악

뉴런워크 작업에서 주의해야 하는 두 번째는 바로 도출하는 개념 간의 관계를
명확히 구분해야 한다는 점이다. 뉴런워크는 어떤 주제와 관련해서 개념을 떠올린
후 두 개념 사이의 관계를 선으로 연결하는 방식이 아닌, 관계의 의미를 가진
관계선을 먼저 표시함으로써 해당 관계에 대한 측면을 검토하는 과정으로
이루어진다. 다양한 관계선을 갖추어 사용함으로써 머릿속에서 해당 선에 대한
측면을 활성화하고, 이를 통해 익숙한 방향으로만 바라보던 고정관념에서 벗어나
반대되는 측면이나 유사한 다른 영역에서 패턴 및 주제의 구성요소 등을 다각도로
검토하고자 하는 것이다. 이로써 선택적으로 특정 측면에 대한 사고만을 하는
것에서 나아가, 어떻게 보면 의무적으로 다양한 측면을 검토하도록 강제한다.
따라서 뉴런워크는 관계의 성격이 부여된 여러 관계선을 반드시 사용하고, 그 선에
해당하는 개념을 올바로 꺼내는 것이 관건인 셈이다.

그런데 선을 긋고도 해당 선에 대한 올바른 관계의 개념을 도출하지 못하고 더욱이
틀린 개념을 배치시킨다면 형태적으로 밀도 높게 만들어졌더라도 뉴런워크는
무의미한 작업이 된다. 예를 들어, '천'이라는 키워드로부터 ⟶ 형태의 선('결과/
영향')을 그었다면, 천으로부터 만들어지는 결과나 천으로부터 얻을 수 있는 영향을
써넣는 것이 옳다. 그러나 만약 '천 ⟶ 목화'라는 단어를 적는다면 화살표의
방향이 반대가 되므로, 선을 통해 만들어지는 관계의 측면에서 틀린 작업이 된다.
천 중에서도 면을 구성하는 원료가 목화로부터 추출한 섬유이기에 이와 같이
적는다면 인과관계에서 틀린 사실을 만든 셈이다. 이렇게 '목화'라는 단어가
나타났다 가정하고 이 지점에서 또 다른 선들을 그어 다음 단계로 나아가게 되는데
═══ 형태의 선('같은 관계')을 긋고 '목화 ═══ 동물'이라고 적으면 또다시 틀린
작업이 이어진다.

이런 경우 다양한 선을 갖추어 사용하였고 중심에서 바깥 방향으로 진행하였으며,
G5 이상 확장시키고 사방으로 고른 형태를 만들어 뉴런워크 작업을 했다면 형태적
측면에서는 흠잡을 데 없어 보일지 모른다. 하지만 내용을 들여다보면

형태상으로는 단계가 많아도 내용상 단계가 G5까지 나아가지 못했거나, 혹은 사실과 무관한 무작위 단어들의 집합으로 구성되어 문제를 해결하는 데 크게 도움되지 못하는 뉴런워크 작업물일 가능성이 크다.

목화를 동물이라고 적는 사람은 없을 것이다. 이해를 돕기 위해 극단적인 사례로 설명한 것은 사실이다. 실제 작업에서는 '목화는 동물이다'처럼 말도 안 되는 개념을 적는 일은 거의 없다. 그러나 선의 형태가 말해 주는 관계를 크게 고려하지 않고 '막연하게 관련 있는' 내용을 적는 경우는 매우 흔하다.

뉴런워크의 다섯 가지 규칙에는 자료 조사와 병행해 사실에 입각한 작업을

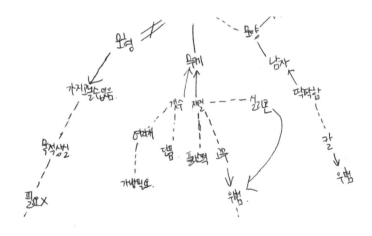

도모하는 것이 포함되어 있는데, 이는 작업물의 합리성을 높여 사고의 신뢰성을 확보하고자 하기 위해서다. 합리적으로 작업하려면 기존 작업자의 머릿속에 보유한 지식과 더불어 추가로 확보되는 정보를 함께 활용해야 한다. 그리고 선을 통한 개념의 파생 또한 각 선의 성격에 맞도록 옳은 관계에 해당하는 요소를 꺼내야 할 것이다. 하지만 다양한 종류의 선들을 단계마다 갖추어 사용하는 것은 사실 매우 어려운 일이다. 뇌의 다양한 측면을 활성화시켜야 하고 쉽게 이루어지는 '시스템 1'의 빠른 사고가 아닌 에너지 소모가 많은 '시스템 2'의 느린 사고로 진행해야 하기 때문이다. 나도 어떠한 지점에서는 생각하기 싫어서 어떤 부분은

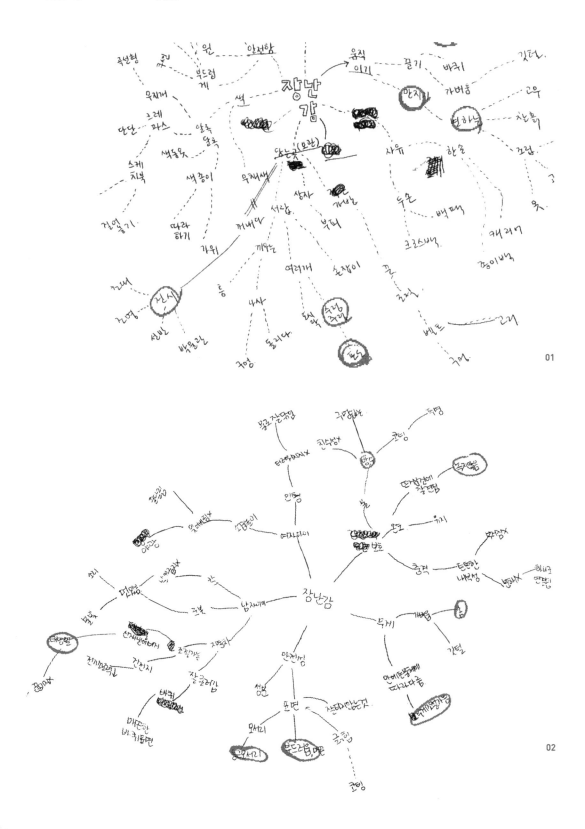

01

02

건너뛰고 싶거나 가만히 허공을 바라보는 일이 많기도 하다.

관계를 활성화하며 확장하는 것이 쉽지 않기 때문에 실제 작업에서는 선을 구분 짓지 않고 실선이나 점선만을 사용하는 경우를 매우 많이 볼 수 있었다. 일곱 가지 선이 그려져 있으면 스스로 하기 싫은 숙제를 만드는 모양새가 되니 실선 혹은 점선을 통해 '적당히 관련 있는' 개념들을 사용하여 작업하는 것이다. 선들을 구분 짓지 않고 실선이나 점선만을 사용하여 모호한 연결만 한다면 정보의 일반화와 구체화의 구분이 모호해져 G5 이상 단계를 거듭해도 실제 내용상 진행은 좀처럼 나아지지 않을 가능성이 크다.

여러 가지 선을 사용하는 이유는 시각적으로 구분되는 선의 형태를 통해 각 형태가 상징하는 관계를 잊지 않고 검토하기 위해서다. 종이에 펜으로 글이나 글씨를 쓰는 것 같이 눈앞에 보이는 요소를 활용하여 사고 작업을 하는 것도 머릿속에서 순간 사라지는 사고 내용을 물리적으로 잡아 두고자 하는 이유도 있지만, 자신이 어떤 측면으로 얼만큼의 사고를 하고 있는지 객관적으로 파악하기 쉽게 하기 위해서이기도 하다. 따라서 엄밀히 따지면 선을 아무것도 사용하지 않고 머릿속에서 다각도의 개념을 단계별로 확장시키는 것이 가능하다. 머릿속에서 거대한 개념의 나무를 만들 수 있다면 종이와 펜을 사용하지 않아도 된다. 하지만 완벽한 기억력을 가진 사람이나 상상 속에서 시각적인 형상을 밀도 있게 구성해 내는 특별한 사람이 아니라면, 현실적으로 시각적 규칙을 제대로 이행하지 않고 제대로 된 작업을 하기는 쉬운 일이 아니다. 따라서 각각의 선의 성격을 구분하고 그 선에 해당하는 개념을 올바로 배치해야 뉴런워크를 통한 사고 결과가 가치를 지니게 될 것이다.

01
점선만을 주로 사용한 경우의 뉴런워크 작업도

02
실선만을 주로 사용한 경우의 뉴런워크 작업도

다다익선

만약 우리 옷장에 빨간색부터 보라색에 이르는 모든 무지개색의 티셔츠가 7장 있으며, 흰색에서 검은색에 이르는 단계별 회색을 포함한 10장의 티셔츠가 있다면 총 17장의 티셔츠라는 선택 범위를 확보하게 된다. 따라서 17장의 각기 다른 색깔의 티셔츠 중 그날의 컨셉에 맞추어 하의와 신발, 가방 혹은 기타 액세서리에 따라 적합한 코디를 할 수 있을 것이다. 그러나 만약 다른 모든 티셔츠는 세탁기에 들어 있고 옷장에 주황색과 보라색 티셔츠만 남아 있다면 어쩔 수 없이 둘 중 하나만을 선택해야 할 것이다. 마침 그날의 패션 컨셉에 우연히 주황색이나 보라색이 맞는다면 다행이지만 그렇지 않다면 주황색 혹은 보라색 티셔츠에 어울리는 하의를 억지로 골라 입을지도 모른다. 아니면 어울리지 않는 조합의 하의를 입게 될지도 모른다. 그것도 아니라면 세탁기의 빨랫감을 바라보며 땀이 밴 티셔츠를 입고 외출하는 상상을 하다 다시 옷장 앞으로 돌아와 난감한 표정으로 서서 고민만 하게 될 것이다.

뉴런워크 작업을 할 때도 마찬가지다. 관계선을 통해 꺼내는 개념이 바로 옷장 안의 티셔츠다. 뉴런워크에서는 이를 밀도라고 표현한다. 가지를 만들어 파생시키는 개념의 개수가 많으면 많을수록 머릿속에서 활성화되는 영역도 넓어지며, 아이디어 개발을 위한 선택 범위도 넓어진다. 밀도 높은 작업은 양질의 사고를 돕는다. 다시 말해 질적 결과는 양적 바탕이 있어야 한다.

뉴런워크는 피곤한 작업임이 사실이다. 가지의 개수도 많고 단계도 많아 머리가 아프고 오래도 걸린다. 한 가지에 한두 개념만을, 혹은 G5 이상 나아가지 않고 G2나 G3에서 멈추는 경우가 흔한 일이다. 실제로 뉴런워크를 높은 밀도로 작업한 사람은 아이디어 또한 높은 평가를 받았다. 다음에 보이는 밀도가 높은 뉴런워크를 작업한 A는 최상위 그룹에 속했고, 그다음 낮은 밀도의 뉴런워크를 작업한 B는 최하위 그룹에 속했다.

밀도는 확장의 단계와도 연관되지만, 하나의 지점으로부터 파생시키는 가지의 수와도 연관된다. 어떠한 개념에서 하나의 선만을 그어 하나의 개념만을 적는다는 것은 마치 한 개의 문장을 낱말별로 쪼개어 도식적으로만 연결했을 뿐이라 볼 수 있다.

이러한 그림은 자신이 생각하지 못한 부분까지 스스로의 힘으로 나아가게 하는

01
밀도 높은 뉴런워크
작업도 A

02
밀도 높은 뉴런워크
작업도로부터의 스케치

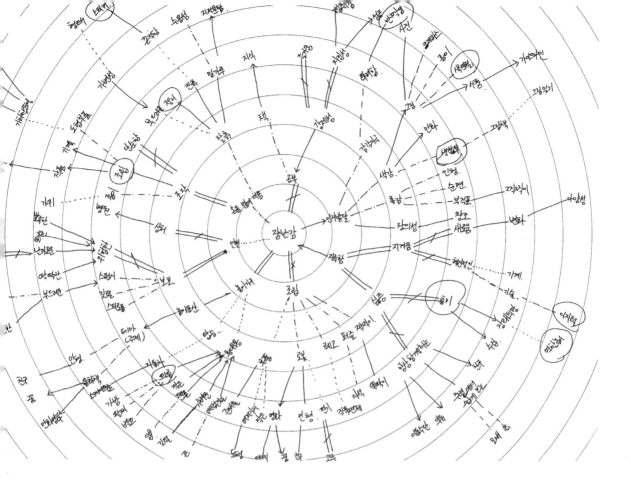

① 아이가 좋아하는 인물을 TV 혹은
동화 책에서 발견함.

② 아이는 자신이 좋아하는
인물을 앱에서
검색후 다운받음
→ 이미지를

③ 그 좋아하는 인물이
가진 부품은
색칠함.
특수 젤리 색 단표.
똑은 특이용료.
두면 필슨시
* 젤리 특강.
  -다양한 타카단생성
  -반엮 1추가.

④ 완성된 그림은 사라지거나
젤리 스티커가 된다.

⑤ 이 젤리 스티커는 약간의 접성을 인해
다른 작품과 부작 /탈작이 가능하다.
족성에서

⑥ 완성된 작품을 통해 아이는
먼창 놀이를
즐긴다.
* 자신의 작품
  젤시 가능.

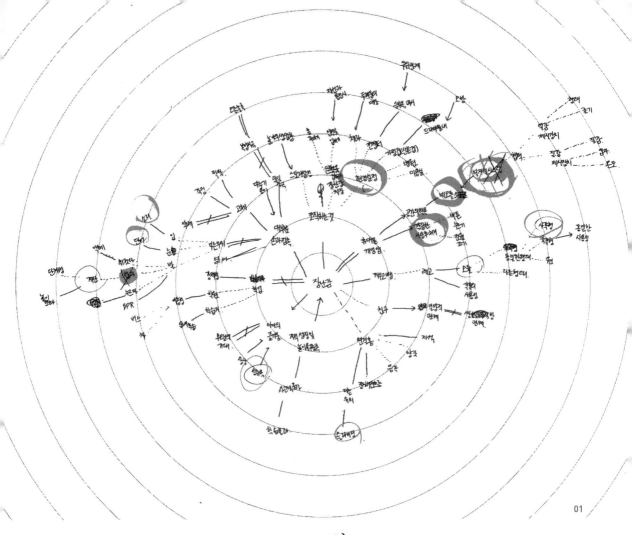

밟거나

밀거나 (늘어대듯)

두드림으로써

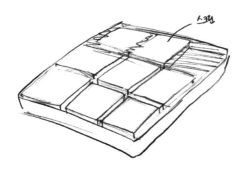

스크린

정확한 때마다 소리를 내면서

유마가 좋아하는
오늘의 배치, 늘려진 기억에 따라
유아가 원하는 한강을
사가랑 모듈 스크린으로 보여라.

단이 맞추게 올게 위한 학습기능

01
밀도 낮은 뉴런워크 작업도 B

02
밀도 낮은 뉴런워크 작업도로
부터의 스케치

03
주로 한 종류의 가지만을 사용하여 확장한 모습.
이는 개념을 다양한 측면으로 확장시키기보다
일방적인 사고의 흐름을 시각적으로 표시한 것
과 다름없다.

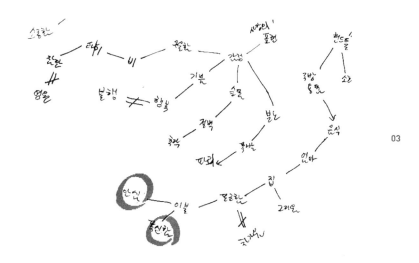

03

것이 아니라, 이미 적을 내용을 머릿속에 떠올리고 그것을 종이에 표시만 하는
경우일 가능성이 크다. 하나의 개념에서 한 가지의 연관 개념만을 꺼낸다는 것은
이미 고정된 시각 이외로 탈피하지 못하고 있는 것일 수 있다.
예를 들어, '의자 ═══ 앉는 가구'에서처럼 일반적인 시각만을 표현하여 종이의
여백을 없애 나가는 것이다. 그러나 '의자'로부터 ═╱═ , ◀━━ , ━ ─ ━ ─ 를 우선
그린다면 벌써 네 가지 측면을 살펴볼 기회가 만들어진다. 만약 ═╱═ 를 사용하여
'의자 ═╱═ 앉을 수 없는 것'이라는 내용을 적는다면 앉을 수 없는 형태의
의자에서 시작하여 앉을 수 있으나 편하지 않은 형태, 중간 정도 편한 형태, 매우
편한 형태의 의자에까지 사고가 확장되어 장소와 용도에 따라 사람이 머물게 하는
시간을 의도적으로 조정하는 방향으로까지 사고가 이어질 수 있다. ◀━━ 를
활용하여 '의자 ◀━━ 기다림'이라고 적는다면 기다리는 시간을 지루하지 않게
하는 방법 혹은 기다리는 동안 특별히 편안한 휴식을 제공하는 방법 등을 '앉을 수

있는 물체'와 더불어 제공하는 방법을 떠올릴 수 있지 않을까. ―·― 를 사용하여 '의자 ―·― 좌판', '의자 ―·― 등받이', '의자 ―·― 다리'를 각각 적을 경우 좌판의 높이를 앉는 사람의 신체 구조에 맞게 조절하는 방식을 새로이 강구한다거나, 최소의 재료와 간단한 구조로 좌판, 등받이, 다리의 기능을 해낼 수 있는 새로운 구조를 고안할 수 있을 것이다. 물론 작업자에 따라 각 선에 따라 나오는 개념이 다를 수 있다. 강조하고자 하는 점은 하나의 개념에서 복수의 가지가 만들어져야 사고의 밀도를 높이고 양질의 사고를 할 수 있는 가능성이 커진다는 점이다.

뉴런워크 작업을 할 때 이미 첫 단계에서 일곱 개 이상의 가지가 만들어지므로 각 단계마다 모든 가지에 복수의 가지를 파생시키는 것은 쉽지 않은 일이며 시간도 오래 걸린다. G2에 두 개씩만 적는다 해도 14가지의 개념을 찾아야 한다. 따라서 실제 상황에서는 아주 적은 개수의 단어만을 적고 뉴런워크 작업을 끝내는 경우가 많다. 이러한 현상이 벌어지는 이유는 어떠한 한 주제에 대해 평소에 넓게, 그리고 긴 시간 사고하는 습관이 만들어지지 않았기 때문이며 쉽게 하나로 결정을 내리는 것에 익숙해져 있기 때문이다. 뉴런워크 작업을 하는 당사자에게 최대한 많은 단어를 적으라는 안내를 해도 소용이 없었다. 그래서 또 다른 실험에서는 뉴런워크에 앞서 한 가지 사전 작업을 시행하였다.

일반적인 방식처럼 주제를 주고 뉴런워크를 작업하게 하는 대신, 경직된 머리를 풀기 위한 목적으로 "캠핑 가서 먹을 음식 30가지"를 적도록 하였다. 처음에는 삼겹살과 김밥, 치킨 등 일반적으로 야외에서 먹을 만한 음식을 적다가 나중에는 30개의 빈칸을 모두 채우기 위해 기발한 내용의 메뉴들도 등장하기 시작하였다. 어떤 참가자는 메뉴를 적는 대신 청양고추, 양파 등과 같이 재료를 분리하여 적음으로써 칸을 채우기도 했지만 말이다. 음식은 어떻게든 먹을 수 있으면 되기 때문에 음식의 종류를 적는 것은 크게 어려운 문제는 아니었다. 그러나 만약 실제 문제를 해결할 때 캠핑 가서 먹을 음식을 떠올리는 것 같이 무작위로 숫자만 채운다면, 기발한 내용은 나올 수 있으나 큰 도움이 되지 않을 수 있다.

사실은 "캠핑 가서 먹을 음식 30가지"는 뉴런워크의 밀도를 높이기 위한 사전 작업이었다. 음식 생각으로 경직된 분위기가 풀어졌으므로 두 번째는 "완충 방법 30가지"를 적도록 하였다. 어떤 것을 어떤 상태의 충격으로부터 보호해야 하는지는 제약을 두지 않고 충격 흡수에 대한 사고를 펼치게 하였다. 초반에는 누구나 쉽게 떠올릴 수 있는 '스프링', '솜', '고무', '에어백' 등이 등장하였다. 몇 가지 '당연하고 뻔한' 완충 방법을 거치고 나니 실험 참가자들의 얼굴에 어려움이 묻어나기 시작했다. 캠핑 가서 먹을 음식보다 충격을 흡수시키는 구체적인 요구 사항에 대한 아이디어를 내기는 더 어렵기 때문이다. 참가자들은 앞선 문제를 풀 때와 마찬가지로 빈칸을 채우기 위해 평소에 사용하지 않던 두뇌의 영역까지 사고를 뻗치기 시작하였고, 점점 보편적이지 않은 내용으로 접근하기 시작했다.

예를 들어, 뒷부분에 가서는 '무중력', '여러 번의 사소한 충격을 통한 충격 완화', '꽈배기 꼬임 구조', '분말과 액체의 반죽', '오뚝이', '주름'과 같은 엉뚱한 내용이 등장한 것이다. 엉뚱하다고 표현한 이유는 일반적으로 주위에서 보지 못하는 방법이기 때문이지, 방법 자체가 엉뚱하고 말도 안 된다는 뜻은 아니다. 모든 혁신은 처음에는 없는 방법이었고 첫 등장은 엉뚱하다 여겨지기 때문에 첫 단계에서 엉뚱한 답이 나오는 것을 문제 삼을 수는 없다.

이제 중요한 점은 이와 같은 사전 작업을 거친 후 뉴런워크 작업에 변화가 생겼는지의 여부다. 하나의 문항에 대해 30가지의 개수를 채우는 경험을 한 이후의 뉴런워크 작업물은 확실히 밀도가 높아졌다. 평균 100점 만점에 56.91점에서(앞의 모든 실험의 평균) 81.31점으로 밀도 점수가 높아졌으며, 이에 따라 사고 결과물인 디자인 작업물의 점수 또한 높아졌다.

정리

이제 뉴런워크 사용 방법과 원리에 대해서는 충분하게 설명한 것 같다. 다시 한 번
요약하면 다음과 같다. 뉴런워크는 개념을 구조적으로 확장하여 문제의 근본
목적을 충분히 이해하는 것으로 시작하는 사고 디자인 방법이다. 주제를 다각도로
바라보고 각 측면의 속성을 탐구하여 고정관념에서 벗어나고 외부 영역과의 연결
통로를 확보한다. 그렇게 해서 해결하고자 하는 문제와 유관함을 유지하면서도
새로운 연결을 만들어 창의적 아이디어를 개발하는 방법이다.

신경과학 분야에서의 실증적 근거, 정보 운용 네트워크 구조와 활용 등에 이론적
기반을 둔 뉴런워크는 주제에 대한 이해의 범위를 확장하여 합리성과 창의성을
확보한다는 점에서 실제 문제 해결에서도 큰 장점이 있는 사고 디자인 방법이다.

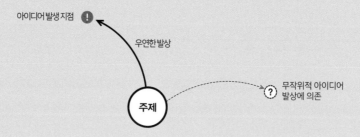

우연한 발상에 의존하는 사고

어떤 문제를 해결하든 초기에 설정한 아이디어를 계속해서 검토하고 정제하는
것은 견고한 컨셉을 만들 때 매우 중요한 작업이다. 이때 정제하고 다듬을 수 있는
씨앗 자체를 찾는 것 또한 매우 큰 부분을 차지한다는 것을 누구도 부정하지 않을
것이다. 순간 떠오르는 무작위적 아이디어가 굉장히 좋은 아이디어일 수 있으며
그러한 아이디어가 활용되는 경우는 대단히 많다. 때에 따라 우연히 얻게 된
아이디어가 큰 도움을 주는 결과를 가져오기도 하며 혁신으로 이어지기도 한다.
그러나 도구의 도움을 받지 않고 떠올려지는 발상은 우연성이 지배하기에 적시
적기에 그와 같은 좋은 아이디어를 의지대로 낼 수 있다고 장담하기는 어렵다.

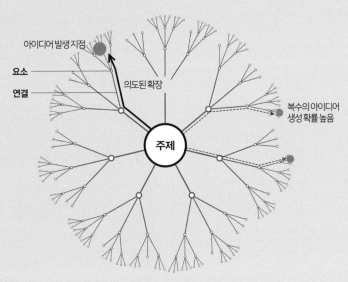

창의적 아이디어의 의도된 확장

그러나 뉴런워크를 사용하면 좋은 아이디어를 필요할 때 스스로 만들어 개발할 수
있다고 장담한다. 왜냐하면 사고를 실행하는 당사자가 스스로 창의적 아이디어로
발전시킬 수 있는 요소가 있는 지점까지 주체적으로 확장시키기 때문이다. 우연에
의존하지 않고 능동적으로 아이디어를 생성할 수 있어 계획적이며 예측 가능하다.
같은 이유로 하나가 아닌 복수의 아이디어를 낼 수 있는 확률 또한 높아져 제한
시간 내에 몇 가지의 아이디어 후보를 나열할 수 있을 것이다. 백지로부터
산발적으로 양을 채우는 것과는 아이디어 발상 방식과 성격이 다르다.
뉴런워크는 마치 살아 있는 생명체와도 같다. 같은 중심어를 두고도 작업하는
사람마다 저마다 다른 구조와 연결을 만들어 전혀 다른 컨셉이 만들어질 수
있으며, 같은 사람이 작업해도 그 사람이 갖고 있는 당시의 지식과 관계의
밀접도에 대한 판단에 따라 다른 구조물을 만들 수 있기 때문이다. 따라서 하나의
중심어를 두고 여러 차례 작업하길 권장하며, 뉴런워크 작업을 통해 얻게 된 특정
단계의 중요한 개념을 새로이 중심어로 설정하여 몇 차례의 사고 확장 작업을 하길
권장한다. 결과적으로 하나의 주제에 대해 매우 풍성한 영역의 지식과 정보를
활성화시킬 수 있을 것이며 그 덕분에 자연히 고정관념에서 벗어난 다각도의

시각과 시야를 갖게 될 것이다.

앞에서 설명한 다섯 가지의 규칙을 성실히 이행하여 사고의 확장 작업을 하면 총 약 560개 정도의 단어 혹은 그림으로 이루어진 개념을 얻게 된다. (중심어로부터 관계선 7가지를 사용하고 이후 각 단계마다 3개의 개념을 파생시켜 G5까지 확장할 경우) 여기에서 세 개의 단어 혹은 그림을 선택하여 하나의 컨셉으로 만들 경우 약 3천만 가지가 넘는 종류의 아이디어를 만들 수 있다. 현실적으로는 문제의 목적을 염두에 두고 확장 작업을 하므로 이처럼 많은 수의 컨셉을 만드는 일은 없을 것으로 예상한다. 그리고 G5 이상에 해당하는 외부 영역과 인접한 단어들을 위주로 선택한다면 만들어지는 아이디어의 개수는 줄어들 것이다. 앞의 숫자는 단지 뉴런워크를 통하면 사고를 시각적으로 표현하며 양적으로도 다양한 사고를 해낼 수 있음을 보여주기 위해서였다. 세 가지의 좋은 아이디어를 낼 수 있다면 뉴런워크를 통한 사고 디자인 작업의 목적은 달성했다고 봐도 좋을 것이다.

다음 절에서는 독자들이 참고할 수 있도록 뉴런워크를 통해 생활 속에서 비즈니스 기회로 삼을 수 있는 아이디어들을 만들어 보겠다.

18 생활 속의 뉴런워크

직장에서의 프로젝트 진행, 청년들의 스타트업, 학생들의 과제 해결 등 수많은 상황에서 창의적 사고력은 반드시 필요하다. 모두가 할 수 있는 똑같은 생각 속에 갇히지 않기 위해서는 말이다. 뉴런워크는 본래 디자이너의 합리성 기반 창의적 컨셉 개발을 목적으로 개발되었지만 미래에는 창의적 사고가 디자이너에게만 국한된 필요사항은 아니다. 컴퓨터에게는 어렵지만 사람에게는 수월할 수 있는 능력을 최대한 키워 4차 산업혁명을 넘어 5차, 6차로 이어져도 자신만의 아이디어를 개발하고 펼쳐 나가야 하는 모든 사람이 사용하면 더욱 좋지 않겠는가. 이번 절에는 생활 속에서 쉽게 공감할 수 있을 만한 주제로 뉴런워크를 작업해 이 책을 읽는 독자들이 어떻게 뉴런워크를 활용할 수 있을지 예를 제시하겠다. 내용은 주로 미래의 비즈니스 기회를 발견할 수 있는 것을 목적으로 하였다. 비즈니스 기회 쪽으로 이야기를 전개하고자 하는 이유는 지금까지 대한민국에서 행복과 성공의 기준으로 여기던 시험 성적을 통한 대학 입학과 대기업 입사와 같은 한정적인 인식에 변화를 주고 싶어서다. 직장인 대부분이 미래에 대해 고민하고 많은 대학생 또한 불안해하고 있는데, 그들이 창의적 사고로 자신의 미래를 희망차게 설계하는 데 뉴런워크가 활용되길 바란다. 대부분의 불행과 불안의 원인은 수입이 안정적인가에 대한 고민과 크게 관련된다. 그것이 직장인들의 스트레스로, 학생의 취업 걱정으로, 더 거슬러 중고등학생의 진학 걱정으로 연결된다. 직장이 나를 고용하지 않아도 스스로 나를 고용할 수 있는 아이디어가 있다면, 그동안 나를 불안하게 만든 걱정은 절반으로 줄지 않겠는가. 고용에 대한 고민보다 비즈니스 설계에 대한 고민이 더욱 생산적인 고민 아니겠는가. 이 책을 읽는 독자가 직장인이라면 비즈니스 기회의 입장에서, 학생이라면 진로 계획의 입장에서, 전업주부라면 소득창출의 기회로서 이 절을 읽어 보길 바란다.

이 절에서는 세 가지의 중심어에 대한 뉴런워크 사례를 소개하겠다. 물론 각각의 중심어에 대해 독자들에 따라 뉴런워크의 결과물이 다르게 나올 것이고, 같은 중심어를 반복해서 작업할 때마다 새로운 내용이 만들어질 수도 있다. 사례의 중심어들은 최대한 많은 사람이 공통으로 공감할 수 있는 것들로 선정하였다. 바로 '이동', '요리', '운동'이다. 어째서 이러한 세 가지 중심어를 선택했는지 궁금해할 독자들을 위해 하나씩 설명하자면 다음과 같다.

직장인이건 학생이건 전업주부건 건강에 이상이 있지 않은 이상 집안에 가만히 앉아 있는 사람은 거의 없을 것이다. 직장으로 출근하건, 학교에 통학하건, 쇼핑을 가건 어디론가 다녀오는 생활이 있다. 이런 생활은 정해진 시간에 이루어지는 규칙적인 일이건 주말에 특별히 나들이를 다녀오는 일이건 일상적으로 자주 갖게 되는 시간이다. 어디를 다니는 상황은 그만큼 보편적인 일이고 그에 따라 아이디어가 비즈니스로 만들어질 경우 다수의 공감을 얻을 확률도 높다. 따라서 그것들을 포괄하는 '이동'이라는 표현을 중심어로 사용하기로 했다. 왜냐하면 중심어가 시간과 수단, 상황 등을 제한시키지 않고 폭넓은 개념을 갖고 있도록 하기 위해서다.

두 번째로 사람들이 어디로 이동하는 것과 같이 하루에 빠짐없이 하는 일이 있다. 하루 세 번 밥을 먹는 것이다. 아침을 거르는 사람은 하루 두 번이겠지만 말이다. 특별한 이유가 있지 않은 한 먹는다는 것은 대부분 사람에게 해당하는 생활 속의 일부이다. 생존을 위해서 필요한 일이기도 하지만 그 자체가 문화를 형성하기도 하고 모든 개개인이 저마다 취향을 갖고 있기도 하다. 따라서 먹는다는 것은 보편적인 것 같으면서도 독특할 수밖에 없는 영역이다. 먹는다는 주제에 대한 뉴런워크의 중심어를 여기에서는 '요리'로 잡았다. 식사나 먹기, 섭취 등 다른 표현도 물론 가능하다. 여기에서는 요리라는 단어가 만들어진 음식의 결과물이 될 수 있으면서도 동시에 음식을 만드는 행위가 될 수 있기에 '요리'라고 선정하였다.

세 번째 중심어는 모든 사람의 일상 속에 반드시 자리 잡지는 않지만 많은 사람이 일상 패턴이 되길 희망하는 것으로 선정하였다. 바로 '운동'이다. 대부분 운동을 해야 한다고 계획은 세우지만 실천은 좀처럼 어렵지 않은가? 학생 때는 학생이기 때문에 시간이 없고 직장을 다니면 직장을 다녀서 시간이 없고 전업주부는

전업주부이기 때문에 시간이 없지 않은가? 핑계인 것을 알면서도 어떻게든
합리화하고 싶은 부분이 운동에 대한 의무감이다. 운동이 신체 건강과 정신 건강을
위해 생활 속에 필요하다는 것은 누구나 알고 있다. 많은 사람이 염원한다는 것은
사람들의 관심 속에 있으며, 그동안 실천을 잘하기 위한 좋은 방법이 제시되지
않았다는 말이 될 수 있는 동시에, 좋은 솔루션이 있으면 기꺼이 비용을 투자할
의향이 있다는 것일 수 있다. 다시 말해, 비즈니스 기회가 있다는 뜻이 되겠다.
따라서 '운동'에 관한 뉴런워크를 만들어 보기로 하였다.

여기에서 보여주는 뉴런워크 작업은 너무 일상적이어서 새로운 아이디어가
나타나기 어렵다고 여겨지는 영역들에 대해서도 새로운 시각을 얻을 수 있다는
것을 보여주는 것이 목적이다. 뉴런워크 작업을 통해 도출되는 아이디어는 향후
발전시킬 아이디어의 씨앗이 되는 지점이므로, 그 씨앗을 가지고 테스트와 검증
단계를 거쳐 개발해 나가야 현실적으로 의미 있는 비즈니스 기회로 발전시킬 수
있을 것이다.

'이동'의 뉴런워크 아이디어

이동에 관한 뉴런워크 아이디어들은 다음과 같다. 이때 아이디어들은 뉴런워크
작업에서 뽑아낸 키워드들의 조합으로 이루어지는데, '이동'이라는 중심어는
키워드 조합에 공통으로 포함된다. 참고로, 여기에서는 뉴런워크의 활용 예시를
보여주기 위해 하나의 뉴런워크 작업 결과물 안에서 여러 개의 키워드를 선정하여
그것들의 결합으로 아이디어를 만들었다. 원래는 뉴런워크 작업도에서 의미 있는
키워드를 하나만 얻어도 성공적이라 할 수 있으므로, 억지로 많은 단어를 결합하려
노력하지 않아도 된다.

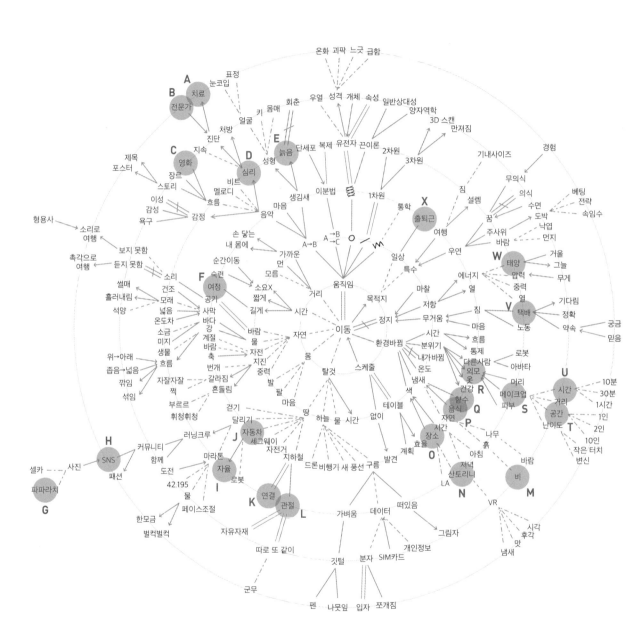

다음은 이동이라는 중심어로 진행한 뉴런워크이며 아이디어 개발을 위해 선정한 키워드는 다음과 같다.

A	치료	N	산토리니
B	전문가	O	장소
C	영화	P	음식
D	심리	Q	향수
E	늙음	R	외모
F	여정	S	메이크업
G	파파라치	T	공간
H	SNS	U	시간
I	자율	V	택배
J	자동차	W	태양
K	연결	X	출퇴근
L	관절		
M	비		

1　출퇴근길 심리치료사

X 출퇴근 ＋ D 심리 ＋ B 전문가 ＋ A 치료

매일 같은 시간에 같은 정도의 시간이 소요되는 출퇴근길을 동행하며 심리치료를 제공하는 서비스다. 얼마 전 우리 동네에 신경외과가 생겼는데 점심시간만 되면 너무 붐벼서 진료를 받기 어려울 정도라는 소식을 들었다. 많은 수의 일반 직장인들은 경미하지만 우울증을 갖고 있다고 한다. 과거에는 정신병을 앓는다고 하면 사회에서 격리되어야 하는 것으로 생각했지만, 오늘날은 감기처럼 일반적인 질환이 되었다. 직장인들과 학생들은 병원 진료 시간을 맞추기 어렵기 때문에 점심시간을 활용하여 병원을 방문할 수밖에 없다. 하지만 병원이 우리를 찾아오게 한다면 어떨까? 여기서 말하는 병원은 일반적으로 우리가 생각하는 병원이 아니라 약해진 마음을 치유해 주는 대화 상대다. 매일 출퇴근 시간에 동행하면서 의사 가운을 입은 사람이 아니라 마치 친구와 대화하듯이 그날의 업무 이야기, 동료 이야기, 인생 고민을 나눌 수 있으면 혼자 우울한 길을 걷지 않을 수 있을 것이다. 물론 그 '친구'는 전문적인 기준을 통과한 사람이어야 할 것이다.

2　출퇴근길 식단 관리 차량

X 출퇴근 ＋ P 음식

아침에 바빠서 식사를 거르는 사람은 매우 많다. 시간이 없어서 아침을 걸러야 한다면 매일 일정하게 소비하는 시간에 식사를 하면 된다. 바로 출퇴근 시간 동안 편안하게 식사를 하는 것이다. 그러나 대중교통에서 음식을 먹을 수는

없다. 그렇다면 지역별로 특정 위치에 작은 차량이 있어 주요 출근지까지 사람을
태워 이동하고, 그 길에 아침식사 혹은 저녁식사가 제공되는 서비스가 있을 수
있지 않겠는가. 모든 사람의 동선에 맞출 수는 없기 때문에 초반에는 주요
지하철의 거점 간 이동 차량으로 시험해도 될 것이다. 식사는 차 안에서 먹기 쉬운
간편식으로 제공해야 할 것이고, 식사 시간도 앞뒤 이동 시간을 고려하여 약
30분을 넘기지 않는 방식으로 구성해야 할 것이다. 이는 마치 집으로 우유 배달을
하거나 반찬 배달을 해 먹는 것처럼 아침 식사를 배달받는데, 배달지가 출근하는
차량으로 장소가 바뀌게 된 격이다. 이를 위해 한정적인 차량 내 공간에
현실적으로 수용할 수 있는 인원을 파악하고 서비스 신청 방법 등을 개발해야 할
것이다.

3   매일매일의 여행

| X 출퇴근 + O 장소 |

출퇴근 시간을 활용한 여행이다. 무표정한 얼굴로 바닥만 보고 걷지 말고 그
시간을 즐거운 여행으로 채우면 좋을 것 같다. 하지만 과연 매일 다니고 매일 보는
광경이 여행이 될 수 있겠는가? 가능하게 만들면 된다. 여행의 묘미가 무엇인가?
새로운 풍경과 소리, 음식 등이다. 이 중 소리 한 가지만 바뀌어도 매일 다니는
길의 느낌이 다를 것이다. 서울의 지하철 소리와 한국말 소리가 아니라 가령
체코의 오래된 트램 소리와 체코 말소리를 들으며 출근하면 잠시라도 외국에 온
기분이 들지 않겠는가? 즉, 여행을 온 듯한 소리를 제공하는 서비스인 것이다. 어느
날은 알프스 목장의 방울 소리와 바람 소리를 들으며 걷고, 어느 날은 도쿄의
말소리를 들으며 걷다 보면, 1년이 지나면 세계 여행으로 지도를 정복할 수 있을
것이다.

4 인생 비주얼 가이드

F 여정 + E 늙음

바쁘게 꽉 찬 하루하루를 살다 보면 어느새 시간이 많이 흘러 있는 것을 발견하게
된다. 그리고 지나간 시간을 돌아보며 이게 내가 꿈꿨던 시간이 아닌데 하며
한숨을 쉴 것이다. 그럴 때마다 객관적으로 한 발짝 떨어져 나를 돌아보는 시간이
필요하다. 이 부분은 앱의 도움이 필요하겠다. 사용자가 설정한 인생의 목표가
시각적인 여정으로 표시되고 그 지도에 나의 현재 위치, 본래 계획과의 부합 여부,
스트레스 지수와 행복 지수, 타이머가 표시된다면 한 번씩 멈춰 서서 인생 계획을
다시금 세워 볼 수 있을 것이다.

5 연결 자동차

K 연결 + L 관절

이번에는 조금 먼 미래에나 가능한 상상을 해볼까 한다. 자율주행이 보편화될
정도의 시기가 된다면 미래 도시는 도로와 자동차가 소통하는 세상이 될 것이다.
사람이 운전석에 앉아 속도와 신호, 차선을 지키며 자동차를 작동시켜야 했던 것은
과거의 모습이 된다. 그리고 자동차는 소유보다는 지금의 대중교통과 같은
공유하는 운송수단이 될 수 있다. 이와 함께 자동차를 운행하는 에너지 또한
공공으로 충전될 것이다. 그렇다면 도시 내 운행하는 운송수단이 전체적으로
에너지를 적게 쓴다면 모든 사람에게 이익이다. 만약 도로의 앞쪽 차량에 뒤차의
앞머리를 붙여 마치 기차와 같이 함께 운행하다가, 갈림길에서 떨어져 나가 제 갈
길을 간다면 에너지를 절약하는 방법이 될 수 있지 않을까? 앞머리에 있는 차량이
운행하는 동력의 관성에 뒤차들이 함께 움직인다면 최소한 출발과 제동에 필요한
총 에너지는 절약할 수 있지 않을까 한다. 물론 세부적인 사항은 검토해야
하겠지만 미래를 상상하는 아이디어의 시작으로서는 가능하다.

6　날씨 향수

> Q 향수 ＋ M 비

비가 오는 날은 특유의 냄새가 있다. 출퇴근이 힘들기는 해도 비 오는 날의 정취 자체를 즐기는 사람은 많다. 약간 어둑한 빛과 비가 내리는 모습과 소리, 흙냄새가 비 내리는 날의 감성을 조성한다. 출퇴근길에 비를 맞아 옷과 신발이 젖는 불쾌감 없이 비 오는 정취를 느낄 수 있다면 빠른 발걸음도 늦춰 천천히 즐기며 걸을 수 있지 않을까? 비 오는 날 풍기는 특유의 냄새를 향으로 만들어서 다닌다면 언제든 비 오는 날의 감성을 느껴 볼 수 있지 않을까? 혹은 향초나 방향제로 실내 분위기 조성에 응용할 수도 있겠다.

7　파파라치 ME

> R 외모 ＋ H SNS ＋ G 파파라치

여성 독자들은 공감하는 사람이 많을 것 같다. 아침에 외출 준비를 하다 보면 왠지 모르게 나 자신이 예뻐 보이는 날이 있다. 그날의 코디가 잘되고 화장과 머리도 잘되어 꼭 사진으로 남기고 싶은 날이 있을 것이다. 그런 날은 셀카를 찍는 날이다. 셀카를 찍다 보면 사진첩에 비슷한 구도의 사진이 수십 장 쉽게 채워지는 경험이 있을 것이다. 그러나 모두 비슷한 구도와 비슷한 표정의 얼굴 위주 사진은 아쉽다. 화보 속의 연예인은 매우 자연스럽게 거리를 걷는 사진을 갖고 있지 않은가? 일반인이라고 거리에서 자연스러운 모습을 화보로 남기지 말라는 법 없다. 마치 파파라치가 나를 찍은 것처럼 카메라를 의식하지 않은 채 거리를 걷는 일상 모습을 고급스럽게 찍어 준다면 연예인의 거리 화보처럼 멋진 작품을 얻을 수 있겠다. 예쁘고 멋있게 코디된 날 출퇴근길에 앱으로 예약하고 내가 다니는 길을 몰래 함께 하며 사진을 찍고 전송받으면 된다.

8   출퇴근길 수업/영화

> C 영화 + J 자동차

부지런한 직장인은 출근 전에 어학원을 가거나 점심시간을 활용하여 자기계발을
한다. 혹은 출퇴근 지하철에서 인터넷 강의를 듣기도 한다. 시간을 내 학원에
간다면 선생님의 지도를 받으며 수업을 들을 수 있지만, 혼자 인터넷 강의를 보며
공부하다 보면 개인적인 피드백을 받지 못해 능률이 오르기 쉽지 않다. 출퇴근길
특정 구간 동안 함께 차를 타고 가면서 짧은 수업을 듣거나 짧은 영화를 시청하는
프로그램이 있다면 지옥철을 피할 수도 있고 시간을 효율적으로 활용할 수 있을
것이다. 여기에 아주 작은 간식/음료 패키지가 새롭게 디자인될 수도 있고 이로써
추가적인 수입거리가 만들어질 수 있을 것이다.

9   출근길 메이크오버

> S 메이크업 + U 시간 + T 공간

아침에 일어난 지 20분 만에 준비를 완료해서 나가는 사람도 있겠지만 많은 여성은
아침 준비 시간이 꽤 오래 걸린다. 그러다 보니 출근하는 지하철이나 버스에서
화장하는 모습을 가끔 볼 수 있기도 하다. 만약 출근 시간에 맞추어 집에서
직장까지 가는 차 안에서 함께 이동하면서 화장과 머리단장을 해 준다면 어떨까?
옷만 입고 차를 타면 전문가의 손길이 닿은 모습으로 메이크업과 머리가 단장되어
차에서 내리는 것이다. 시간에 따른 비용, 거리에 따른 비용으로 서비스의 차등을
줄 수 있을 것이다. 가까운 거리는 오히려 준비 시간이 촉박하여 난이도가
올라가므로 추가 비용을 청구할 수도 있겠다. 미술품을 옮기는 무진동 차량이
준비되면 좋겠지만, 비용이 너무 올라가기 때문에 택시와 같이 이미 출퇴근에
쓰이는 차량을 조사하는 것에서 시작할 수 있을 것이다. 앞으로 무인자동차가
상용화된다면 자동차는 이동수단에서 개인 시간을 보내는 또 다른 생활공간으로
의미가 확대될 전망이기 때문에 다른 다양한 서비스도 개발 가능할 것이다.

10   출근길 택배 서비스

X 출퇴근 + V 택배

일명 "가는 길에 가져다줍니다." 서비스다. 출퇴근길과 택배 배송지가 비슷할 경우
직장인이 할 수 있는 작은 아르바이트가 되겠다. 물론 앱을 통해 일일택배
기사들의 신뢰 평가가 이루어져야 할 것이다. 만약 안정된 직장에 다니는, 물건을
훔칠 위험이 없는 사람임이 보장된다면, 택배가 목적지에 도착하는 데 출근/퇴근
편도 시간만 소요될 것이고, 일일택배 기사가 결근하지 않는 이상 반드시 도착하게
될 것이다. 택배 신청자는 빠른 시간에 물건이 도착하여 좋고, 택배 서비스를
제공하는 직장인은 출근길과 퇴근길에 작은 아르바이트를 해서 좋다.

11   차량 내 세계 여행

N 산토리니 + F 여정

또 다른 미래의 이야기다. 앞으로 자율주행이 보편화된다면 자동차 내에서 보내는
시간은 반드시 달라진다. 사람이 직접 운전을 할 필요가 없으므로 차는 운전하는
공간이 아니라 개인 시간을 갖는 공간이 된다. 매일 똑같은 직장을 왔다갔다 직접
운전하는 것보다 차라리 쉬는 것이 더 좋다. 그러나 자발적으로 운전하고 싶은
순간이 있다. 바로 여행을 할 때다. 풍경이 아름다운 곳에 여행을 가서 차를
렌트하여 드라이브를 즐긴다면 얼마나 행복한가? 만약 차 안에서 바라보는 창 밖
풍경이 실제 풍경이 아니라 모니터로 보여주는 가상의 영상이라면 출근길에 내가
원하는 곳을 여행할 수 있을 것이다. 게다가 드라이브를 즐길 수도 있다. 실제
자동차는 자율주행으로 직장까지 데려다 주지만, 차 안에서 운전을 즐기는 사람은
영상 속에서 신나게 드라이브를 하고 있다. 예를 들어, 지구본을 돌려 좌표를 찍고
오늘은 하와이의 해안을 마음껏 달렸다가 내일은 캐나다의 숲 속을 헤매고 모레는
맨해튼의 거리를 조심스레 다녀볼 수 있다. 그리고 문을 열고 나오면 사무실
앞이다.

12 에너지 컬렉터

J 자동차 + I 자율 + W 태양

이 아이디어는 이동이라는 중심어로 뉴런워크를 진행하며 자연스레 나온
아이디어다. 도시를 다니면서 에너지를 수집하는 차량이 있다면 낮에는 햇볕이
강한 곳을 찾아다니면서 태양광을 통해 전기를 모으고, 경사가 가파른 곳을
내려오면서 에너지를 발전시키기도 하며, 감압 발전기가 있는 곳을 다니면서
에너지를 생성하는 등 다양한 방식으로 에너지를 모으는 무인 차량이 있을 수
있다. 정해진 목적지가 있는 것이 아니기 때문에 속도가 빠르거나 사람이 타기에
편안할 필요가 없다. 차량이 소비하는 에너지가 수집하는 에너지보다 적어야 하기
때문에 특수 디자인과 구동 방식이 연구되어야 할 것이다.

'이동'이라는 중심어로 뉴런워크를 진행한 결과 12가지의 초기 아이디어가 나왔다.
더 많은 아이디어를 떠올릴 수 있겠지만 1차적으로 꺼내 본 것은 앞서와 같다.
물론 이 아이디어 중 곧바로 비즈니스로 전환할 수 있는 것들도 있고 연구개발과
수익모델을 정교하게 짜며 현실성 검토가 필요한 것들도 있다. 만약 뉴런워크 없이
'이동'이라는 내용만을 의미상으로 깊이 파고들었거나 항목별 표를 만들어 속성을
분석하려 했다면 '파파라치'나 '흙'과 같은 키워드는 나오지 않았을 수 있다. 시작한
때는 이동파는 관련없는 듯한 단어들이기 때문이다. 관련 있는 내용만을
생각한다면 새로움이 있을 수 없다. 관련이 없는 것 같지만 느슨한 연관성이 있는
지점이 현실적인 측면에서 개발 가능성이 있는 동시에 새로운 아이디어로
발전시킬 수 있는 씨앗이다.

'요리'의 뉴런워크 아이디어

다음으로 요리에 관한 뉴런워크 작업도에서 나온 키워드를 조합해 아이디어를
만들어 보며 뉴런워크의 활용 예시를 살펴보자.

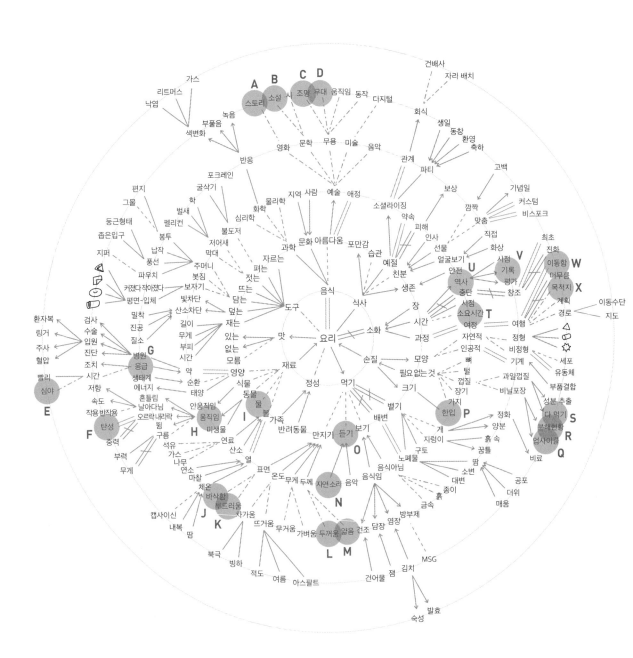

다음은 요리라는 중심어로 진행한 뉴런워크이며 아이디어 개발을 위해 선정한 키워드는 다음과 같다.

A   스토리   N   자연 소리
B   소설   O   듣기
C   조명   P   한입
D   무대   Q   업사이클
E   심야   R   분해현황
F   탄성   S   다 먹기
G   응급   T   소요 시간
H   움직임   U   역사
I   물   V   기록
J   바삭함   W   이동함
K   부드러움   X   목적지
L   두꺼움
M   얇음

1   현지 물로 요리하세요

I 물

우리가 한식을 요리할 때는 당연히 한국의 재료로 요리한다. 이탈리아 요리를 할 때 최대한 이탈리아 현지의 재료를 사용하면 본고장의 맛에 근접하게 요리할 수 있을 것이다. 현지 재료를 구하는 것으로 현지 음식이 완성될 수 있는가? 요리 대부분에는 물이 들어간다. 프랑스 요리를 할 때 프랑스 물로 요리하고 일본 요리를 할 때 일본 물로 요리하면 더욱 현지 음식을 생생하게 느낄 수 있지 않겠는가? 물맛이 어떤 차이를 줄까 싶을 수 있겠지만, 레스토랑에서 현지 물을 사용하여 현지 요리를 했다는 스토리 자체만으로도 프리미엄 식사 경험을 줄 수 있을 것이다. 이렇게 지역별 물만 모아 공급하는 서비스만 진행해도 니치 마켓을 겨냥할 수 있을 것이다.

2   응급 야식

G 응급   +   E 심야

심야 시간에 갑자기 아플 때 찾는 곳이 있다. 바로 응급실이다. 일반 병원은 문을 열지 않아 보통의 진료는 받을 수 없기 때문에 응급실에서 응급 처치를 받고 돌아온다. 그렇게 밤을 보내고 다음 날 병원 문이 열리면 제대로 된 절차를 갖추어 차근차근 치료를 받는다. 이와 같은 방식으로 심야 시간에 응급 야식 서비스가 나올 수 있지 않을까? 늦은 밤에 야식이 먹고 싶어 자극적인 많은 음식을 배달시켜 배불리 먹고 다음 날 후회하지 않도록 말이다. 응급이라는 표현에서 알 수 있듯 무언가를 먹고 싶을 때 응급 처방이 될

정도로만 야식을 먹는 것이다. 건강을 해치지 않는 응급 야식 패키지다. 적은
양이지만 다양한 종류의 음식이 들어 있어 음식을 먹고 싶은 욕구와 허기를
가라앉히고 즐거움은 얻되 건강을 해치지 않을 정도로 몇 점씩만 먹게 하는 작은
패키지다. 이 응급 야식 패키지를 위해 음식량과 제형, 소화난이도, 자극도를
연구하여 독자적인 야식 디자인과 서비스를 만들어 볼 수 있을 것이다.

3   소화 시간 패키지

T 소요 시간 + P 한입

응급 야식 패키지와 비슷할 수 있지만, 또 다른 종류의 아이디어다. 사람은 공복
상태에서 잠을 자야 깊게 잘 수 있다고 한다. 그래서 자기 전에 음식을 먹는 것을
지양하도록 한다. 만약 잠을 자기 전 무엇인가를 먹고 싶다면 자기 전까지 소화를
시키기만 하면 되지 않겠는가? 예를 들어, 30분 소화 패키지, 1시간 소화 패키지,
3시간 소화 패키지 등과 같이 소요 시간으로 음식이 포장되어 있으면 자기 전에
먹고 포장에 표시된 시간 이후에 잠을 자면 된다. 모든 사람의 소화 능력은 다를 수
있지만 평균적인 소화 능력을 기준으로 음식의 양, 제형, 성분 등으로
소화난이도를 측정하여 소요 시간을 표기해 둔다면 음식을 먹고도 건강한 잠을 잘
수 있을 것이다.

4   식사책(食史冊)

U 역사 + V 기록

한 사람의 식사 역사책이다. 즉, 내가 먹는 내용을 담은 히스토리다. 내가 무얼
먹었는지 기록으로 남겨 마치 역사를 보는 듯한 콘텐츠를 제공하는 서비스다. 무얼
먹을 때마다 간단하게 사진을 찍어 올리면 AI가 사진 속 음식의 종류와 양을
분석하고, 음식을 먹는 시간, 재료, 가격, 빈도, 누구와 먹나 등 다양한 데이터가
쌓일 수 있다. 수험생이나 건강에 유의해야 하는 사용자는 올바른 식단을 따르고
있는지 이 서비스를 통해 확인할 수도 있겠다. 내가 올바른 영양소를 골고루

섭취하는지 진단하는 목적으로 활용될 수도 있겠지만, 이 서비스를 통해 나와 비슷한 식성을 가진 사람이 얼마나 되나 확인할 수도 있다. 나는 주변 사람들과 선호하는 식단이 다른 경우가 있기 때문에 활용해 보고 싶은 서비스다.

5 움직이는 음식

H 움직임 + F 탄성

말 그대로 움직이는 음식이다. 마치 사냥 본능을 가진 고양이가 움직이는 물체를 잡으려 하는 것처럼 음식을 움직이게 만들어 재미 요소를 더했다. 어린이의 흥미를 높이는 수단으로 활용할 수도 있겠다. 식탁 위의 작은 미끄럼틀에서 내려온다거나 음식의 탄성을 활용해서 통통 튀는 방식의 적극적인 움직임을 줄 수도 있겠지만, 간단하게는 불량품인 접시를 저렴하게 공급해 와서 젤리처럼 흔들리는 음식을 담아 '지진 월드'라고 요리의 이름을 붙일 수도 있겠다.

6 소리가 들리는 음식

O 듣기 + N 자연 소리

옛말에 음식으로 장난치면 안 된다고 했다. 하지만 소리가 들리는 음식이라는 것은 장난으로 하는 말은 아니다. 파도 소리, 나뭇잎 소리, 시냇물 소리 등과 같이 요리에서 사연의 소리가 느껴지게 하여 음식을 먹는 경험을 풍부하게 만들어 자연 재료의 가치를 한층 높여 볼 수 있을 것이다. 혹은 씹거나 써는 행동에 맞추어 마치 음악처럼 듣기 좋은 소리가 만들어지게 하는 방법을 연구해 볼 수 있지 않을까?

7 탄소발자국 낮은 식당

W 이동함 + X 목적지

탄소발자국[31] 낮은 재료로 탄소발자국 낮은 방식으로 요리하는 식당이다. 환경에 대한 경각심이 높아지면서 자원재활용과 새로운 활용에 대한 의식도 함께 높아지고 있다. 환경보호 실천은 매일 먹는 음식에도 적용되어야 한다. 그것을

31 제품 및 서비스의 원료 채취, 생산, 수송 및 유통, 사용, 폐기 등 전과정에서 발생하는 온실가스 발생량을 이산화탄소 배출량으로 환산한 것

실천하는 식당은 높이 평가받아야 한다. 최대한 가까운 로컬에서 수확한 재료로 에너지를 적게 쓰는 방식으로 요리하여 메뉴판에 음식별로 탄소발자국 수치를 표기한다면 음식을 먹는 손님들은 식사만 했을 뿐인데 환경보호를 실천한다는 것을 가시적으로 느낄 수 있을 것이다.

8 무대 식탁

D 무대 + C 조명

음식은 예술과도 같고 맛있는 음식을 먹을 때는 입 안에서 음식이 춤을 추는 것 같다고도 표현한다. 예술 작품을 감상하는 것처럼 음식을 먹는 각 식탁을 무대와 같이 느껴지게 분위기를 조성할 수 있을 것이다. 각 식탁이 있는 무대는 높낮이와 빛의 색채가 다를 수도 있고 각각의 식탁에서는 지향성 스피커가 설치되어 주문한 음식에 어울리는 음악이 해당 테이블에만 들리도록 하며, 자신만의 핀 라이트를 받으며 음식의 스토리를 느끼는 식사를 할 수 있다.

9 스토리 식사

B 소설 + A 스토리

연극이나 영화에 발단 – 전개 – (위기) – 절정 – 결말의 구조가 있듯 식사도 애피타이저 – 수프/샐러드 – 메인 – 디저트 등으로 구성된다. 음식의 스토리가 전개되는 것처럼 메뉴의 코스에 스토리 구성에 맞추어 명칭을 붙일 수도 있고, 코스의 제목 자체도 요리의 메시지에 맞추어 작품에서 이름을 따올 수도 있지 않을까? 예를 들어, 코스 이름이 '반지의 제왕'이라면 자연적 재료로 반지원정대가 탐험을 떠나는 기대를 담은 에피타이저를 만들고, 탐험적이며 다소 거친 듯한 분위기로 메인 디시를, 다음 편을 예고하는 듯하게 여운을 남기는 디저트로 구성할 수 있지 않을까. 재료와 맛은 물론이고 플레이팅의 레이아웃 또한 프렌치 디시 같은 정갈함보다는 미지의 자연에서 먹는 듯하게 표현할 수 있을 것이다.

10 100% 업사이클 요리

> S 다 먹기 ＋ R 분해 현황 ＋ Q 업사이클

하나도 버리는 것 없는 요리다. 요리를 하다 보면 포장과 부산물을 손질하여
버리게 되는데 그동안 당연히 버려오던 것을 버리지 않고 활용할 수 있다면 아주
바람직할 것이다. 물론 재료의 버리는 부분을 최소한으로 해 최대한 먹을 수 있는
방향으로 요리해야겠지만 원재료 중 최대한 얼마만큼 요리에 사용하였고
비닐포장, 뼈, 생선내장 등 사용하지 않은 부분들은 다른 필요한 곳으로 보내어
어떤 식으로 쓰임을 갖게 하였는가를 보여줄 수 있을 것이다.

11 How would you like your dough/rice?

> J 바삭함 ＋ K 부드러움 ＋ L 두꺼움 ＋ M 얇음

아침 식사를 할 때 "계란을 어떻게 드시겠습니까?"와 같은 맥락이다. 피자, 만두 등
밀가루 음식에서 밀가루 부분을 두껍게, 얇게, 부드럽게, 바삭하게 취향대로 주문을
받는다면 개인 취향에 최대한 근접하게 맞춘 메뉴가 탄생할 것이다. 마찬가지로
된밥, 진밥을 선택하게 하여 입맛에 맞춰 볼 수도 있을 것이다.

몇 가지 개인적으로 적어 놓은 아이디어는 더 있지만 이 정도로만 언급하겠다.
'요리'라는 중심어로 뉴런워크를 진행해 간단하게 꺼내 본 것만으로도 11가지
아이니어가 나왔다. 물론 앞서 보았던 '이동'의 뉴런워크 사례들과 같이 아직까지는
실천하기에 이르게 느껴진다거나 추가 연구나 개발이 필요한 사례들도 있다.
그러나 이 사례들을 통해 뉴런워크로 어떤 식의 새로운 관점을 얻을 수 있는가를
이해했으면 한다. 많은 사람이 퇴직금으로 치킨점을 차렸다가 얼마 지나지 않아
퇴직금을 모두 탕진한다고 한다. F&B 업계에서 새로운 서비스와 경험을 판매하기
위해서는 모방이나 작은 개선보다는 새로운 혁신적인 시도가 어떻게든 필요하다.
물론 맛과 질이 담보된 요리, 브랜드, 서비스 숙련도 모두 필요한 부분이지만,
새로운 아이템을 발굴하는 차원이라면 뉴런워크 작업을 시도해 볼 만하지
않겠는가.

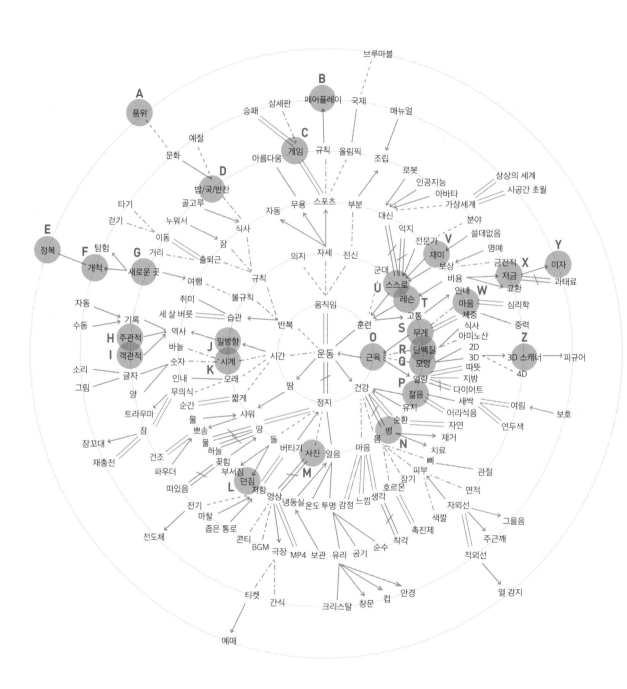

'운동'의 뉴런워크 아이디어

다음은 운동에 관한 뉴런워크 작업도에서 나온 키워드를
조합해 아이디어를 만들어 보자.

1 단백질 코스 요리

> R 단백질 + D 밥/국/반찬 + A 품위

멋진 몸을 만들려고 운동하는 사람들의 식사 모습을 떠올려
보면 대부분 비슷한 장면을 그릴 수 있다. 바로 단백질
셰이크를 단숨에 마시는 모습이다. 단백질 파우더를 삶은
닭가슴살과 함께 갈아 마신다거나, 닭가슴살과 야채 위주의
도시락을 헬스장 한쪽에서 먹고 다시 운동을 하는 모습도
떠오른다. 꼭 헬스장 한 켠에서 단백질 도시락이나 셰이크를
먹지 않아도 철저하게 제한된 식단 때문에 음식의 형태가 늘
뻔하다. 그러다 보니 식사 시간도 순식간에 끝나 버린다. 몸을
위해 식사하는 즐거움은 배제한 채 영양소 섭취만을 고려한
흡입으로 보이기도 한다. 그런데 운동을 한다고 해서
인간다운 식사의 즐거움을 버려야 한다는 법은 없다.
염분이나 탄수화물과 같이 반드시 피해야 하는 성분을
배제하고, 영양소가 단백질로 이루어졌을지라도 음식 형태를
갖추어 품위 있는 식사를 한다면 스트레스는 덜할 수 있지
않을까? 품격 있게 앉아 숟가락, 젓가락 혹은 포크와
나이프로 우아한 식사를 할 수 있도록 음식의 종류, 형태,
식사 절차만 갖추어도 격조 있는 식사 시간이 될 수 있지
않을까 한다. 미슐랭 원스타를 받을 각오로 메뉴 개발을 하고
헬스장 옆에 음식점을 차린다면 극단적 운동을 하지 않는
사람들도 건강을 위해 찾아갈 수 있을 것이다.

다음은 운동이라는 중심어로 진행한 뉴런워크이며
아이디어 개발을 위해 선정한 키워드는 다음과 같다.

A	품위	N	병
B	페어플레이	O	근육
C	게임	P	젊음
D	밥/국/반찬	Q	모양
E	정복	R	단백질
F	개척	S	무게
G	새로운 곳	T	레슨
H	주관적	U	스스로
I	객관적	V	재미
J	일방향	W	마음
K	시계	X	저금
L	던짐	Y	이자
M	사진	Z	3D 스캐너

2　신체 나이 프로그램

T 레슨　+　P 젊음

주로 운동 시설에서는 프로그램을 기간제로 등록한다. 3개월 혹은 10회 이런 식으로 얼마나 오랫동안 몇 번 운동을 하는지로 회원 가입을 한다. 3개월이 지난 후 재등록하거나 10회 이후 그만두거나 하는 식이다. 그 기간 이후 몸이 원하는 상태가 되어 있을지는 알 수 없다. 운동을 하는 이유 중 큰 부분은 바로 신체가 건강해지기 위해서다. 만약 헬스장(혹은 기타 다른 운동 기관)에서 제공하는 코스 이후 신체 나이가 확실히 젊어진다면 운동의 목적이 달성되지 않겠는가? 따라서 3개월 코스보다 −5살 프로그램, −2살 프로그램 등과 같이 원하는 신체 나이를 설정하고 원하는 연령이 될 때까지 매일 측정하며 운동을 하게 하는 것이다. 회원 각각의 몸 상태에 따라 기대수명과 희망연령을 조사하여 운동 기간이 개인 맞춤으로 프로그래밍되어야 할 것이다. 만약 운동을 게을리한다면 기간이 계속 연장될 것이고, 비용 지불을 빨리 끝내고 싶으면 부지런히 운동해야 할 것이다. 유전요인, 생활습관, 운동량에 따라 기대수명과 현재 신체나이를 측정하는 방법은 개발되어 있고 앞으로 더욱 정교해질 전망이다. 얼마든지 가능한 비즈니스 모델이다.

3　마음의 무게 다이어트

S 무게　+　W 마음　+　N 병

직장인의 80%가 오피스 우울증을 겪고 있다고 한다. 오늘날 우울증은 감기와 같은 일반적인 질환이 되었다. 이제 몸에서 덜어 내야 하는 것은 지방뿐만이 아니다. 마음의 무게도 함께 덜어 내야 한다. 만약 심리학 전문가가 운동기관에 상주하여 심리 치료와 마음 개선에 좋은 운동을 위주로 처방해 준다면 땀을 흘리면서도 정신적 스트레스가 해소될 수 있지 않을까? 만약 신체단련보다 심리치료 위주의 운동 프로그램을 마련한다면 운동을 하는 환경과 음악, 대화, 시간, 함께하는 사람, 시설 등이 지금의 헬스장과는 전혀 다른 모습이 되어야 할지도 모른다.

4　인생샷 서비스

> M 사진 + Z 3D 스캐너

운동을 하는 사람들은 변화하는 자신의 모습을 사진에 담는다. 자신의 몸이 절정의 모습을 할 때면 반드시 멋진 사진으로 남기고 싶어 할 것이다. 거울 앞 전신 셀카처럼 말이다. 만약 헬스, 발레 등 운동시설이 사진/영상 스튜디오와 협업을 해 운동하는 사진과 영상이 합쳐진 프로그램을 등록할 수 있게 한다면 점점 건강해지는 자신의 모습을 멋지게 담기 위해서라도 운동을 열심히 할 수 있겠다. 만약 사진이 3차원으로 돌려볼 수 있는 형태면 더욱 좋겠다. 피규어로 만들 수도 있다. 협업하는 스튜디오에서 찍은 사진을 SNS에 올릴 때, 때로는 한 번씩 콘테스트를 열고 리워드를 지급하여 참여를 더욱 높이는 방법을 찾을 수도 있겠다.

5　부피를 측정하는 옷

> O 근육 + Q 모양

많은 여성이 몸무게에 집착한다. 그러나 날씬하고 건강한 모습은 몸무게와 반드시 비례하지 않는다. 운동을 해 근육이 많아지면 몸무게가 늘어나니 말이다. 근육 없이 지방이 많을 때 오히려 몸무게가 더 낮을 수도 있다. 그래서 운동을 할 때는 눈으로 보이는 모습이 무게보다 더욱 중요한 척도가 된다. 그러나 눈대중으로 보는 모습은 그날의 기분에 따라, 조명에 따라 달라 보이기도 한다. 그래서 정확한 숫자로 알려주는 체중계를 더욱 믿게 되는 경향이 있다. 눈대중을 못 믿는 이유는 객관적으로 정확한 척도가 없기 때문이다. 그렇다면 몸의 부피와 형태 변화를 알려주는 도구가 몸 상태를 정확하게 알려주면 되지 않겠는가? 예를 들어, 간단하게 옷을 입었는데 옷이 늘어나는 정도를 감지하여 신체 부위별 부피 변화를 알려준다면 더는 체중계의 숫자에 예민할 필요 없이 진정한 척도를 알 수 있지 않을까 한다.

6 인생 시계

J 일방향 + H 주관적

우리가 느끼는 시간은 절대적인 것 같지만 신체 시간은 상대적으로 흘러간다.
자신의 건강 정도와 운동 정도에 따라 죽기 전까지의 시간이 때로는 빠르게,
때로는 느리게 흘러간다. 만약 개인 신체나이 맞춤형 시계가 있어 부지런해지거나
게을러질 때마다 시간 속도의 변화를 보여준다면 경각심을 느끼고 꾸준히 운동을
하게 되지 않을까 한다.

7 운동시간 공동 완성 시계

K 시계 + C 게임

혼자의 의지로 운동하지 못하는 사람을 위한 방법이다. 친구들과 함께 주간 운동
시간과 총 운동 시간에 대한 목표를 설정한다. 손목 센서가 움직임을 감지하여
실제 운동량을 체크한다. 만약 한 주간 누군가가 목표 운동 시간을 채우지 못하면
다른 친구들 또한 다음 관문으로 넘어가지 못한다. 즉, 모든 사람이 일정량을
채워야 다음 관문으로 넘어갈 수 있는 것이다. 내가 게으름을 피우면 다른
사람들에게 피해를 주게 되어 책임감에서라도 운동하게 하는 것이다.

8 금융권 연결 프로그램

X 저금 + Y 이자

이 또한 운동 의지가 약한 경우를 위한 아이디어다. 친구 간의 의리는 잃어도 돈은
절대로 잃기 싫어하는 사람들을 위한 방법이다. 운동을 등록할 때 일정 금액을
예금하고 운동 정도에 따라 이자가 쌓이는 식이다. 운동을 해 신체 목표치에 빨리
도달하면 큰 이자를 받고, 늦게 도달하면 거의 원금을, 도달하지 못하면
되돌려받지 못하는 예금 상품이 있다면 어떻게든 운동을 하지 않을까 한다. 그러면
의지가 약한 사람들이 많을수록 금융기관은 수익이 높아질 것이다.

9　성지순례

> G 새로운 곳 ＋ E 정복 ＋ T 레슨

특수 운동 프로그램이 숨어 있는 지점을 돌아가며 모든 프로그램을 체험하는 서비스다. 마치 미슐랭 레스토랑을 찾아가거나 관광 명소를 찾아다니며 일명 도장 깨기를 하는 것과 비슷하다. 각 지역마다 특정한 신체 단련에 특화된 독특한 운동 프로그램이 있다면 여행을 하듯 지점을 찾아다니면서 즐겁게 운동할 수 있고, 모든 것을 마스터하면 성취감과 영광을 느낄 수 있을 것이다. 이를 위해 어떠한 프로그램들을 구성할 것이고 각 프로그램을 보유한 기관의 지리적 배치는 어떻게 할 것이며, 서비스 비용은 어떻게 부과할 것인지 설계되어야 할 것이다.

10　놀이 운동

> U 스스로 ＋ V 재미 ＋ L 던짐

웨이트 트레이닝과 같이 특정 근육을 반복해서 사용하는 기계적 운동도 있고, 발레와 같이 음악과 함께 하는 운동도, 요가와 같이 매트에서 하는 운동도 있다. 각 운동은 저마다 다른 방식으로 신체를 단련하는데, 중요한 것은 최대한 운동을 하는 자신이 즐거움을 느껴 꾸준히 지속해야 한다는 것이다. 마치 어린이들이 자발적으로 뛰어노는 것처럼 말이다. 어린이들처럼 자르기, 뽑기, 던지기, 당기기, 매달리기, 구르기와 같은 활동을 숭심으로 그에 관련한 물체를 디자인해 새로운 게임을 디자인하듯 운동 프로그램을 설계한다면, 숙제 같은 부담보다 즐겁게 운동하는 효과를 얻을 수 있지 않을까 한다.

11　페어플레이

> B 페어플레이 ＋ I 객관적 ＋ F 개척

Fair play인 동시에 Pair play이다. 스포츠의 페어플레이 정신처럼 몸과 인생 전체의 건강을 고르게 살펴보는 페어플레이다. 운동뿐 아니라 식사와 문화생활, 인간관계 등 전반적인 부분에서 균형 잡힌 생활을 하는 것을 목적으로 하는 페어fair플레이인 동시에, 혼자가 아닌 짝pair을 이루어 동반자로서 서로 모니터링하며 조언자 역할을 하는 프로그램을 제공하는 서비스다. 명칭이 페어플레이인 만큼 게으름이나 요령을 피우면 안 된다. 신체 건강을 위해 좀처럼 사용하지 않는 근육을 써보는 근육 미개척지를 찾아 단련하기도 하고, 서로 건강한 생활을 하고 있는지 견지하고 의견을 주는 동반자 매칭이 포함된 서비스다. 여기서 동반자는 반드시 실제 사람이 아닐 수도 있고 가상의 아바타일 수도 있다.

'운동'이라는 중심어에 관해서도 뉴런워크 작업을 통해 비즈니스 아이템으로 확장시켜 볼 수 있는 11가지의 아이디어를 만들어 보았다. 이 아이디어들이 '이동'과 '요리'에서 본 것과 마찬가지로 상용화 가능성이 적다고 보이거나, 시장이 규명되지 않았다거나, 누구나 할 수 있는 시시한 아이디어라고 여길 수 있다. 일반적으로 처음에는 콜럼버스의 달걀처럼 초기 아이디어를 시시해한다. 중요한 것은 여러 가지 아이디어들을 스스로 낼 수 있는지, 현실화시키도록 꾸준히 발전시키는지에 달렸다. 독자들이 뉴런워크 작업을 진행하며 만들어 내는 아이디어들이 앞서 보여준 아이디어들보다 더욱 현실성이 높을 수도, 반대로 더욱 엉뚱할 수도 있다. 사람마다 만들어 내는 뉴런워크의 선(화살표 등)이 다르고 단계별로 나타나는 단어들이 다를 것이기 때문이다. 한 가지 중심어로도 작업을 할 때마다 다른 결과물이 도출될 수 있다. 모두 다 좋다. 중요한 것은 뉴런워크의 다섯 가지 규칙 '라이프아이(LIFEI)'를 다 이행하는 시간 자체를 갖는 것이다. 그 시간은 운동을 하는 것과 같이 고통스럽지만, 반복하며 진행할수록 사고의 근육이 길러지기 때문이다.

19 다른 도구들과의 차이점

어떠한 문제를 해결하고자 할 때 바람직한 사고 결과물을 효과적으로 얻으려고 도구를 활용한다. 이때 도구를 사용하면서 바라던 결과물을 얻는 것은 물론, 그 과정에서 개인의 사고력이 향상될 수 있다면 장기적으로 더욱 효율적이고 문제를 해결할 수 있는 범위가 점점 넓어질 것이다. 개인의 사고력이 향상된다는 것은 다시 말해 문제의 본질을 더욱 심도 있게 파악하고, 문제에 대해 다각도로 접근할 수 있으며, 전혀 다른 패턴으로부터 응용의 실마리를 찾아 창의적인 아이디어를 개발할 수 있는 능력이라 할 수 있겠다. 따라서 궁극적으로 스스로의 주체적 사고력을 키우기 위해 도구를 활용하여 사고 연습을 시작할 필요가 있다.

뉴런워크가 사고의 확장과 아이디어 도출을 위한 최초의 도구는 아니다. 그동안 다양한 사고 도구들이 개발되었으며 많은 사람이 문제 해결에 적합한 도구들을 선택적으로 사용해 왔다. 하지만 현재 우리가 사용할 수 있는 도구들은 저마다 목적에 맞게 만들어졌으나 이 책의 핵심 목적인 사고 디자인, 즉 합리적 사고와 창의적 사고를 동시에 충족하려는 목적에 맞게 개발되었다고 보기는 어렵다. 그런데 뉴런워크를 보면 그동안 알던 다른 도구들과 유사해 보이지 않는가? 실제로 세상 도구들은 서로 유사점을 교차적으로 보유하고 있다. 그리고 뉴런워크가 몇몇 도구들과 비슷한 속성을 가진 것도 사실이다. 뉴런워크가 몇 개의 도구들의 짜깁기 버전이라는 인상을 줄 위험이 있다는 사실도 인지하고 있다. 그러한 오해를 미연에 방지하기 위해 이제부터 뉴런워크와 비슷한 성격을 보이는 도구들을 찾아 각 도구의 기능과 장단점을 비교분석해 보이고자 한다. 이로써 뉴런워크를 더욱 올바로 이해하고 효과적으로 활용할 수 있기를 바란다.

우선 뉴런워크와의 특성과 형태, 성격, 목적 측면에서 유사해 보이는 도구들은 다음과 같다.

① 마인드맵

② 컨셉맵

③ 브레인스토밍

④ 브레인라이팅

이 도구들의 형태와 구조적 확장성, 개념적 확장성, 도구의 장단점 등 다양한 측면을 비교분석한 후 뉴런워크와의 유사점과 차이점을 정리해 보겠다. 이때 형태를 비교하는 이유는 도구의 형태는 각 도구의 진행 방법을 시사하며 도구를 통한 사고 결과물의 성격이 형태를 통해 표현되기 때문이다.

마인드맵 Mind map

32 Tony Buzan, What is a Mind Map?, *www. tonybuzan.com*, 2015

마인드맵은 이름 그대로 마인드mind를 매핑mapping하는 것으로, 영국의 토니 부잔Tony Buzan이 1960년대에 두뇌의 잠재력을 높이기 위해 만든 사고 도구다.[32] 정보나 개념을 시각적으로 정리하기 위해 사용하는 방법으로 주로 중심에 있는 하나의 키워드로부터 문자와 그림, 숫자와 같은 시각적 요소를 연결시키며 사방으로 확장시키는 방식으로 진행된다. 중심에서 뻗어나가는 가지는 색과 선의 굵기를 달리하여 서로 구분할 수 있다. 일반적으로 노트나 칠판 등과 같은 평면에 펜과 색연필 등의 필기도구를 사용하여 작업하지만, 오늘날은 컴퓨터나 모바일기기에서 사용할 수 있는 프로그램이 많아 더욱 인터랙티브한 진행이 가능하다.

마인드맵의 진행 방법은 다음과 같다.

1 중심에 토픽을 적거나 그린다.

2 이미지와 심볼, 코드 등을 사용한다.

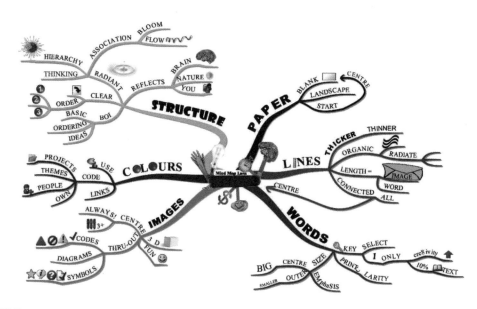

마인드맵의 예
출처: 토니 부잔 홈페이지

3 다양한 컬러를 사용한다.

4 중심의 토픽과 단계별 파생된 요소를 연결한다.

5 연결 가지는 곡선으로 한다.

6 하나의 가지에 하나의 키워드만을 배치한다.

7 문자와 더불어 이미지를 함께 사용한다.

이 방법을 통해 아이디어 생성과 시각화, 구조화, 범주 구분, 학습, 정보 정리 등 다목적으로 활용할 수 있다.[33]

33 Willis, C.L. and Miertschin, S.L., 2006. Mind maps as active learning tools. *Journal of computing sciences in colleges*, 21(4), pp.266-272.

컨셉맵 Concept map

컨셉맵은 1970년대에 미국 코넬대학교의 조셉 노박Joseph D. Novak과 연구진에 의해 만들어졌으며, 개념 간의 관계와 연결성을 시각화하는 다이어그램을 통해 학생의 융합과학에 대한 지식을 안내하기 위해 개발된 도구다.[34] 컨셉맵은 주로 사각형이나 원형의 도형 안에 개념을 적고 원인과 필요, 결과 등과 같이 각 도형

34 Novak, J., 1991. Clarify with concept maps. *The science teacher*, 58(7), p.44.

안에 적힌 내용의 관계 간 성격을 표시한 화살표를 이용하여 구조를 만드는
작업이다.

컨셉맵의 진행 방법은 다음과 같다.

1　사실과 용어, 아이디어 등을 떠올려 목록을 만든다.

2　떠올린 목록을 평면에 펼쳐 놓은 후 성격에 따라 그룹으로 묶는다.

3　화살표를 이용하여 관계에 따라 연결하며 어떠한 관계인지 표시한다.[35]

35 White, H., How to
Construct a Concept Map,
www.udel.edu, 2011.

컨셉맵은 중요 내용을 요약하거나 어떠한 개념이 포함하는 관련 요소의 체계도를
만들 때 사용한다. 또한, 공동으로 지식을 구조화하거나 정보를 분석할 때나 특정
분야에 대한 메타 인지를 높일 때 사용한다.

컨셉맵의 예

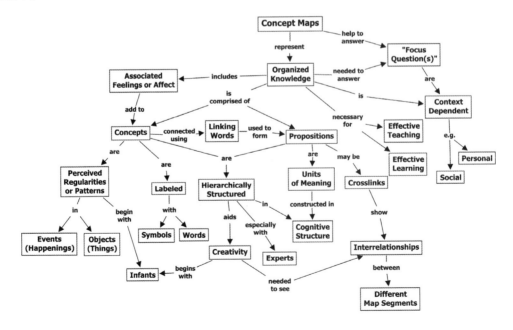

브레인스토밍 Brainstorming

브레인스토밍은 알렉스 오스본Alex F. Osborn이 1953년에 출간한 책《Applied Imagination》을 통해 널리 알려지게 되었다. Madison Avenue라는 광고회사를 운영하던 그는 창의적 아이디어가 끊임없이 필요했고 브레인스토밍이라는 도구를 개발하게 된 것이다. 브레인스토밍은 한 사람보다 다수에 의해 제기되는 아이디어의 수가 많으며, 수가 많을수록 질적으로 우수한 아이디어가 나올 확률이 높다는 원리로부터 출발하였다.

브레인스토밍은 일반적으로 복수의 인원이 모여 특정 주제에 대해 포스트잇과 같은 메모지에 단어나 구절, 그림과 같은 간략한 표현을 사용하여 빈 벽에 아이디어를 붙여 가며 진행한다. 진행자가 있는 경우 제한 시간 내에 최대한 많은 양의 아이디어가 도출되도록 독려하기도 한다. 많은 메모지가 벽에 붙고 나면 관련이 있는 내용끼리 위치를 옮겨 그룹으로 묶는다. 창의력은 훈련될 수 있다고 주장한 알렉스 오스본은 창의적 아이디어 발상에 저해를 주지 않도록 다음과 같은 규칙을 내세웠다.

브레인스토밍의 예

브레인스토밍의 진행 규칙은 다음과 같다.

1 양에 집중한다.
2 비판을 금지한다.
3 특이한 아이디어를 환영한다.
4 결합과 개선을 한다.

브레인스토밍은 엉뚱하고 참신한 아이디어가 필요할 때 주로 이용한다. 따라서 양을 늘려 만들 수 있는 최대한의 아이디어를 명칭 그대로 폭풍처럼 쏟아

내야 한다. 폭풍처럼 많은 아이디어를 쏟는다는 것은 매우 중요하다. 수를 늘리려다 보면 생각이 미치지 않던 부분까지 사고가 뻗치게 되고 의도치 못한 부분으로부터 실마리의 유무를 검토하도록 노력하게 되기 때문이다. 같은 맥락에서 아이디어 발상 과정에 비판을 금지하여 사고의 확장에 저해되지 않도록 해야 한다. 아이디어를 쏟아 내는 과정에서 "가격이 높아 현실적이지 않을 것이다."라고 하거나 "우리의 시장과 맞지 않다." 혹은 "저번에 이미 시도된 아이디어." 등의 비판이 나오면 자유로운 분위기를 해치고 발언이 조심스러워져 비판받지 않을 만한 경직된 범위로 사고가 제한될 위험이 크기 때문이다. 따라서 브레인스토밍에는 비판을 금지하는 규칙이 있다. 하지만 이 규칙 때문에 브레인스토밍으로부터 나온 1차 결과물은 독특함은 높으나 현실적 실효성에서는 부족함을 보이는 경우가 많기도 하다. 따라서 브레인스토밍을 통해 얻게 된 아이디어를 선별하고 조합하여 합리적으로 발전시키는 과정이 필요하다.

브레인라이팅의 예
http://www.andyeklund.com
/brainstorm-technique-brainwriting/

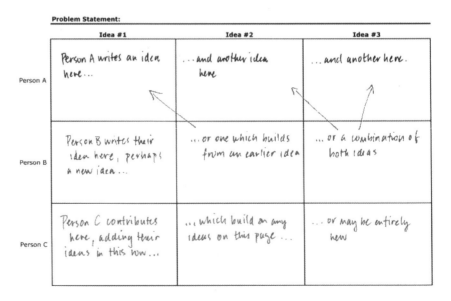

브레인라이팅 Brainwriting

브레인라이팅은 브레인스토밍의 대체수단으로 개발되었고
아이디어라이팅이라고도 불린다. 일반적으로 새로운 아이디어를 얻고자 할 때
브레인스토밍 기법을 사용한다. 나 또한 팀 작업을 하며 브레인스토밍을 여러 번
경험했다. 개인적으로는 브레인스토밍의 산발적인 아이디어 도출 방식에
마음속으로 회의적일 때가 많았다. 그리고 나는 사고하는 속도가 느려 개인적으로
빠른 시간에 많은 아이디어를 경쟁적으로 내는 것 또한 효과적이지 않다. 이처럼
여럿이 말로 아이디어를 말하고 종이에 적어 붙이는 활기찬 브레인스토밍과는
달리 브레인라이팅은 조용히 책상에 앉아 작성하는 방식으로 상반된 분위기를
보인다.[36] 브레인스토밍은 참여자가 동시다발적으로, 그리고 공개적으로 참여하는
것에서 오는 심리적 부담감과 앞에 나온 아이디어가 뒤따라올 아이디어에 영향을
주는 닻내림 효과 등의 부작용을 피하기 위해 사용하기도 한다.[37] 또한, 앞
참여자가 아이디어를 이야기하는 동안 다른 참여자가 영향을 받아 자신의 고유한
아이디어에 집중할 기회를 방해받는다는 데에서 개발되었다.

브레인라이팅의 6-3-5 기법은 6명의 인원이 3가지의 아이디어를 5분 내에 적는
방식이다. 총 여섯 차례 진행되며 앞사람의 아이디어를 토대로 자신의 아이디어를
덧붙여 발전시키는 방식으로 진행한다.

6-3-5 브레인라이팅의 진행 방법은 다음과 같다.

1 주제를 모두가 볼 수 있는 보드나 벽면에 명기하고 구성원들과 진행 절차를
확인한다.

2 일반적으로 3×6의 표가 그려진 브레인라이팅 용지에 3개의 아이디어를 각각
작성하고 옆 사람에게 넘긴다.

3 넘겨받은 용지에 적힌 앞사람의 아이디어를 검토하고 자신의 의견을
기재한다. 이때 앞사람의 아이디어에 편승하거나 자신의 새 아이디어를 적을
수 있다.

4 작성한 용지를 취합하고 게시한다.

36 VanGundy, A.B., 1984. Brain writing for new product ideas: an alternative to brainstorming. *Journal of Consumer Marketing*, *1*(2), pp.67-74.

37 켈로그 경영대학(Kellogg School of Management)의 로란 노르드그렌(Loran Nordgren) 교수는 브레인스토밍은 닻내림 효과로 인해 가장 처음 언급된 아이디어에 의해 뒤에 나오는 아이디어가 좌우지될 가능성이 있다고 언급한 바 있다. Greenfield, R., Brainstorming Doesn't Work: Try This Technique Instead, *www. fastcompany.com*, 2014.

6-3-5 브레인라이팅은 총 6라운드에 걸쳐 진행되며 한 단계마다 5분씩 총 30분 정도 소요되며 6명의 참가자로부터 나온 6가지의 용지를 취합하면 총 108개의 아이디어를 도출하게 된다. 브레인라이팅은 개인이 주제에 대해 천천히 시간을 두고 사고할 기회를 가질 수 있으며, 브레인스토밍과 마찬가지로 그룹 차원에서 창의적 아이디어를 얻고자 할 때 사용한다.

비교 항목

뉴런워크와 유사한 점을 보이는 도구들에 대해 간략하게 소개했으니 이제 항목별로 비교해 보겠다. 비교하기 위해서는 어떠한 항목을 비교할 것인지가 중요하다. 뉴런워크를 포함하여 앞에서 살펴본 사고 도구들인 마인드맵과 컨셉맵, 브레인스토밍, 브레인라이팅은 크게 목적과 형태, 사용과정, 활용방식 측면에서 저마다 특성이 있다. 여기서 목적은 특정 개념에 대한 이해를 넓히고자 하는 측면과 새로운 아이디어를 떠올리고자 하는 측면으로 나눌 수 있다. 형태는 개념적 측면과 구조적 측면에서 확장과 수렴의 상반된 성격이 있음을 찾아볼 수 있다. 사용 과정에서는 참여 인원과 참여 방식에서 도구마다 차이를 보인다. 사고 도구들로부터 중점적으로 얻고자 하는 것에서도 목적상 차이가 있는데, 하나는 진행 과정에서 의미를 찾는 경우이고 다른 하나는 도구를 통해 얻게 된 결과물로부터 의미를 찾는 경우이다. 이는 다시 아이디어의 전달력, 즉 가독성의 정도를 나타내어 제삼자가 이해할 필요가 있는지 여부와 관련이 있다.

사고 도구의 특성 종합을
통한 비교 항목 도출

도구의 특성을 바탕으로
도출한 비교 항목의 분류

비교 항목	비고
1) 구조적 확장성	아이디어 발상을 위해 필요한 개인의 사고력 영역
2) 개념적 확장성	
3) 합리적 정리	
4) 창의적 연결	
5) 참여 인원	복수의 인원이 협업할 때 비중이 높은 고려 영역
6) 심리적 부담	
7) 가독성(전달력)	

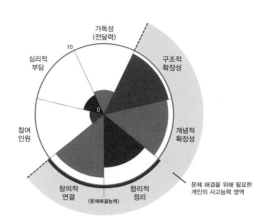

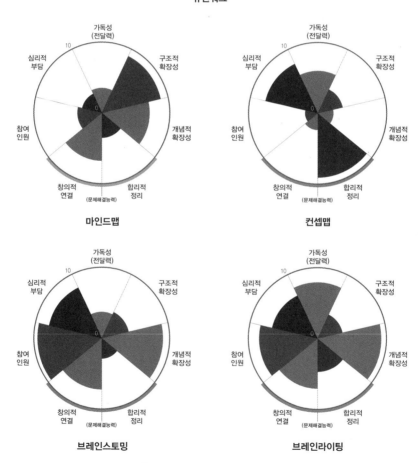

도구들의 영역별 성격 분포

각 도구가 가진 특성을 토대로 구조적 확장성과 개념적 확장성, 합리적 정리, 창의적 연결, 참여 인원, 심리적 부담의 정도, 결과물의 가독성(전달력)이라는 공통적인 비교 항목을 추출할 수 있다. 각 도구가 요소별로 차지하는 비중은 저마다 차이가 있으며, 정량적으로 0에서 10의 지수로 원형의 표를 활용하여 시각적으로 비교할 수 있다.

마인드맵은 구조적 확장성과 개념적 확장성이 높다. 컨셉맵은 기존에 존재하는 개념을 구조적으로 정리하는 도구이기에 합리적인 정리를 한다는 측면은 강하다. 하지만 이미 정립된 개념의 구조를 재구성하는 것이기에 다루고자 하는 개념에 대한 이해가 미숙한 경우에는 어려움을 느낄 수 있어 심리적 부담이 따를 수 있다. 브레인스토밍은 개념적 확장성과 창의적 연결이 높지만 여럿이 모인 자리에서 의무적으로 많은 양의 아이디어를 내야 한다는 점에서 부담이 작용할 수 있다. 또한, 엉뚱한 방향에 대한 아이디어의 양이 많아지는 경우에도 비판 금지의 규칙 때문에 진행 과정에서 합리적 고찰에 관한 측면은 약한 도구다. 브레인라이팅은 개념적 확장성과 가독성, 창의적 연결 측면에서 높은 지수를 보인다. 하지만 6×3으로 된 표의 빈칸을 채워 넣는 방식으로 짜인 형태와 개수에 맞추어야 하기에 구조적으로 확장하기에는 어려운 도구다. 뉴런워크는 구조적 확장성과 개념적 확장성, 합리적 정리, 창의적 연결 측면에서 높은 지수를 나타낸다. 따라서 다른 도구들에 비해 복합적인 장점을 주어 사고를 디자인하기에 효과적인 도구라고 할 수 있다.

종합 및 분석

지금까지 뉴런워크와 유사한 사고 도구들의 특성을 파악하였고 이로써 각 도구에 대해 이해했으리라 본다. 비교한 도구들은 저마다 특성과 방법에서 공통점을 보이는 동시에 서로 다른 모습을 보이기도 한다. 이제 뉴런워크를 기준으로 각 사고 도구와의 유사점과 차이점을 분석하여 사고 디자인 도구로서의 뉴런워크의 특징을 종합하고 분석해 볼 필요가 있겠다. 확장하는 형태적 측면과 내용의 성격적 측면, 활용 목적별 측면으로 구분하여 비교하겠다.

■ 확장 형태의 비교

앞에서 살펴본 도구들은 결과물이 저마다 특수한 형태를 만든다. 이때 형태는 단지 시각적 형상의 의미를 넘어 개방성과 폐쇄성open-close의 정도를 보여주는 지표가 되기도 한다. 그리고 사고 작업을 통해 파생되어 도출되는 개념의 성격이 형태의 영향을 받는다.

뉴런워크와 마인드맵은 방사형 트리 구조를 띤다. 이는 주제에 대해 이해하고 아이디어를 떠올리는 데 있어 다양한 각도로 확장시킬 수 있으며 각 방향이 저마다 다른 역할과 성격을 수행할 수 있음을 시사한다. 다시 말해 방사형 트리 구조는 다각도의 고찰을 가능하게 하는 동시에 끝없는 발상과 연상을 할 수 있는 구조임을 말해 준다. 이로써 중심에서 시작하여 그다음 개념 혹은 하위 개념을 계속해서 도출하거나 관련 개념의 연결로 중심 주제와 거리가 먼 범주까지 사고를 무한히 확장시킬 수 있도록 한다.

브레인스토밍은 특별한 구조 없이 산발적 확장으로 진행되어 '선 확장/후 정리' 형식을 취한다. 참여자에 의해 도출된 아이디어들을 빈 벽이나 보드에 붙여 나감으로써 개수를 늘린다. 하지만 여기에는 사고를 발현시키는 구조적 기틀 없이 빈 공간으로부터 시작하기에 참여자 개인의 사고 흐름에 의존해야 하고 주제와 무관한 무작위 개념들까지 도출될 수 있다. 물론, 동시에 형식에 얽매이지 않은 아이디어가 나타날 수 있다는 장점이 있다. 그러나 이러한 방식은 앞사람이 언급한 내용 혹은 이미 벽에 붙어 있는 내용에 영향을 받아 자신의 생각을 순간 잊거나 자신의 생각이 타인에 의해 변동될 가능성이 있다.

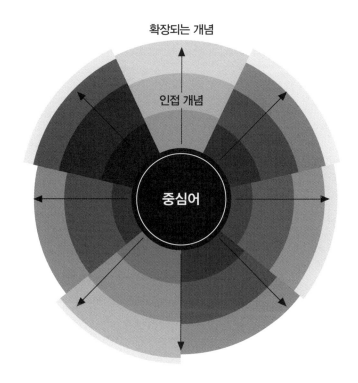

확장되는 개념

인접 개념

중심어

01

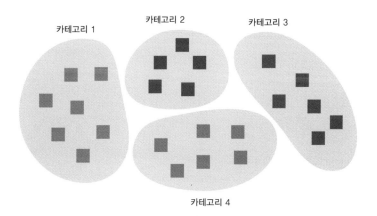

카테고리 1

카테고리 2

카테고리 3

카테고리 4

02

01
방사형 트리 구조의 뉴런워크

02
산발적 형태의 브레인스토밍

	아이디어 1	아이디어 2	아이디어 3
참여자 A			
참여자 B			
참여자 C			
참여자 D			
참여자 E			
참여자 F			

표 형태의 브레인라이팅

브레인라이팅은 사각형의 표를 활용한다. 따라서 정해진 개수의 칸이 아래로 길게 연장되는 형태를 띤다. 이는 곧 다양한 각도로 연상하는 것보다는 전 단계가 바로 뒤에 이어지는 단계로 직접적 영향을 주며 아이디어가 도출되는 방식으로 진행됨을 뜻한다. 다시 말해 전 단계에 기재된 참여자의 아이디어에 영향받은 확장이 이어지고, 횟수의 반복을 통해 아이디어의 개수가 늘어나는 방식이다.

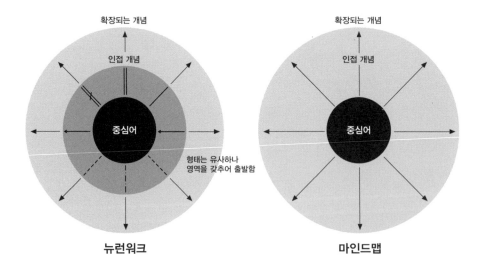

범주를 갖추어 확장하는 뉴런워크

결과물의 시각적 형상이 유사한 뉴런워크와 마인드맵의 차이점을 비교해 보자.
마인드맵의 형태는 뉴런워크와 유사하나 출발부터 성격이 다르다. 마인드맵은
작업자가 중심어로부터 파생시킨 몇 가지의 범주를 기준으로 확장한다. 반면
뉴런워크는 각각의 성격이 부여된 선을 갖추어 사용하여 먼저 방향의 속성을
구분하여 사고를 활성화시키므로 체계적으로 범주를 갖추어 확장한다고 볼 수
있다. 따라서 주제에 대해 마음속으로 특정 몇 가지의 범주를 임의로 설정하여
그에 관련한 내용을 정리하여 각각의 가지에 위치시키는 것이 아니라, 어떠한
주제에 대해 일반적으로 발상되는 범위를 넘어 하나의 주제가 가진 다각도의
측면을 빠짐없이 검토할 수 있게 한다.

■ 내용의 성격 비교

지금까지는 도구들의 형태별 특징에 따라 비교해 보았다면 이제부터는 도구들을
활용하여 얻은 결과물의 내용이 가진 성격을 비교해 보자. 일반적으로 사고의
목적은 크게 두 가지로 볼 수 있다. 하나는 논리 정연하게 생각을 정리하기
위해서고, 다른 하나는 현재 갖고 있지 않은 내용의 아이디어를 떠올리기
위해서다. 다시 말해 사고의 내용이 합리적 정리인 경우와 창의적 확산의 경우로
성격을 구분 지을 수 있다.

뉴런워크와 마인드맵, 컨셉맵, 브레인스토밍, 브레인라이팅을 통해 얻어진
결과물의 성격 또한 마찬가지로 합리성 측면을 강하게 보이는 것과 창의성 측면을
강하게 보이는 도구들로 구분할 수 있다. 뉴런워크는 연결된 요소 간의 관계를
나타내는 선을 이용하여 그에 관련한 개념을 도출시키기 때문에 합리성을
기반으로 한다. 더불어 몇 단계를 거치면 중심어와 관련성과 밀접도가 낮아지게
되고, 단계를 거듭할수록 고정된 시각을 벗어날 기회를 제공하여 창의적
아이디어를 낼 수 있는 통로를 만들 수 있어 창의적 확산을 이룰 수도 있다.

마인드맵은 가지를 색깔과 선의 굵기로 구분하고 이를 통해 카테고리를
정리하거나 관련 개념을 파생시키는 방식으로 진행된다. 따라서 이는 합리적인

구조를 갖추고는 있지만 작업자가 임의로 설정하고 분류한 범주에 의존한다고 볼 수 있다. 예를 들어, '자동차'라는 중심어에서 '배기량', '탑승자', '제조사'라고 가지를 만들 경우 세 범주는 동등한 무게로 자동차에 대해 체계적으로 검토하게 한다고 볼 수 없다. 이처럼 가지의 분류가 임의적이라는 위험 때문에 사고 과정과 결과물의 내용에서 합리성이 떨어질 수 있다.

컨셉맵은 내용의 개방성 측면에서 폐쇄적이다. 컨셉맵은 어떠한 정보를 이루는 요소의 집합을 체계적으로 정리하는 것을 목적으로 하므로 창의적 개념 확장과는 거리가 멀다. 컨셉맵의 내용은 합리성이 높기 때문에 옳고 그름이 분별된다. 예를 들어 '자동차 −is→ 참새'라고 만들면 틀린(시적인 은유를 배제하고 사실에 입각한 작업일 경우) 컨셉맵이 된다. 컨셉맵은 합리성이 강한 도구이기에 학습한 정보에 대해 체계적으로 다시금 이해하고자 한다거나 논리적 정리를 목적으로 하는 경우에 유용하다.

브레인스토밍은 아이디어를 폭풍처럼 산발적으로 쏟아 내는 방식이다. 따라서 많은 양의 단어나 그림을 확보할 수 있으나 구조적 합리성과는 무관한 결과물이 대부분을 차지할 가능성도 크다. 그리고 나의 경험으로는 단시간에 많은 양을 만들어야 한다는 압박 때문에 '빠른 사고'에 입각하여 새로운 영역으로 사고가 도달하지 못하고 주제와 아주 근접한 영역 내의 아이디어가 대부분을 차지하는 경우가 많았다. 따라서 브레인스토밍은 합리적 해결책 측면보다는 창의적 아이디어를 발전시킬 수 있는 씨앗을 찾는 데 도움되는 도구라고 할 수 있다.

브레인라이팅은 그룹이 공동으로 서로의 아이디어에 자신의 아이디어를 보태어 누적하여 발전시키는 방식으로, 시간과 장소가 제한되어 참여하는 구성원의 주관적 관점과 작업하는 당시 보유한 지식의 양에 의존하기에 객관성이 떨어질 수 있다. 5분 안에 빈칸을 채워야 하므로 자료 조사를 병행하기가 현실적으로 어려울 수 있기 때문이다. 따라서 합리적인 해결책보다는 시간을 두고 숙고하는 느린 사고와 공동의 창의성을 고취해 협동적으로 아이디어를 발전시킬 수 있다는 데 의미가 있는 도구다.

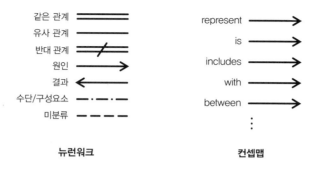

성격 선 사용을 통한 요소의 관계 파악

이러한 도구 중 뉴런워크와 유사성을 보이는 구성요소를 컨셉맵에서 찾아볼 수 있다. 뉴런워크와 컨셉맵은 성격을 가진 선을 사용하여 요소 간을 연결한다. 그러나 컨셉맵은 이미 존재하는 개념에 대한 체계를 정리하는 작업으로, 개념들이 가진 성격의 연관성을 파악하며 연결선에 의미를 기재하는 방식으로 진행된다. 예를 들어, '자동차'와 '탈것' 사이에 선을 긋고 둘 사이의 관계를 적어 '자동차 −include(포함) → 탈것'을 완성하는 방식이다. 반면 뉴런워크는 먼저 다각도의 성격을 갖추어 선을 그린 후, 그 선에 대한 개념을 도출하여 기재하는 방식을 사용한다. 즉, 검토해야 하는 측면을 먼저 확보해 합리적 체계를 갖추고 나서 그에 해당하는 개념을 끌어낸다는 점에서, 그리고 어떠한 주제에 대한 개념의 구조를 능동적으로 만들어 나간다는 점에서 컨셉맵과 큰 차이를 보인다.

▪ 사용 목적 비교

모든 사고 도구를 장기적으로 이용하고 그 과정에서 자신의 두뇌를 활성화해 능동적인 사고를 반복한다면 개인의 사고력이 강화되어 합리적이며 체계적인 정리, 논리 도출, 창의적 아이디어 발상 능력이 고르게 향상될 것이다. 그러나 단기적 측면으로는 첫째로 결과물의 질에 초점을 맞출 것인지 아니면 개인의 사고력 향상에 초점을 맞출 것인지에 따라 선택하는 도구가 달라질 수 있다. 다시 말해 회사나 동아리와 같은 단체에서 공동의 문제를 해결하고자 그룹 차원에서 좋은 아이디어를 우선으로 얻고자 하는 목적과, 문제를 해결하면서 자신의 사고력을 훈련하여 궁극적으로 장기적인 관점에서 도구 없이도 좋은 사고를 이끌어 낼 수 있게 하는 것으로 목적이 달라질 수 있다.

복수의 참여자가 협동적으로 결과물을 생성하는 것을 목표로 하는 경우에는 참여자가 문제의 일부에 부분적으로 기여함으로써 집단지성을 발휘하거나 서로의 아이디어를 발판으로 새로운 생각으로 합성시켜 나갈 수 있다는 장점이 있다. 그에 반해 개인의 사고력 향상을 목표로 하는 경우에는 하나의 사안에 대한 본질 파악, 이해, 개념 확장을 통한 다각도의 해결 방법 모색과 같은 일련의 과정을 개인이 스스로 수행할 수 있어야 한다. 이와 같은 절차의 반복은 사고력 향상의 원동력이 되어 문제에 대한 접근과 사고방식을 개선해 더욱 나은 결과를 도출할 수 있게 하는 능력을 점진적으로 배양시킨다. 다각도의 어려운 사고를 스스로 해내면 뇌의 신경가소성에 의해 뇌 자체의 실질적 사고 처리 능력 또한 향상된다.

브레인라이팅을 제외한 모든 사고 도구들을 복수의 인원 혹은 개인이 단독으로 진행할 수 있는 것이 사실이다. 하지만 뉴런워크는 개인이 홀로 진행하는 것을 기본으로 한다. 뉴런워크는 합리적으로 개념을 정리하며 구조를 만드는 측면과 창의적 아이디어를 생산하는 측면을 모두 포괄하고 있기에, 개인의 합리적/창의적 사고력을 향상시켜 사고 디자인 능력을 높인다.

마인드맵은 주제에 대한 개념을 파생시키거나 하나의 정보를 체계적으로 정리하는 것을 주된 목적으로 사용한다. 뉴런워크와 마찬가지로 스스로 반복적으로 사용하고 밀도 있는 작업을 수행한다면 개인의 사고력 향상에 도움을 줄 수 있다. 컨셉맵은 하나의 정보를 구성하는 요소의 연관성을 체계적으로 정리하는 방식으로 스스로 정보를 정리하여 전체의 그림을 파악하고자 할 때 활용할 수 있어 개인의 이해력 향상과 논리적 사고력 배양에 도움을 줄 수 있다. 하지만 창의적 아이디어 생산 측면에는 큰 도움을 받기 어렵다.

반면 브레인스토밍과 브레인라이팅은 주로 다수의 인원이 공동으로 진행하여 전체 사고 결과에 개인이 부분적으로 기여하는 형식을 띤다. 따라서 개인의 사고력 배양보다는 기한 내에 복수의 참여자가 문제를 해결하고자 할 때, 다시 말해 과정보다는 결과물을 우선시하는 경우에 사용한다. 이 중 브레인스토밍은 창의적 아이디어를 발상하는 데 분명 도움이 될 수 있지만, 논리적 사고를 하는 데는 부족한 측면이 있다. 그러나 브레인라이팅은 다수가 공동으로 진행한다는 점에서는 마찬가지지만, 개인의 아이디어 인큐베이팅, 즉 한 주제에 대해 숙고하고 검토하는 시간을 충분히 가질 수 있다는 점에서 논리적으로 고찰하는 기회를 가질 수 있다.

이렇게 뉴런워크를 포함한 기존에 나와 있는 각 사고 도구들은 저마다 다른 특성과 장단점을 보유한다. 따라서 목적에 맞게 선택하여 활용한다면 효과적 결과를 얻는 데 도움을 받을 수 있다. 개인의 사고력을 향상시키며 합리적이고 창의적 사고를 도출하고자 할 때는 뉴런워크를 통해 효과적인 사고 결과를 얻고, 궁극적으로 사고 디자인 능력을 높일 수 있을 것이다.

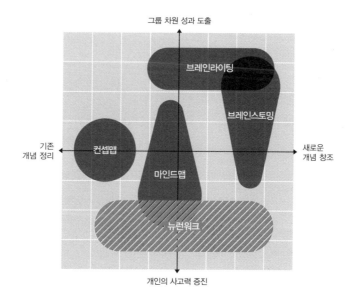

사고 도구 사용의 목적별 분포

정리

지금까지 사고 디자인을 위한 뉴런워크와 그 밖의 유사 도구들을 비교하고
분석하였다. 각 도구들은 저마다 참여인원, 진행방식, 결과물의 성격에서
교차적으로 공통점과 차이점이 있음을 알 수 있었다.

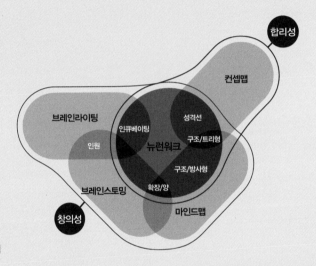

사고 도구 간 교차 유사점

다시 한 번 그림으로 정리하면 이와 같다. 각각의 도형은 각 도구를 뜻하며 도형이
겹쳐 있는 부분은 도구들 사이의 공통 속성을 보여주는 영역이다. 뉴런워크와
컨셉맵은 합리성을 특징으로 묶을 수 있다. 브레인라이팅, 브레인스토밍, 마인드맵,
뉴런워크는 창의성을 특징으로 범주화시킬 수 있다. 여기서 뉴런워크는 양쪽
모두의 특성을 고르게 보여주어 합리적 사고와 창의적 사고 모두를 갖춘다는
특징으로 정리할 수 있다.

브레인라이팅은 다수의 인원이 참여한다는 점에서 브레인스토밍과 교차한다. 반면
사고의 인큐베이팅 시간을 갖는다는 점에서 뉴런워크와 겹친다. 브레인스토밍은
확장성과 양적 증가 측면에서 마인드맵, 뉴런워크와 유사하다는 특징을 보인다.
마인드맵은 중심에서 바깥 방향으로 퍼져 나가는 방사형 구조와 트리 형식 확장이
뉴런워크와 유사하다. 여기서 트리 형식은 컨셉맵에서도 찾아볼 수 있다. 성격
선을 사용하는 컨셉맵은 뉴런워크에서 관계를 나타내는 선을 사용하는 것과

유사하다.

종합적으로 살펴보면 이 도구들의 특성 중 상당 부분은 뉴런워크에서도 찾아볼 수
있지만, 뉴런워크는 합리적 기반을 시작으로 창의적 확장을 만들어 인큐베이팅을
통한 숙고의 시간을 가지며, 넓은 영역의 사고를 구조적으로 확장시키고
관계선이라는 시각적 상징기호를 통해 체계적으로 사고할 수 있는 도구라고
정리할 수 있다. 즉, 사고 디자인을 위한 도구로서 적합하다는 결론을 내릴 수 있다.

지금까지 뉴런워크의 이해를 시작으로 다른 사고 도구들과의 비교분석을 통해
뉴런워크가 유사 사고 도구들과 어떻게 다르고 어떤 장점이 있는지 알아보았다.
앞서 살펴본 각 도구는 특정 분야와 상황에서 다른 어떤 것보다 더 적합하게
사용할 수 있을 것이다. 사용자가 자신의 주제에 맞게 선택적으로 활용할 수도
있고 두 가지 이상을 병행할 수도 있겠다.
이제 독자들이 뉴런워크를 익혀 사고 연습을 해볼 시간이다. 이어지는 실습에서
빈칸을 채워 나가며 자신의 사고를 디자인하여 멋진 사고 결과물을 만들어 보길
바란다.

SECTION 04

실습

지금까지 사고를 디자인해야 하는 중요성과 혁신적인 사고가
만들어지는 원리, 뇌 속에서 사고가 만들어지는 과정 등을
기반으로 개발된 뉴런워크에 대해 충분한 설명이 되었으리라
생각한다. 이제 독자들이 직접 뉴런워크 작업에 익숙해질
시간이다. 독자들이 한 단계씩 따라 할 수 있도록 예제들을
준비하였다. 이들 예제는 준비 운동이라 여겨 주길 바란다.
예제를 통해 충분히 뉴런워크가 익숙해지면 독자들이 당면한
각각의 상황과 해결해야 하는 문제의 특성에 따라 자신에
맞게 변형된 다양한 버전의 뉴런워크를 만들 수 있을 것이다.

20
준비하기

뉴런워크를 위한 준비물 중 가장 중요한 것은 편안한 마음이다. 즐거운 마음이면 더욱 좋다. 물론 이는 정신적인 준비물이 되겠다. 뉴런워크 혹은 그 밖의 다른 사고 도구들을 사용하게 되는 상황은 어떠한 문제를 해결해야 하고, 그 문제를 위한 좋은 아이디어가 필요한 경우일 것이다. 그 문제에 대해 현재 가진 것보다 더 나은 아이디어를 만들어야 하고, 그 아이디어를 통해 일정 수준의 성과를 기대하는 경우가 많을 것이다. 일반적으로 어떠한 성과를 기대하는 상황을 앞두면, 특히 시간적 기한이 있는 상황에는 마음이 불안해 오히려 사고가 경직되기 마련이다. 혹시나 농담조차 해서는 안 되는 분위기가 형성될 경우라면 더욱 정답에 직행할 수 있을 만한 모범적인 사고를 해야 할 것 같은 압박을 받기 때문이다. 따라서 좋은 아이디어를 만드는 요령으로 누차 들어왔던 내용 중에는 달콤한 음식 먹기, 즐거운 음악 틀기, 간단한 게임으로 경직된 분위기를 유연한 분위기로 전환하기 등이 포함되어 있었을 것이다. 뉴런워크를 위한 준비물로 이와 같은 정신적인 준비물에 대해서는 너무나 기본적인 내용일 테니 이만 간단히 끝내도록 하겠다.

뉴런워크를 위한 가장 중요한 준비물은 바로 넓은 공간이다. 여기서 말하는 공간은 사고의 확장을 허용하는 데 필요한 공간이다. 뉴런워크는 주제에 관한 다각도의 연관된 생각들을 서로의 관계를 활성화하며 확장시키는 것을 주된 작업으로 한다. 이러한 사고의 확장은 가시적으로 드러날 때 더욱 효과적이다. 눈앞에 보이지 않는 생각은 금세 사라져 버릴 수 있기 때문이다. 따라서 사고의 확장을 눈에 보이도록 하는 매개체로서의 공간이 준비물이 되겠다.

이때 사고의 확장을 가시화시키는 공간은 크게 두 가지로 나누어 볼 수 있다. 하나는 손으로 만질 수 있는 현실 세계의 공간이고, 다른 하나는 가상의 공간이다. 손으로 만질 수 있는 현실 공간에서는 사고를 가시적으로 표현할 수 있는 도구라면 무엇이든 상관이 없다. 예를 들어, 넓은 종이에 펜이나 연필을 사용하며 진행할 수도 있고, 화이트보드에 보드마커를 사용하며 진행할 수도 있을 것이다. 이때 종이 혹은 보드의 면적은 넓으면 넓을수록 좋다. 넓은 면의 정중앙에서 뉴런워크를 시작하게 되는데 이때 종이가 작으면 종이 끝에 다다르는 순간 무의식적으로 사고를 끝내 버리기 때문이다. 종이가 좁으면 좁은 방향에 위치한 가지는 넓은 방향에 위치한 가지보다 상대적으로 사고를 소극적으로 확장하는 경우가 빈번히 나타난다. 즉, 좁은 쪽은 사고의 단계가 짧고, 넓은 쪽은 단계를 더 길게 확장시키는 것이다. 이는 일반적으로 우리가 쉽게 구할 수 있는 종이가 규격에 따라 직사각형 모양을 하고 있기에 나타나는 현상이다. 따라서 작업자의 의지와는 상관없이 종이가 사고의 범위를 제한하게 되는 애석한 상황이 벌어지게 된다.

종이가 우리의 사고를 통제해서는 안 되지 않겠는가? 따라서 종이는 넓을수록 좋으며, 모양이 원형이라면 더더욱 좋다. 원형의 넓은 종이를 구하기 어렵다면 정사각형만 되어도 좋다. 이렇게 방사형의 공평한 모양을 강조하는 이유는 앞서 설명한 뉴런워크의 규칙 중 네 번째 규칙(고른 형태, evenly)에 기인한다. 우리는 누구나 사고가 쉽게 펼쳐지는 영역이 머릿속에 잡혀 있다. 우리가 주로 접하는 분야, 속한 환경, 자주 사고하는 방향에 대해서는 생각이 쉽게, 그리고 많이 떠오른다. 뉴런워크를 작업할 때 이에 해당하는 가지는 자연스럽게 사고가 꼬리에 꼬리를 물어 길게 이어지기 마련이다. 반면 생소한 분야, 혹은 일반적으로 사고를 자주 하지 않던 분야에 해당하는 가지는 사고의 확장이 더디게 이루어진다. 따라서

작업 영역　　종이 형태

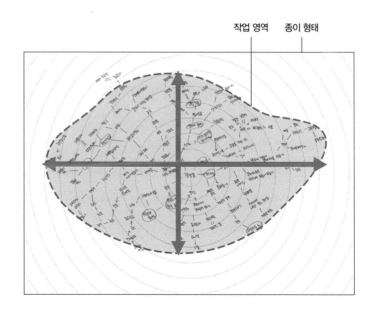

종이의 폭이 좁은 방향으로
짧게 확장한 경우의 예

가지의 확장이 어려워 몇 단계만 거친 후 생각을 멈추어 버리는 경우가 나타난다.
하지만 새로운 아이디어를 내야 할 때나 혁신을 만들어야 할 때, 그 방법이 이미
우리의 머릿속에 있다면 뉴런워크를 시작하지 않았을 것이다. 뉴런워크가 필요한
상황은 바로 우리의 머릿속에 당장 나타나지 않는 내용의 사고를 얻기 위해서다.
그러한 생각이 쉽게 만들어질 리 만무하다. 새로운 아이디어는 일반적으로 사고가
미치는 영역 밖에 있다. 어쩌면 머리 밖에 있어서 자료 조사를 통해서만 입수되는
내용일 수도 있다. 따라서 오히려 가지가 어렵게 확장되는 쪽에서 양질의 발견이
나올 가능성이 클 수 있다. 그리하여 쉬운 쪽으로 많은 확장을 하고 어려운 쪽으로

적게 확장을 함으로써 평상시의 사고 영역에 갇혀 있는
것으로부터 벗어나, 새로운 발견을 얻어낼 가능성을 높이도록
방사형으로 균등한 모양을 만드는 것이 필요한 것이다. 따라서
가시화되는 대지 자체 또한 방사형의 균등한 모양을 띠는 것이
도움된다.

혹자는 직사각형이건 원형이건 종이 안에서 방사형으로 공평하게
확장하면 되지 않느냐고 반문할 수도 있을 것이다. 스스로 사고의
범위를 최대한으로, 그리고 방사형으로 확장할 수 있는 의지가
확고하다면 사실 종이의 모양이나 크기는 상관없다. 다만

뉴런워크를 더욱 수월하게 진행하여 사고 결과물의 질을 높이기 위한 요령 중
하나이니 참고하길 바란다.

사고를 가시화시키는 가상의 공간은 디지털 공간이다. 바로 컴퓨터 프로그램이나
모바일 앱을 통한 작업이 그것이다. 현실 공간과 디지털 공간은 각각의 특성에
따라 장단점을 갖는데, 디지털 공간은 공간을 무한대로 확장할 수 있다는 점에서
종이나 화이트보드에 따르는 면적의 제약을 극복한다. 그러나 종이 위에서는
한눈에 큰 그림을 보며 작업할 수 있지만, 디지털 공간에서는 화면의 크기를
벗어난 내용은 보이지 않아 큰 그림이 보이지 않을 수 있다. 반면 디지털
세계에서는 작업물의 크기를 줄이거나 늘려 한눈에 들어오는 크기로 만들었다가도

다시 특정 부분을 확대할 수 있다는 융통성이 있지만, 종이 위의 작업물은 크기를 변경할 수 없다. 종이 위의 작업물은 한 번 그리거나 써서 배치하면 위치를 옮기기 어려워 그다음 나오는 요소의 공간을 타협해야 하는 반면, 디지털 세계에서는 모든 요소를 쉽게 옮기고 삭제하거나 추가하기 쉽다. 종이에는 떠오르는 바를 이곳과 저곳에 즉각적으로 써넣거나 그릴 수 있고, 디지털 공간에서는 소리, 움직임 등의 시간성을 갖는 요소를 추가할 수 있다. 참고로, 이렇게 종이를 사용하면서 얻는 장점과 디지털 공간에서 얻게 되는 장점을 최대한 아우를 수 있는 디지털 프로그램이 기획 단계에 있으니 기다려 주길 바란다.

21 단계별로 실습하기

뉴런워크의 다섯 가지의 규칙을 다시 한 번 정리하자면 다음과 같다.

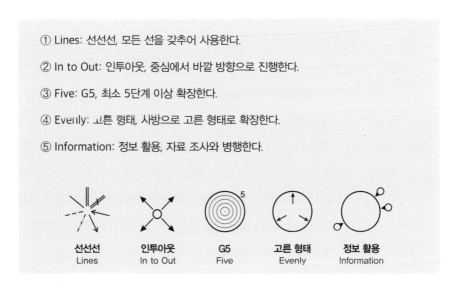

① Lines: 선선선, 모든 선을 갖추어 사용한다.

② In to Out: 인투아웃, 중심에서 바깥 방향으로 진행한다.

③ Five: G5, 최소 5단계 이상 확장한다.

④ Evenly: 고른 형태, 사방으로 고른 형태로 확장한다.

⑤ Information: 정보 활용, 자료 조사와 병행한다.

선선선
Lines

인투아웃
In to Out

G5
Five

고른 형태
Evenly

정보 활용
Information

이 다섯 가지 규칙을 따르면서도 최대한의 효과를 얻기 위해 간단한 준비 운동과 함께 시작해 보도록 하자.

워밍업

워밍업 단계에서는 사고를 최대한으로 확장하기 위한 기본적인 준비 운동을 할 것이다. 체조를 하기 전에 스트레칭을 하고 노래를 하기 전에 발성 연습을 하듯, 뉴런워크를 위해서도 준비 운동을 하면 더욱 좋은 효과를 얻을 수 있다.

뉴런워크의 준비 운동은 바로 최대한 많은 수의 단어 꺼내기다. 이때 그림은 경우에 따라 단어의 역할을 하니 '단어'라고 표현했다고 해서 그림을 사용해서는 안 된다고 생각하지 않길 바란다. 단어와 그림 모두 중심어에 관련한 개념이 가시화된 결과물이다. 중요한 것은 두뇌를 활성화하여 꺼낼 수 있는 '개념'의 수를 최대한으로 끌어올리는 것이니 그림이나 색칠도 얼마든지 활용할 수 있다.

수를 늘리는 것의 중요성은 매우 높다. 실제 뉴런워크 작업을 할 때 앞의 단어로부터 한 개 혹은 두 개의 요소만을 꺼내 놓는 경우가 허다하다. 그러한 경우는 일반적인 내용으로만 뉴런워크가 구성될 가능성이 크다. 처음 나오는 단어들은 이미 자신의 머리로 쉽게 사고할 수 있는 범위 내의 것들일 가능성이 크기 때문이다. 스스로 사고의 한계를 뛰어넘어 전혀 사고가 미치지 않던 범위까지 안테나를 확장시키려면, 더 이상 단어가 떠오르지 않는 순간이 오더라도 단어를 꺼내는 작업을 멈추지 말아야 한다. 그것을 쉽게 실행하는 방법은 바로 수를 늘리는 것이다. 어렵더라도 일정 개수를 채우려다 보면 엉뚱한 단어라도 꺼내야 하는 경우가 생기는데, 이때가 일반적인 사고의 범위를 넘어서는 시점이다.

뉴런워크의 실제 작업에서는 현실적으로 하나의 키워드로부터 수십 개의 단어를 도출해 기재하지는 않겠지만, 워밍업 단계에서는 충실히 수행해 주길 바란다. 실제로 개수를 채우는 워밍업을 수행한 사람들이 그렇지 않은 사람들보다 뉴런워크의 밀도와 도출된 아이디어의 질이 더욱 높아지는 결과를 보였다. 이제 다음의 빈칸을 모두 채워 보길 바란다.

워밍업 캠핑 가서 먹을 수 있는 음식은?

A

01 라면	02	03
04	05	06
07	08	09
10	11	12
13	14	15
16	17	18
19	20	21
22	23	24
25	26	27
28	29	30

워밍업 **기억나는 동창의 이름은?**

01 _____ 02 _____ 03 _____

04 _____ 05 _____ 06 _____

07 _____ 08 _____ 09 _____

10 _____ 11 _____ 12 _____

13 _____ 14 _____ 15 _____

16 _____ 17 _____ 18 _____

19 _____ 20 _____ 21 _____

22 _____ 23 _____ 24 _____

25 _____ 26 _____ 27 _____

28 _____ 29 _____ 30 _____

워밍업   잠이 오는 방법은?

C

01 _____

02 _____

03 _____

04 _____

05 _____

06 _____

07 _____

08 _____

09 _____

10 _____

11 _____

12 _____

13 _____

14 _____

15 _____

16 _____

17 _____

18 _____

19 _____

20 _____

21 _____

22 _____

23 _____

24 _____

25 _____

26 _____

27 _____

28 _____

29 _____

30 _____

워밍업   **잠에서 깨는 방법은?**

D

01	02	03
04	05	06
07	08	09
10	11	12
13	14	15
16	17	18
19	20	21
22	23	24
25	26	27
28	29	30

워밍업 시원해지는 방법은?

E

01 _____

02 _____

03 _____

04 _____

05 _____

06 _____

07 _____

08 _____

09 _____

10 _____

11 _____

12 _____

13 _____

14 _____

15 _____

16 _____

17 _____

18 _____

19 _____

20 _____

21 _____

22 _____

23 _____

24 _____

25 _____

26 _____

27 _____

28 _____

29 _____

30 _____

워밍업 **따뜻해지는 방법은?**

01 _____

02 _____

03 _____

04 _____

05 _____

06 _____

07 _____

08 _____

09 _____

10 _____

11 _____

12 _____

13 _____

14 _____

15 _____

16 _____

17 _____

18 _____

19 _____

20 _____

21 _____

22 _____

23 _____

24 _____

25 _____

26 _____

27 _____

28 _____

29 _____

30 _____

워밍업 **검은색 동물의 종류는?**

G

01	02	03
04	05	06
07	08	09
10	11	12
13	14	15
16	17	18
19	20	21
22	23	24
25	26	27
28	29	30

워밍업 그릇의 물을 쏟지 않고 10km를 이동하는 방법은?

01 _____ 　 02 _____ 　 03 _____

04 _____ 　 05 _____ 　 06 _____

07 _____ 　 08 _____ 　 09 _____

10 _____ 　 11 _____ 　 12 _____

13 _____ 　 14 _____ 　 15 _____

16 _____ 　 17 _____ 　 18 _____

19 _____ 　 20 _____ 　 21 _____

22 _____ 　 23 _____ 　 24 _____

25 _____ 　 26 _____ 　 27 _____

28 _____ 　 29 _____ 　 30 _____

워밍업   **아기를 깨우지 않고 여럿이 음악을 듣는 방법은?**

I

01 _____

02 _____

03 _____

04 _____

05 _____

06 _____

07 _____

08 _____

09 _____

10 _____

11 _____

12 _____

13 _____

14 _____

15 _____

16 _____

17 _____

18 _____

19 _____

20 _____

21 _____

22 _____

23 _____

24 _____

25 _____

26 _____

27 _____

28 _____

29 _____

30 _____

워밍업 불 없이 라면을 끓이는 방법은?

J

01 _____

02 _____

03 _____

04 _____

05 _____

06 _____

07 _____

08 _____

09 _____

10 _____

11 _____

12 _____

13 _____

14 _____

15 _____

16 _____

17 _____

18 _____

19 _____

20 _____

21 _____

22 _____

23 _____

24 _____

25 _____

26 _____

27 _____

28 _____

29 _____

30 _____

구분 연습

앞서 하나의 물음에 대해 최대한으로 수를 채워 단어를 꺼내는 연습을 진행하였다. 개수를 늘리는 작업은 스스로 하나의 주제에 대해 사고가 도달하는 범위를 늘리고, 사고하기를 쉽게 멈추지 않고 끈기 있게 답을 강구하도록 하여 한계를 넘어 일반적으로 떠올릴 수 있는 사고의 범위를 확장시키기 위해서였다. 이로써 밀도 있는 뉴런워크 작업을 이루어 양질의 사고 결과물을 도출하는 기초를 마련할 수 있다.

앞서 나열된 답변들은 각 질문에 해당하는 내용이라면 무엇이든 관계없이 진행되었다. 따라서 마지막 페이지에 해당하는 "불 없이 라면을 끓이는 방법은?"이라는 질문에 독자들이 적은 답변 중에는 "전기", "전자레인지", "라면을 먹지 않는다" 혹은 "생으로 먹는다" 등 다양한 내용이 포함되어 있었을 것이다.

자신이 적은 답변들을 다시 한 번 훑어보길 바란다. 문법적으로, 혹은 의미상으로 정확한 형식을 구분하는 것이 익숙한 사람은 자연스럽게 명사, 동사 혹은 동명사로만 기재했을지 모른다. 아니면 각각의 칸에 문장으로 다소 길게 적었을 수도 있다. 적는 형식은 의미를 잘 표현하면서도 개념을 크게 제약하지 않는 범위라면 무엇이든 상관없다고 말하고 싶다. 다만 길게 적을수록 구체적이지만 공간을 많이 차지할 테고, 짧을수록 의미가 함축되어 덜 구체적이지만 그만큼 난어로 표현되는 이상의 내용이 암묵적으로 포함되어 장점이 있을 수 있다. 중요한 것은 작업자가 스스로 자신의 뉴런워크 작업물을 알아보고 그로부터 좋은 사고를 할 수 있으면 무엇이든 좋다는 것이다.

그런데 반드시 구분해야 하는 것이 있다. 바로 요소 간의 의미적 관계이다. 다시 말해, 하나의 단어가 다른 것을 포함하는 관계인가, 아니면 하나로부터 다른 하나가 파생되었는가, 혹은 단어들이 서로 동등한 위치에 있는 관계인가 등과 같이 서로 간 상위-하위 개념을 구분하며 작업하는 것은 매우 중요한 점이다. 왜냐하면 뉴런워크는 사고 과정에서 개념 간의 의미를 활성화시켜 각각의 의미에 해당하는 개념을 파생시키고, 이로써 평소에 사고가 미치지 않던 곳까지 생각을 확장시키는 것을 기본으로 하고 있기 때문이다. 뉴런워크는 출발하는 지점으로부터 관계를 떠올리고 그에 해당하는 선을 그은 후, 선의 끝에 해당 관계에 부합하는 개념을 적는 방식으로 진행된다. 따라서 최소한 각각의 선에 해당하는 관계는 명확히 구분해야 한다.

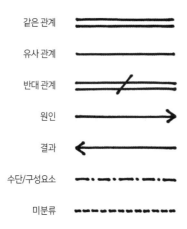

여기에서 제시하는 선의 의미별 모양은 가장 일반적으로 사용하는 선의 의미를 토대로 정리한 것이다. 만약 독자가 사고하고자 하는 주제 속에서 특정 의미를 나타내는 데 더욱 적합한 선이 있다면 그것을 활용해도 좋다.

이제 단어 간 관계를 구분하는 연습을 해보도록 하자. 다음에 나오는 두 단어 사이에 관계에 해당하는 선을 그으면 된다.

관계 구분 연습

같은 관계	═══
유사 관계	───
반대 관계	─╪─
원인	──▶
결과	◀──
수단/구성요소	─·─·─
미분류	─ ─ ─

유리 · ──────▶ · 꽃병

배추 ·   · 식물

은행나무 ·   · 단풍나무

물 ·   · 기름

복지 ·   · 의료보험

근육 ·   · 운동

잠 ·   · 피로

와인 ·   · 커피

TV ·   · 리모컨

주파수 ·   · 라디오

온도 ·   · 시간

할인 ·   · 가격

가죽 ·   · 금속

관계 구분 연습

같은 관계	═══════
유사 관계	───────
반대 관계	═══╪═══
원인	──────▶
결과	◀──────
수단/구성요소	─·─·─·─
미분류	─ ─ ─ ─

분배 ·　　　　　·역할

단백질 ·　　　　　·두부

북쪽 ·　　　　　·남쪽

인쇄 ·　　　　　·이메일

원형 ·　　　　　·주사위

시간 ·　　　　　·행정

반투명 ·　　　　　·빛

꽃 ·　　　　　·튤립

시장 ·　　　　　·방문

향수 ·　　　　　·분자

화학 ·　　　　　·물리학

오대양 ·　　　　　·태평양

체력 ·　　　　　·훈련

관계 구분 연습

같은 관계	══════
유사 관계	────────
반대 관계	══╱══
원인	──────▶
결과	◀──────
수단/구성요소	─·─·─·
미분류	─ ─ ─ ─

정신 ·   · 행동

고양이 ·   · 금붕어

검은색 ·   · 흑연

중력 ·   · 몸무게

신뢰 ·   · 견고

그림 ·   · 어린이

사랑 ·   · 무관심

냄새 ·   · 맛

프로그램 ·   · 컴퓨터

도자기 ·   · 흙

식초 ·   · 레몬

별자리 ·   · 이야기

완충 ·   · 젤리

자, 단어 간의 관계 구분에 익숙해졌다면 이제 단어의 깊이에 대해 이야기하고자 한다. 뉴런워크에서 단계를 반복하여 거미줄처럼 개념을 확장시키는 이유는 주제가 속한 일반적인 범주에서 벗어나 연관성의 끈으로부터 유도된 전혀 새로운 분야로 도달하기 위해서다. 그래서 단계를 여러 차례 거듭하여 확장했는데도 그 끝에 있는 단어가 여전히 주제가 속한 일반적 범주의 것이면 안 되는 것이다. 만약 개념 간 관계 파악을 소홀히 한 채로 뉴런워크 작업을 하게 되면, 단어들이 얕은 레벨에 머물러 모양은 완벽해 보일지라도 새로운 생각의 씨앗이 만들어지지 않아 질적으로 양질의 아이디어로 발전시킬 그렇다 할 개념이 도출되지 않을 수 있기 때문이다. 따라서 선에 의해 한 단계가 만들어지면 의식적으로 한 단계 더 들어간 구체적으로 구분된 범주의 내용을 꺼내도록 해야 한다. 예를 들어, '나무'에서 시작하여 어떤 사람은 나무가 속한 '식물'을 적고 잇따라 식물과 반대되는 '동물'을 꺼냈다고 하자. 반면 어떤 사람은 같은 '나무'로부터 나무의 큰 종류를 둘로 나누어 '침엽수', '활엽수'를 도출하고, 그다음 각각의 특징을 살펴보아 '성장속도', '밀도'를 꺼낸다고 하자.

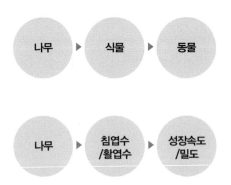

두 사람은 똑같이 '나무'에서 시작했고 똑같이 두 단계를 거쳤지만 '나무'를 매개로 활용할 수 있는 기본 재료가 되는 단어는 성격이 다르다. 전자는 나무로부터 쉽게 떠올릴 수 있는 단어를 그대로 사용한 경우가 될 것이다. 나무는 식물이고 식물의 반대는 동물이니 선을 제대로 연결했다면 사실상 틀린 작업은 아니다. 그러나

나무라는 주제를 갖고 아이디어가 필요한 상황에서 (물론 경우에 따라 다르겠지만) 동물이라는 식물과 동등한, 다시 말해 일반적인 레벨의 단어가 나온다면 나무를 활용한 아이디어를 얻는다는 목표를 이루는 과정이 좀처럼 진척되지 않을 수 있다. 이는 실제 뉴런워크 작업을 하면서 모양과 밀도는 완벽히 갖추었음에도 불구하고 좋은 아이디어가 나오지 않는 경우의 대표적인 이유다.

반면 '나무'로부터 시작하여 환경에 따라 잎의 모양이 다른 특성이 있으며 그를 구분하는 침엽수와 활엽수를 적는 것은 나무로부터 구체적인 하위 단계로 내려온 것이다. 그로부터 다시 침엽수와 활엽수의 특성이 다른 이유에 대한 구체적인 사항을 살펴보아 '성장속도'와 '밀도'를 적는 것은 침엽수/활엽수로부터 다시 한 번 구체적인 단계로 들어온 것이다. 이로써 '나무'로부터 시작하여 성장속도에 따른 목재의 공급, 혹은 밀도에 따라 사용처를 구분하는 아이디어로 발전시킬 수 있는 사고의 씨앗을 얻게 되는 것이다.

경우에 따라 어떤 작업에서는 구체성의 3단계(G3)에 해당하던 것이 다른 곳에서는 일반적인 범주에(G1-G2) 해당하는 단어가 될 수 있다. 예를 들어, 앞에서 다룬 '나무'는 주제의 시작이 되는 굉장히 일반적인 단어라고 할 수 있다. 그러나 중심어에 따라 예를 들어 '인테리어'라는 단어로부터 시작하여 '인공무늬'와 '자연무늬'를 얻고 '자연무늬'에서 '가죽/나무/돌'을 얻게 된다면, 이 상황에서는 구체적 단계에 속한 '나무'가 된다. (여기서 다시 '껍질', '나이테', '잎' 등 나무의 무늬에 해당하는 요소들을 얻을 수 있을 것이다.) 즉, 상황에 따라 같은 단어가 어느 단계에나 속할 수 있다. 중요한 점은 단계를 거듭할수록 되도록이면 구체화와 일반화의 측면에서 하위 레벨(구체화)로 내려가도록 의도적으로 작업해야 한다는 것이다.

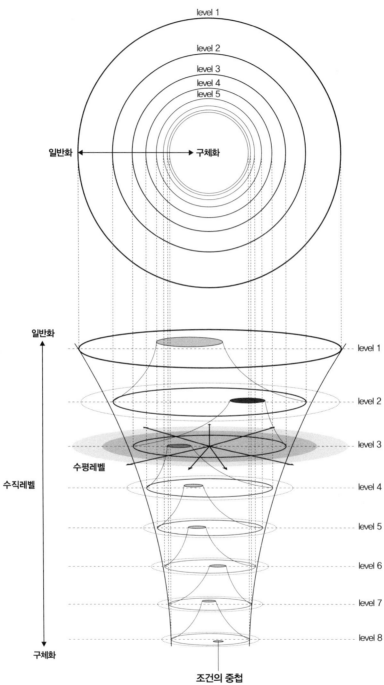

일반화 ◀────────────▶ 구체화

level 1
level 2
level 3
level 4
level 5

일반화

수직레벨

수평레벨

구체화

level 1
level 2
level 3
level 4
level 5
level 6
level 7
level 8

조건의 중첩
(level 1) + (level 2) + (level 3) + (level 4) + (level 5) + (level 6) + (level 7) + (level 8)

포함 불포함 관계는 벤 다이어그램을 활용하면 쉽게 구분할 수 있다. 각 단계를 거듭함에 따라 구체적인 단어를 도출하고자 한다면, 해당 단어가 벤 다이어그램의 원 안에서 지닌 카테고리를 떠올려 그 안에 속하는 항목을 생각하면 된다. 예를 들어, '나무'로부터 시작하여 '분류'라는 카테고리를 들여다보면 '침엽수'와 '활엽수'가 나타난다. 그리고 침엽수와 활엽수의 '차이점'이라는 카테고리를 들여다보면 '성장속도'와 '밀도'를 얻게 된다. 다시 말해 큰 원이 무언가를 포함할 수 있는 카테고리이며, '분류'라는 조건이나 '차이점'이라는 조건이 붙은 경우가 안에 나타나는 작은 원이 된다. 즉, 가장 내부에 위치하는 원은 큰 원으로부터 조건이 중첩된 경우의 결과라고 볼 수 있다. 이렇게 원과 원 사이의 관계를 구분할 수 있다면 뉴런워크의 단어 간 레벨 구분을 쉽게 할 수 있을 것이며, 뉴런워크 또한 양질의 사고를 얻을 수 있는 결과물로 만들어 낼 수 있을 것이다.

이제 연습을 해보자. 다음 제시된 단어의 옆에 하위 레벨의 단어를 기재하면 된다. 그로부터 또다시 하위 레벨 단어를 한 단계 더 기재하길 바란다. 지금은 특정 종류의 선을 사용하지 않을 것이니 하위 레벨로 내려가는 조건의 종류는 독자가 원하는 대로 하면 된다. 가령 A라는 단어로부터 '구성요소'에 대한 하위 레벨 단어를 적어도 되고 '특징'에 해당하는 하위 레벨의 단어를 적어도 된다.

다음 나열된 단어들은 무작위로 선택하였다. 모든 개념은 하위 레벨의 개념들을 갖고 있기에 특정 영역이나 특정 단계의 단어들을 선택하여 나열시키지 않았으니 참고하기 바란다.

벤 다이어그램과 조건의 중첩

레벨 구분 연습

A

단어	1단계	2단계
01 양말	발	발가락, 뒤꿈치
02 의자		
03 국가		
04 화면		
05 조명		
06 수영		
07 식사		
08 추진력		
09 미소		
10 리듬		
11 병원		
12 대화		
13 유치원		

레벨 구분 연습

B

단어	1단계	2단계
01 스트레칭		
02 판매		
03 스마트폰		
04 여름휴가		
05 스펀지		
06 뿌리		
07 중국어		
08 만년필		
09 종이		
10 계산		
11 정지		
12 게임		
13 예술		

레벨 구분 연습

C

단어	1단계	2단계
01 톱니바퀴		
02 에너지		
03 연필		
04 기억력		
05 건축물		
06 보온		
07 애완동물		
08 반복		
09 무의식		
10 섬세함		
11 달리기		
12 동호회		
13 약속		

이로써 단어 간 관계의 의미와 레벨 구분에 대해 연습했으니 머릿속 준비 운동이 충분히 이루어졌다. 이제 뉴런워크의 시작점이 되는 중심어 선택에 관해 다루어 보도록 하겠다.

핵심 찾기

지하철을 타고 어디론가 가고자 할 때, 지하철 타는 것에 익숙하지 않을 때는 지하철의 진행 방향을 잘못 알고 탑승하는 실수를 저지를 수 있다. 시간이 지날수록 엉뚱한 곳을 향해 가다가 점점 목적지로부터 멀어진다는 것을 깨닫는 순간 당황하여 황급히 다음 정거장에서 내렸다는 스토리는 흔한 지각 사유일 정도다. 특히 처음 방문하는 지역이라면 그 지역의 대중교통 체계와 노선도에 익숙하지 않아 쉽게 실수하게 된다.

예를 들어, 서울 고속터미널역에서 신사역으로 가고자 할 때, 3호선을 타야 하는데 9호선을 탄다면 이미 시작부터 잘못되었다. 9호선을 타고 신사역에 도달할 가능성은 없다. 몇 정거장이 지난 후 다시 제자리로 돌아와 3호선을 찾아가 대화행을 타야 하는데 반대편으로 향하는 오금행을 탑승했다면 또다시 방향이 틀려 신사역에 갈 수 없다. 거의 도착할 시간에 휴대폰에서 눈을 떼고 고개를 들어보면 또다시 반대 방향으로 온 만큼 되돌아가야 한다는 사실을 알게 된다. 즉, 목적지에 도달하려면 노선도 잘 찾아야 하지만 방향까지도 제대로 맞추어 타야 하는 것이다.

뉴런워크는 흰 종이와 같은 넓은 공간의 한가운데에 중심어를 적는 것으로 시작한다. 중심어 설정은 앞으로 진행될 사고 확장의 시작점이 되면서도 사고의 범주를 규정지어 주는 핵심적인 역할을 한다. 지하철의 비유가 적절했는지 모르겠다. 사고는 꼬리에 꼬리를 물고 그물망을 조밀하게 연결하다 보면 무엇으로부터든 어디로든 연결될 수 있기에, 우리의 머릿속보다 그물망이 성긴

지하철 노선도에 비유하는 것은 어쩌면 극단적이었을 수도 있겠다. 여기서 강조하고자 하는 점은, 우리가 물리적으로 어떤 지점에 도달하고자 할 때도 시작과 범주를 잘 설정해야 하듯이, 뉴런워크 작업을 통해 사고를 확장할 때도 마찬가지로 시작과 범주를 잘 설정해야 한다는 점이다.

뉴런워크는 핵심을 담는 중심어를 제대로 설정하는 것부터 시작해야 한다. 만약 목적을 이루는 데 방향이 조금이라도 틀어진 중심어를 설정한다면 한참 뉴런워크 작업을 하고 나서도 결과물로부터 좀처럼 좋은 아이디어가 보이지 않을 것이다. 사고가 엉뚱한 방향으로 흘러갔기 때문이다. 따라서 문제의 이면으로 들어가 본질적인 문제를 찾아야 한다.

예를 들어, "사무실 안에 형광등을 몇 개 설치해야 하는가?"라는 물음의 핵심은 '형광등의 수'가 아니라 '방을 밝히는 방법'일 수 있다는 것을 파악하는 것이다. 그러나 경우에 따라, 문제를 부여받은 사람이 형광등 회사 소속의 판매자이고 형광등의 매출을 올리는 것이 목적이라면 당연히 '형광등의 수'가 핵심이겠지만 말이다. 뉴런워크의 중심어 또한 핵심에 따른 내용으로 설정해야 함은 당연하다. 주제의 핵심을 찾는 것은 문제가 속한 맥락과 함께 이해해야 하므로 경우의 수가 무척 다양하다. 맥락에 의해 본질적 주제를 설정하는 것은 무엇보다도 앞서야 할 중요한 사항이다. 그에 대한 또 다른 긴 논의가 필요하지만, 뉴런워크 작업 방법을 익히는 것과는 구분되는 내용이므로 여기서 핵심을 찾는 방법은 깊게 다루지 않겠다.

주제의 본질에 대해 이해하고 핵심적 내용을 파악했다면 그것을 너무 구체적이지 않도록 간단하게 표현하는 것을 권장한다. 표현이 간단할수록 수식이 붙어 있지 않아 그만큼 언어로부터의 제약을 줄일 수 있으며, 동시에 그만큼 함축적이기에 단어가 표현하는 이상을 담을 수 있기 때문이다. 뉴런워크는 어떠한 것에 대한 다각도의 이해를 통해 고정관념을 깨고 각 측면의 시각으로부터 사고를 확장하여, 어떠한 것이 일반적으로 인식되고 이해되던 범주를 탈피하는 것을 목적으로 하고 있다. 따라서 우선 자신이 사고하고자 하는 바가 무엇인지에 대한 이해를 넓혀 그 특성을 명확히 파악하고, 그러면서도 그 대상에 대한 이해를 새롭게 하는 것이 1차 목적이다. 이 때문에 간단한 표현으로 중심어를 설정하기를 권장한다.

예를 들어, '사무실 안에 형광등을 몇 개 달아야 하는가?'라고 쓰기보다는 간단하게 '형광등'이라고 설정하는 편이 더 낫다. '형광등'이라는 단어로 설정할 경우, '형광등 ═══ 조명'이라는 측면으로 가지를 뻗쳐 확장시킬 수도, '형광등 ─── 빛', '형광등 ⇏ 어둠', '형광등 ──→ 밝음', '형광등 ←── 설치', '형광등 ─·─ 형태', '형광등 ─·─ 전기', '형광등 ─·─ 유리', '형광등 ------ 천장' 등으로 형광등을 바라보는 다양한 관점을 만들어, 형광등이 어떤 의미를 갖는지 이해를 다시 한 번 할 수 있게 한다.

만약 실내 공간을 밝히는 것이 목적이었다면 '빛'이라는 가지로부터 빛을 발하는 '햇빛', '백열등', '할로겐' 등 다양한 다음 단계의 가지들을 만들고, 그로부터 비용이 적게 들면서 사무환경에 적합한 밝기를 가진 '밝힘'의 방법을 강구하고 설계할 수 있을 것이다. 반면 형광등을 최대한 많이 판매하는 것이 목적이었다면, '천장'으로부터 '천장이 아닌' 공간에 대한 사고를 확장시켜 '바닥', '벽', '공중', '실외' 등 기존에 형광등이 위치하지 않았던 공간에 쓰임새를 적용하여 수요를 늘리는 방법을 찾을 수 있시 잃겠는까. 디블서 가구아 잤나각 의류, 게임 등으로의 활용처를 확장해 기존에 '실내를 밝히는 광원' 정도에 한정되었던 형광등의 보편적 의미를 재정의하여 마케팅 경로를 넓혀 볼 수 있을 것이다.

이와 마찬가지로 "사무실 안에 형광등을 몇 개 달아야 하는가?"라는 질문에 들어 있는 '사무실'을 중심어로 뉴런워크 작업을 추가로 진행하면 금상첨화다. '사무실'이라고 했을 때 떠올릴 수 있는 모습은 저마다 다르며 각각이 서로 다른 정의를 하고 있을 가능성이 크기 때문이다. 따라서 사무실이라는 공간을 어떻게 설정하는 것이 좋은지에 대한 사고의 확장이 함께 이루어진다면 '형광등'의 뉴런워크 작업물과 결합시켜, G5 부근에 나타나는 단어들의 조합으로 양질의 아이디어를 개발할 수 있을 것이다.

그러나 만약 "사무실 안에 형광등을 몇 개 달아야 하는가?"라는 문장을 그대로 쓴다면 문장이 묻는 바가 너무 구체적이어서 사고의 확장을 저해한다. 특히 "몇 개"를 묻는 것처럼 구체적인 답을 요구하는 문장의 형태보다는 짧은 구문이나 단독 명사형이 명확하면서도 어느 정도의 모호성과 느슨함을 갖고 있어 고정관념의 울타리를 탈피하여 사고를 확장하기에도 더 좋다. 다시 말해, 주제의 범주를 알맞게 설정하면서도 틀린 방향으로 가지 않게 해주는 것이다.

다음 질문을 뉴런워크 중심어로 바꾸어 작성해 보자.

> 예) "사무실 안에 형광등을 몇 개 달아야 하는가?"
>
> "빛", "형광등", "사무공간"

▪ 작은 가방에 큰 물건을 담을 수 있는 방법은?

가방	담기	사이즈

▪ 패션을 빠르게 순환시키면서도 친환경적일 수 있는 방법은?

▪ 뜨거운 사막에서 아이스크림을 보관하는 방법은?

▪ 책을 읽지 않고도 지식을 얻을 수 있는 방법은?

▪ 겨울에 얇은 옷을 입고도 따뜻할 수 있는 방법은?

▪ 1,000원으로 하루 세 끼를 푸짐하게 해결하는 방법은?

▪ 화면이 책보다 크면서도 재킷 주머니에 넣을 수 있는 노트북은?

▪ 미세먼지가 많은 날 건강 걱정 없이 야외 운동을 하기 위해서는?

▪ 발에 맞게 함께 자라는 신발을 만드는 방법은?

▪ 물에 젖지 않는 종이를 만드는 방법은?

▪ 설거지가 필요 없이 정찬을 하는 방법은?

▪ 지하 5층에서도 햇빛을 받을 수 있는 건물의 구조는?

▪ 자발적 기부금을 높이는 방법은?

▪ 빈집을 지키는 가장 확실하고 저렴한 방법은?

▪ 90세 노인이 쉽게 사용할 수 있는 노트북은?

라인 배치

문제의 핵심을 기반으로 중심어가 선정되었다면 이제 각 선을 활용하여 중심어를 다각도로 고찰하는 1차 확장 작업을 할 차례다. 뉴런워크 작업을 할 때는 모든 단계의 모든 단어로부터 모든 선을 사용하여 확장시키는 것이 가장 이상적이겠지만 현실적으로 쉽지는 않다. 가장 큰 이유는 지면 공간의 부족이고, 두 번째 이유는 단계를 거듭하여 진행할수록 작업자의 판단에 의해 배제해도 무방한 선이 나타날 수 있기 때문이다. 따라서 실제 뉴런워크 작업에는 모든 단계에 7가지의 모든 선을 사용하는 일은 거의 없다. 대신 다양하게 사용하는 것은 유지해야 한다.

그러나 반드시 모든 선을 사용해야 하는 지점이 있다. 바로 G0에서 G1로 넘어가는, 즉 중심어로부터 뻗어 나온 첫 번째 단계가 바로 모든 선이 최소한 한 개 이상 등장해야 하는 지점이다. 모든 선을 사용함으로써 중심어를 둘러싼 다각도의 고찰을 가시화시켜야 하는 것이다. 일곱 가지의 선을 사용하여 우리가 일상생활 속에서 쉽게 떠올리는 영역을 의도적으로 탈피함으로써 주제에 대해 새로운 측면으로 사고할 수 있는 기회를 마련한다. 뉴런워크는 주제에 대한 다각도의 이해를 넓혀 연관성을 보유하면서도 새로운 연결고리를 확보하여 창의적이면서도 합리적인 아이디어를 도출하는 것을 목석으로 하기에, 시작 시점에서 다양한 시각으로 사고할 길을 터놓는 일은 매우 중요한 의미를 갖는다.

그런데 예상 외로 첫 단계에서도 모든 선을 사용하기가 쉽지 않다. 실제로 뉴런워크를 작업한 사람들도 첫 단계에서 모든 선을 사용하지 않는 경우가 매우 많다. 왜냐하면 모든 선에 대한 내용이 좀처럼 머릿속에 떠오르지 않기 때문이다. 그러나 떠오르지 않는다고 사고를 멈춰 버린다면 고정관념을 탈피할 기회는 오지 않는다. 예를 들어, 사과는 과일, 혹은 사과는 빨간색이라는 것 이상의 사고를 하려면 평소에 바라보지 않는 각도로 사고를 확장시킬 필요가 있다.

다음 제시되는 중심어 주변으로 관계선을 그어 단어를 적거나 그림을 그려 중심어와 선과의 관계에 해당하는 개념을 표현하길 바란다.

이때 기본선은 7가지이지만 꼭 7개만 쓰고 끝낼 필요는 없다. 종류는 모두 갖추되 종류당 두 개 이상을 만든다면 더욱 좋다.

라인 배치 연습

온도

아이스크림

지식

보온

화면

필터

종이

흡수

햇빛

기부

컴퓨터

가지 확장

앞서 중심어로부터 방사형으로 일곱 가지 이상의 선을 사용하여 일곱 방향
이상으로 가지를 뻗쳤으니 이제부터는 G1에 표기된 각 개념(단어 혹은 그림)을
시작으로 각각의 선을 사용하여 개념을 꺼내는 반복적인 확장을 시작할 차례다.
사고를 펼칠 수 있는 길이 생겼으니 길을 더욱 넓히고 갈래를 더욱 많이 늘리는
작업이 필요하다.

이때 만약 단계마다 선을 한 개만 사용한다든지, 혹은 여러 개의 선을 사용한다
해도 한두 종류 선만을 사용하여 확장한다면 뉴런워크의 취지를 잃게 된다. 적은
수의 선만을 사용한다는 것은 떠오르는 영역만을 사고하고 사고의 노력을
멈춘다는 뜻이고, 특정 종류의 선만을 사용한다는 것은 다각도의 측면을 바라보지
않고 해당 개념에 대해 너무 적은 범위의 고찰만을 한다는 뜻이기 때문이다.

생각이 떠오르지 않는 지점이 와도 사고를 멈추지 않고 계속하는 것은 어떤 주제에
대한 일상적인 프레임을 벗어나는 간단한 방법이다. 여기에서는 중심어에서 나온
하나의 단어로부터 모든 종류의 선을 활용하면서, 동시에 개수를 늘려 해당 선에
대한 개념을 확장적으로 꺼내는 연습을 해보자.

앞선 라인 배치 연습의 G1에 해당하는 개념 중 하나를 선택하여 다음 빈칸에 적고,
그로부터 그려진 관계선에 해당하는 개념들을 모두 채워 보길 바란다. 참고로 실제
뉴런워크 작업 중에는 작업자의 머릿속에서 생각이 만들어지는 순서대로 선이
만들어질 것이나, 다음 제시되는 선들은 임의의 순서대로 나열하였으며,
점선(------ 연관성은 있으나 관계를 규명하기 어려운 것)을 제외한 선들은 세 개씩
배치하였다.

가지 확장 연습

※ 라인 배치 연습의 G1에 해당하는 개념 중 하나를 선택하여
이곳에 적고 오른쪽 관계선에 해당하는 개념들을 채워넣는다.

패션

━━━━━	멋
━━━━━	
━━━━━	
━━━━━	
━━━━━	
━━━━━	
━━╫━━	
━━╫━━	
━━╫━━	
━━━━➤	
━━━━➤	
━━━━➤	
◄━━━━	
◄━━━━	
◄━━━━	
━·━·━·	
━·━·━·	
━·━·━·	
━ ━ ━	
━ ━ ━	

가지 확장 연습

※ 라인 배치 연습의 G1에 해당하는 개념 중 하나를 선택하여
이곳에 적고 오른쪽 관계선에 해당하는 개념들을 채워넣는다.

가지 확장 연습

※ 라인 배치 연습의 G1에 해당하는 개념 중 하나를 선택하여
이곳에 적고 오른쪽 관계선에 해당하는 개념들을 채워넣는다.

가지 확장 연습

※ 라인 배치 연습의 G1에 해당하는 개념 중 하나를 선택하여,
   이곳에 적고 오른쪽 관계선에 해당하는 개념들을 채워넣는다.

가지 확장 연습

※ 라인 배치 연습의 G1에 해당하는 개념 중 하나를 선택하여
이곳에 적고 오른쪽 관계선에 해당하는 개념들을 채워넣는다.

반복 작업

지금까지의 연습문제를 잘 따라왔다면 경직된 머리가 풀리고 딱딱한 사고의 틀을 깨뜨리는 데도 어느 정도 연습이 되었으리라 생각한다. 분명 이 과정이 쉽지 않은 독자들이 많았을 것이다. 너무나 재미없고 지루하게 느껴져 빈칸들을 채우지 않고 그냥 건너뛴 독자들도 분명히 많으리라 예상한다.

사실 창의적인 아이디어를 얻는 과정은 쉽지 않다. 인상을 쓰고 머리를 붙잡은 채 떠오르지 않는 것들을, 그것이 무엇인지도 모르는 상태로 머릿속 어딘가로부터 꺼내야 하는 괴로운 시간이 필요하기도 하다. 창의적 사고에 대한 견해는 사람마다 다를 수 있다. 즐거운 마음과 편안한 음악, 맛있는 음식으로 재미있는 분위기 속에서 자유롭게 떠올리는 것이 좋다고 주장하는 사람도 많다. 그러나 창의적인 아이디어를 얻는 과정이 반드시 재미있지는 않다. 그저 새롭고 독특하기만 한 아이디어가 아닌, 적어도 현실 문제를 해결하는, 합리성을 바탕으로 하는 창의적 아이디어를 개발하기 위해서는 사고를 확장하는 과정에서도 냉철하게 옳고 그름에 대한 판단이 따라야 한다. 따라서 일상의 고정관념을 탈피하는 사고가 익숙해지기 전까지는 사고를 다각도로 바라보며 확장시키는 것이 괴롭고 힘든 일이 될 수 있다. 그러나 중심 주제에 대한 다각도의 측면으로부터 연관성을 뽑아내고 그것들의 연관성을 이어 나가는 사고가 익숙해지면, 이 모든 과정이 순간적으로 저절로 일어나 좋은 아이디어를 누구보다 쉽고 잘 만들 수 있는 능력을 갖출 수 있을 것이다.

이제 커다란 빈 종이에 당신이 직면한 주제에 대한 중심어를 적고 뉴런워크 작업을 진행해 보자. 종이는 클수록 좋다. 지금까지의 연습을 다시 한 번 돌아보고, 최소한 첫째 단계, 즉 중심어(G0)로부터 G1까지는 모든 선을 반드시 한 개 이상 사용하고, 각 파생되어 나온 개념으로부터 최대한 많은 수의 가지를 만든다. 그리고 각 가지가 표현하는 관계에 해당하는 정확한 개념을 적도록 한다. 이와 같은 작업을 반복하여 다섯 단계 이상 가지를 만들어 최대한 방사형으로 고른 형태를 갖도록, 즉 모든 방향으로 균등하게 확장해 보자. 작업을 하면서 자신이 어떤 특정한 선만

집중적으로 사용하지는 않는지, 어떤 특정 선은 좀처럼 등장하지 않는지 살펴보길
바란다.

조합하기

지금까지 연습한 내용이 뉴런워크에 충실히 반영되었다면 굉장히 넓으면서도
조밀한 작업물이 되었을 것이다. 이렇게 만들어진 가지들의 단어들은 새로운
아이디어를 입수하기 위한 외부 세계와의 연결 통로가 된다. 이는 뇌 속 뉴런이
시냅스를 늘려 신경전달물질의 통로를 늘리는 것과 같이 기존에 생각하지 못하던
새로운 정보들과의 연결고리를 확보하고 새로운 아이디어를 얻을 수 있는 단어
조합의 경우의 수를 늘려 준다.

이제는 아이디어를 개발하기 위한 단어를 선택하고 조합할 차례다. 외곽에 위치한
단어 혹은 그림들, 다시 말해 비교적 가장 나중에 적은 단어들을 살펴보자.
단어들이 외곽에 위치할수록 중심어와의 연관성이 낮다는 것을 알 수 있을 것이다.
만약 연관성이 낮아지지 않고 어느 지점에서 외곽으로 향할수록 다시 중심어와의
연관성이 높아진다면 뉴런워크 작업의 의도가 충분히 구현되지 않은 것일 수 있다.
중심에서 가장 먼 곳에 있는 단어들은 중심어와 연관된 다각도의 측면으로부터
다시 연관성을 유지하며 단계를 거듭하여 나타난 단어들이다. 멀리 가면 갈수록
중심어가 일반적으로 속해 있는 영역을 점차 벗어나면서도, 다른 무언가의 영역에
가까워진다. 예를 들어 텀블러로부터 시작하였지만 단계를 거듭하여 화장품과
관련된 단어를 얻음으로써 '텀블러' 영역과 '화장품' 영역이라는 서로 연관이 없던
영역을 연결시키는 아이디어를 얻는 것과 같다. 이로써 전혀 새로운 범주와의
연결을 이루어 내는 창의적 아이디어를 얻을 수 있게 된다. 뉴런워크 작업으로
얻어진 단어 중 가치 있다 판단되는 단어를 선택하여 중심어로 만들고 그로부터 또
다른 뉴런워크를 진행한다면 더욱 풍성한 확장된 사고를 얻을 수 있을 것이다.
이제 직접 만든 뉴런워크의 작업물을 살펴보고 서로 연결시켜 아이디어로 개발할

가치가 있다고 판단되는 단어들에 표시하자. 어떤 단어가 개발 가치를 갖는 힌트가
되는 단어인지는 각 개인이 가진 문제의 성격과 목적에 따라 다르므로 독자들의
판단에 맡긴다. 개발해야 하는 문제의 시급성이나 도전 허용 정도에 따라
달라지겠지만, 선택하는 단어가 너무 보수적이지 않도록 만들어 보자.

아이디어 개발

드디어 뉴런워크 작업의 마지막 단계에 다다랐다. 마지막 단계는 앞서 선정한
단어들을 조합하여 현실에 맞도록 개발하는 것이다. 그동안 작업한 뉴런워크는
문제를 해결하기 위해 주제를 바라보는 방법을 새로이 하고 머릿속에서 사고할 수
있는 범위를 확장하는 것이었다. 이는 말 그대로 사고하는 방법에 관한 것으로,
문제 해결을 위한 실질적 실행은 이제부터 시작이다. 뉴런워크 작업에서 만들어진
아이디어를 시작으로 문제를 해결하는 방향을 설정하고, 현실적으로 이행하기 위한
타임프레임, 비용, 제약사항 등을 면밀히 검토하여 성공적으로 문제 해결을 할 수
있길 바란다.

아이디어개발을 위해 단어를 선택하고 조합하기

표시한 단어

조합된 아이디어

표시한 단어 B

조합된 아이디어

표시한 단어

조합된 아이디어

표시한 단어

D

조합된 아이디어

표시한 단어

조합된 아이디어

정리

지금까지의 방법을 다시 한 번 종합하면 다음과 같다.

1단계 | 워밍업

뉴런워크를 본격적으로 시작하기에 앞서 두뇌 스트레칭을 하는 단계다. 경직된
사고의 범위를 넓혀 효과적인 뉴런워크 작업을 하기 위한 준비로 일상적인 생각의
울타리를 무너뜨려 최대한 넓고 다양하게 사고하기 위한 연습 단계다. 이 단계는
고정된 시각을 탈피하여 '엉뚱함'의 지점까지 뻗어나가기 위해 필요한 단계이다.
보수적인 사고를 뛰어넘는 가장 쉬운 방법은 개수를 늘리는 것이다. 한두 개 혹은
두세 개를 떠올리던 정도를 벗어나 머리로부터 꺼낼 수 있는 최대한의 가짓수를
채움으로써 사고의 근육을 풀어 준다.

2단계 | 구분 연습

워밍업이 충분히 되었다면, 단어 간 관계를 구분하는 연습으로 돌입한다.
뉴런워크는 어느 한 개념을 바라보는 시각을 다각화하고, 주제에 대해 충분히
이해하기 위해 연결된 수많은 관련 요소들을 활성화시키는 것으로 시작한다. 어떤
개념을 구성하는 요소의 구조를 파악하려면 각 요소가 서로 어떤 관계로 연결되어
있는지 명확히 해야 한다. 뉴런워크에서는 요소들의 관계를 시각적인 선으로
표현한다. 구분 연습 단계에서는 각 단어 사이에 관계를 대변하는 뉴런워크의
7가지 대표적인 선을 찾아 그려 넣음으로써, 먼저 다양한 종류의 선을 사용하는
것에 익숙해지고, 선을 통해 기존에 어렴풋했던 개념 간의 관계를 명확히 구분하여
파악하는 연습을 하게 된다.

3단계 | 핵심 찾기

3단계에 들어서면 뉴런워크 작업의 실질적인 시작이 이루어진다. 이제 커다란 흰
종이와 같은 빈 공간의 중심에 중심어를 표기하게 된다. 이때 사고를 확장시키는

데 저해되지 않도록, 구체적인 과업 위주로 작성하는 것보다 짧은 단어와 같은
간단한 형식으로 함축된 의미의 중심어를 설정한다. 이때 중심어에 수식어가 많이
결합될수록 그 조건들을 모두 포함하기 위해 무의식중에 사고의 제약이
이루어지기 쉽다. 따라서 가급적 중심어는 한 단어로만 설정하는 것이 좋다. 중요한
단어가 여러 개라면 여러 단어로 시작하는 하나의 뉴런워크보다는 각 단어를
별도의 뉴런워크로 작업하는 것이 더욱 좋다.

4단계 | 라인 배치

뉴런워크는 주제를 다각도로 바라보며 연관된 범주를 활성화시키고, 연결된 요소
간의 관계를 파악하며 개념이 형성되는 구조를 만들어 가며 새로운 영역으로
사고를 뻗치도록 한다. 따라서 뉴런워크는 일반적으로 'A는 B이다.'와 같이 익숙한
방식의 사고를 넘어서, 개념과 개념 사이 같은 관계, 유사한 관계, 반대되는 관계,
원인, 결과, 구성요소 등과 같이 다양한 관점으로 바라보도록 만들어졌다. 이와
같은 관계들은 선의 모양으로 상징된다. 따라서 모든 선을 먼저 그려 어느 한
측면에 대한 사고가 빠짐없이 검토될 수 있도록 해야 한다. 라인 배치 단계에서는
중심어 주변으로 모든 선을 그려 넣고 그 선에 해당하는 개념을 표기함으로써
중심어의 다양한 측면을 바라볼 수 있는 사고의 범주를 마련하도록 한다.

5단계 | 가지 확장

중심어로부터 관계선들에 의해 개념이 표현되었으면, 그 개념으로부터 계속해서
가지를 연결해 무성하게 가지를 확장시키도록 한다. 처음 그려진 선들로부터 나온
개념들은 중심어를 둘러싼 각 측면을 바라볼 수 있게 하는 사고의 시작점이 된다.
그 지점을 시작으로 사고를 구조적으로 확장시켜야 한다. 중심어에서 선을 뻗어
사방으로 개념을 표기한 것과 마찬가지로, 파생되어 나온 개념들로부터 선들을
그어 다양한 관계의 개념 구조도를 만들어 나간다. 이때 쉽게 떠오르는 특정
단어를 먼저 적고 그에 해당하는 선을 그어 빈 공간을 채워 넣는 방식이 아닌, 선을

먼저 긋고 그 선에 해당하는 개념을 적는 방식으로 진행해야 고정된 사고의 프레임을 벗어나기 쉽다. 한 개념으로부터 하나의 선만을 만들어 길게 늘려 가는 것이 아니라, 복수의 선을 만들어 지면의 밀도를 높여서 다양한 측면의 폭넓은 사고를 할 수 있어야 한다.

6단계 | 반복 작업

뉴런워크 작업 중 생각이 떠오르지 않는 곳에서 확장을 멈춘다면 일상적인 사고의 범위를 넘어서지 못할 것이다. 연관된 요소들을 계속해서 연결해 가지의 파생이 다섯 단계 정도 이루어지면, 중심어와의 연관성을 보유하면서도 긴밀함의 정도가 점차 낮아져 새로운 범주와 연결될 가능성이 커진다. 뉴런워크는 중심어로부터 시작해 최소한 다섯 단계 이상 확장시키도록 한다. 이때 어느 한 쪽 방향으로 치우치지 않도록 조심해야 한다. 의도적으로 사방으로 고른 형태를 유지하며 단계를 확장시켜야 각 측면을 모두 충분히 검토할 수 있다.

7단계 | 조합하기

다섯 단계 이상 사방으로 가지가 확장되었다면 중심어와 연관성이 낮은 단어들이 등장해 있을 것이다. 새로운 영역과의 연결을 만들 수 있는 실마리가 되는 단어들이다. 이때 새로운 영역이라 부르는 이유는 현재까지 중심어를 이해할 때 함께 언급되지 않았기 때문이다. 그러나 관계를 나타내는 선에 의해 연관성을 보유한 채로 파생되어 나온 단어이기 때문에 충분히 활용 가능한 범위에 속한다. 뉴런워크의 외곽에 위치한 단어들을 찾아 조합한다면 결과적으로 합리성을 보유하면서도 새로운 영역과의 연결이 이루어진 창의적 사고를 만들 수 있다. 이제 작업자의 관점으로 볼 때 가장 성공 가능성이 큰 단어들을 선택하여 조합하도록 한다.

8단계 | 아이디어 개발

의미 있는 단어들이 선택되었다면 실질적 아이디어로 개발하는 단계가 남았다. 뉴런워크를 통해 주제에 대한 이해를 넓히고 사고를 확장하여 창의적 아이디어 개발을 위한 실마리가 되는 단어들을 얻게 되었으니, 각 단어를 토대로 만든 아이디어를 작업자가 직면한 현실 상황을 고려하여 수정하고, 발전시키도록 한다.

뉴런워크가 익숙해지면 물론 작업자의 주관에 맞게 변형하거나, 반복된 시도로부터 나오는 요령에 의해 규칙을 단순화시킬 수 있다. 혹은 이 책에서 제시하는 뉴런워크의 규칙보다 더 나은 방법들이 추가되고 수정될 수도 있겠다. 그러나 이 책에 나와 있는 방법은 다양한 이론적 배경으로부터 개발되고, 다수의 실험에 의해 방법이 개선되고 보완된 결과이기 때문에, 이 책이 제시하는 방법을 따른다면 평소에 사고가 닿지 않던 곳까지 사고의 지도를 확장할 수 있을 것이다. 그리하여 합리적이면서도 새로운 방법으로 발전시킬 수 있는 아이디어를 만들어 창의적 혁신의 토대를 만들 수 있을 것이다.

²² 진행자 가이드북

뉴런워크는 개인이 혼자 작업하며 반복적 수행으로 점진적으로 사고력을 높이는 것을 목적으로 개발되었다. 그러나 일반적으로 세상에 있는 많은 문제는 개인이 혼자 해결하는 경우보다 기업이나 학교, 가정에서와 같이 둘 이상의 구성원이 함께 협업하여 문제를 해결해야 하는 경우가 대부분이다. 만약 대다수의 사람이 뉴런워크에 익숙하지 않은 상태에서 함께 문제를 해결하고자 할 때는 뉴런워크에 능숙한 사람이 진행을 독려하는 역할을 할 수 있을 것이다.

다수의 작업자가 함께 참여할 경우 진행자는 다음과 같이 진행하며 작업자를 독려할 수 있다. 총 작업 시간은 90분이다.

① 워밍업

<u>소요 시간</u>	5분
<u>준비물</u>	커다란 종이와 굵은 펜, 혹은 화이트보드와 보드마커
<u>진행자 가이드</u>	개수를 많이 나열할 수 있는 문제를 제시한다. (앞선 워밍업 부분을 참고해도 된다.)
<u>멘트</u>	

펜 혹은 마커는 인원수에 맞춰 충분히 준비한다.

필요할 경우 간단한 간식이나 음악이 있을 수 있다.

> "5분 안에 ○○를 최대한 많이 쓰십시오." 혹은 "5분 안에 ○○를 30가지 이상 쓰십시오."
> "반드시 개수를 모두 채우길 바랍니다."

② 준비 및 규칙 설명

<u>소요 시간</u>	5분
<u>준비물</u>	커다란 새 종이와 굵은 펜, 혹은 깨끗하게 지운 화이트보드와 보드마커
<u>진행자 가이드</u>	진행자는 모두가 볼 수 있도록 일곱 가지 선을 그린 후 각 선에 대해 설명한다.

펜 혹은 마커는 인원수에 맞춰 충분히 준비한다.

멘트

> "═══ 는 같은 관계를 의미합니다.
>
> ─── 는 유사한 관계를 의미합니다.
>
> ═╪═ 는 반대되는 관계를 의미합니다.(←──→ 로 대체 가능)
>
> ←── 는 원인을 의미합니다.
>
> ──→ 는 결과를 의미합니다.
>
> ─·─·─ 는 수단 및 구성요소를 의미합니다.
>
> ----- 는 연관은 있지만 연관되는 관계를 규명하기 어려울 때
>
> 사용합니다."

③ 중심어 찾기

소요 시간　2분

진행자 가이드　주제를 공유하고 중심어를 선정하도록 한다. 짧은 단어나 구로 정리하도록 유도한다. 짧은 단어가 두 개 이상 나올 수 있다.

멘트

> "뉴런워크를 통해 사고해야 할 주제는 _____입니다."
>
> "이 주제의 핵심을 표현하는 중심어는 무엇입니까?"
>
> "중심어는 최대한 간단하게 표현해 봅시다."
>
> "종이/화이트보드의 한가운데에 그 단어를 기재합시다."

④ 첫 번째 확장

소요 시간　8분

진행자 가이드　중심어 주변으로 모든 선을 사용하여 방사형으로 그리도록 한다. 각 선은 종류별 한 개 이상 사용한다.

멘트

> 중심어 주변으로 일곱 가지 필수 선을 빠짐없이 모두 그리십시오.

> "필요할 경우 두 개 이상 그려도 됩니다."
>
> "그려 놓은 선에 해당하는 단어를 적으세요/그림을 그리십시오."

⑤ 밀도 있는 확장

소요 시간   40분

진행자 가이드   G5(다섯 번째 단계)까지 확장시킨다.

멘트

> "적힌 단어/그림으로부터 일곱 가지 필수 선을 사용하여 가지를
> 만들고, 그 선에 해당하는 단어를 기재하십시오."
>
> "모든 선을 고루 사용하십시오."
>
> "최대한 많은 선을 그리십시오."
>
> "필요할 경우 새로운 선을 만들어도 됩니다."
>
> "방향은 중심에서 바깥으로만 진행하십시오."
>
> "다섯 단계 이상 진행하십시오."
>
> "다섯 단계를 만들기 전까지는 한쪽으로 치우치거나 모양이
> 찌그러지지 않게 만드십시오."

⑤-① 추가 작업

소요 시간   (④번 + ⑤번) × 중심어의 개수

진행자 가이드   ③번에서 중심어가 두 개 이상이었을 경우 ④번과 ⑤번을 반복한다.
그에 따른 추가 시간이 소요된다.

멘트

> "두 번째(혹은 세 번째) 중심어에 대해 같은 방식으로 작업해
> 봅시다."

⑥ 단어 선정 및 아이디어 개발

소요시간   15분

진행자 가이드   색깔이 다른 펜/마커/크레용 등을 사용하여 의미 있는 단어에
표시하도록 한다. 복수의 뉴런워크 작업이 이루어질 경우 각각의
작업물에서 발견된 단어를 조합할 수 있다.

멘트

> "색깔이 다른 펜을 들고 _____(뉴런워크 작업의 목적을 언급.
> 예: 비용을 절약할 수 있는, 시간을 줄일 수 있는, 차별성을 높일 수 있는,
> 판매를 촉진할 수 있는, 보안을 철저히 할 수 있는, 성적을 올릴 수 있는)
> 좋은 아이디어로 발전시킬 수 있는 단어 10개에 표시하십시오."
> "표시된 단어들을 조합하여 아이디어 다섯 개를 만드십시오."

⑦ 정리 및 발표

소요시간   15분

진행자 가이드   작업을 멈추고 발표를 통해 아이디어 공유 시간을 갖는다.

멘트

> "모든 작업이 끝났습니다."
> "방금 만든 아이디어 다섯 가지 중 가장 좋은 것 세 가지를
> 선정하십시오."
> "선정된 세 가지 아이디어를 가치 기준(비용, 시간, 차별성 등과 같이
> 주제의 중요성을 결정 짓는 요인)에 따라 3-2-1점의 점수를 매겨
> 봅시다."
> "세 가지의 아이디어에 대해 설명해 봅시다."

맺음말

운동을 하는 일이 전혀 없다시피 하다가 달리기를 처음 시도했던 날이 생생하다. 출발한 지 얼마 되지 않았는데 벌써 발목이 아프고 다리가 말을 듣지 않으며 숨이 가빠 폐가 찢어질 듯하다. 허벅지와 종아리의 고통은 심해지고 마음은 이미 저 앞에 가 있지만, 곧 전신에 있던 아주 작은 힘마저 소진되어 몸은 제자리다. 똑바로 서서 걸을 수도 없다. 그날 저녁은 온몸의 근육이 긴장했는지 잠도 오지 않았다. 그리고 다시는 달리기를 하지 않으리라 다짐했었다. 하지만 이틀이 지날 즈음 더 이상 게을러지지 않기 위해 다시 운동화를 신고 밖으로 나갔다. 천천히 달리기 시작했다. 첫날과 똑같은 고통을 느꼈는데 이번에는 예상보다 더 멀리 와있지 않은가! 그렇게 뛰다 쉬다를 반복하고 집으로 돌아왔다. 둘째 날 조금의 진척이 있었음에 기분이 좋아져 삼일 후 다시 공원으로 나갔다. 그렇게 달리면 달릴수록 녹초가 되는 지점까지의 거리가 길어졌다. 속도를 조금씩 높이며 스스로 기록을 갱신하는 것이 소소한 즐거움이었다. 추위와 더위를 핑계로 소홀해지다가도 며칠 쉬면 다시 기록이 뒷걸음치기에 또다시 첫날같이 힘들고 싶지 않다는 마음에 꾸준히 달리기를 하였다. 요즈음 다시 게을러진 자신이 부끄럽지만 말이다.

사고도 운동과 마찬가지다. 고통스럽게 근육을 늘리고 폐활량을 늘리는 훈련을 거치지 않고서는 공짜로 남의 체력을 얻을 수 없다. 이 책을 집필하면서도 고통의 시간이 길었다. 하지만 사고하는 시간이 고통스러울수록 다음 번은 쉬울 것이라는 마음으로 즐거움을 찾고자 했다. 사실 쓰고 싶은 바를 쓸 수 있다는 것이 즐거운 일이라는 것은 인정해야 할 것 같다.

뉴런워크는 세상에 나와 있는 방법들이 사고의 해답을 찾을 때 시원하게 원하는 답을 주지 않고 있다는 점에서 시작한 연구였다. 초반에는 사고라는 막연한 영역을 '디자인한다'라는 시도가 무모하게 느껴지기도 했다. 결과가 좋으리라는 보장도 없었으니까 말이다. 그러나 뉴런워크는 다양한 이론적 배경에 의해 방법을 만들고 검증을 거쳐 세부 사항을 보완한 결과물이기에 스스로는 자신 있게 주장할 수 있는 사고 방법이라 자부한다. 독자들에게도 만약 좋은 아이디어를 떠올릴 수 있는 새로운 방법이 필요하다면 뉴런워크가 도움이 되기를 희망한다. 적어도 내가 원하는 합리성과 창의성을 보유한 아이디어를 개발하기 위해 개념의 이해를 구조적으로 펼쳐 다각도의 영역을 활성화시켜 가며 아이디어의 씨앗을 만들어 나가는 데 있어서는 뉴런워크의 도움을 받고 있다는 점은 확실하다. 물론 뉴런워크를 통한 느린 사고 중에 떠오르는 즉흥적 아이디어도 버리지 말고 활용해야 할 것이다. 참신하고 번뜩이는 아이디어가 저절로 떠오르길 기대하는 우연성에 의존하는 태도가 위험한 것이지, 빠른 사고로부터의 아이디어가 가치 없는 것은 아니기 때문이다.

좋은 사고를 쉽게 잘하기 위해 뉴런워크를 개발하였지만, 그 작업 과정은 운동할 때와 마찬가지로 고통스러운 부분이 따른다. 하지만 여기에도 마찬가지로 근육이 붙을 것이라 믿는다. 경우에 따라 뉴런워크와 더불어 브레인스토밍이나 브레인라이팅, 기타 다른 도구를 함께 혼합하여 사용할 수도 있을 것이다. 독자들도 문제의 목적과 성격에 따라 방법들을 선택하고 경험을 통해 만들어 낸 저마다 다른 방법들과 결합하고 변형하여 각자의 사고법을 개발해 보길 바란다. 디자인은 디자이너만이 하는 것이 아니다. 저마다 삶에 필요한 방법을 디자인해 보길 바란다.